FACOLTÀ DI FILOSOFIA E ISTITUTO DI SCIENZE RELIGIOSE

GIOVANNI MAGNANI S.J.

FILOSOFIA DELLA RELIGIONE

2ª edizione, riveduta e corretta

EDITRICE PONTIFICIA UNIVERSITÀ GREGORIANA
ROMA 1993

1982 – I Edizione
1993 – II Edizione

© 1993 – E.P.U.G. – Roma

ISBN 88-7652-346-4

Editrice Pontificia Università Gregoriana
Piazza della Pilotta, 35 - 00187 Roma

INTRODUZIONE

Le presenti lezioni, utilizzate da vari anni negli Istituti di Scienze Religiose e nella Facoltà di Filosofia in cui insegno, sono il proseguimento logico e cronologico di un più vasto disegno e confronto interdisciplinare su tema e concetto analogo «la religione».

Tale confronto iniziò, per la parte concernente le scienze umane nel loro inquadramente teorico, nel volume, ora esaurito «Il fenomeno religioso. Parte Ia. Interpretazioni sociologiche e psicologiche» classiche (1971)[1] e proseguì in un altro volume contenente le parti seconda e terza rispettivamente dedicate agli aspetti fenomenologici e filosofici della ricerca (1972)[2], esso pure da tempo esaurito.

Successivi approfondimenti degli aspetti psicologici sono sfociati in una indagine specialistica su «La crisi della metapsicologia freudiana» (1981) preludio necessario ad altri interventi più speci-

---

[1] Roma, P.U.G. 1971, pp. 363. Recensito al n. 66 in S. Burgalassi, *Bibliografia generale della sociologia della religione in Italia*, «Studi di Sociologia», 1974, n. 3-4, e Eide Spedicato, *Bibliografia generale* in: A. Grumelli, *Sociologia della religione*, Brescia, Paideia, 1981. Per un aggiornamento, oltre le ultime opere, ivi non recensite, di Peter Berger, Ninian Smart e altri (cfr. anche Barbara Hargrove, *The Sociology of Religion: Classical and Contemporary Approaches*, Arlington Heigths (Il), AHMP Publ. Co, 1975; e John Skorupski, *Symbol and Theory: A philosophical Study of Teories of Religion in Social Anthropology*, New York, Cambridge University Press, 1976) si dovrebbe tener conto in modo particolare dell'ultimo funzionalismo di Niklas Luhmann, *Funktion der Religion*, Suhrkam Verlag, Frankfurt a.M., 1977. Per la psicologia della religione trovo assai utile l'aggiornamento di H. Newton Malony (Ed.), *Current Perspectives in the Psychology of Religion*, Eeerdmans P.Co. Grand Rapids, 1977; Heinz Mueller-Pozzi, *Psychologie des Glaubens*, Kaiser, München 1975 e, con diversa angolatura P.W. Pruyser, *A dynamic psychology of Religion*, New York, Harper & Row, 1968.

[2] M. G., *Il fenomeno Religioso*. P. IIa: *Interpretazioni fenomenologiche*. - P. IIIa: *Introduzione a una filosofia della religione*, Roma, P.U.G., 1972.

fici su la teoria clinica e, a parte, la interpretazione psicoanalistica classica del fenomeno religioso. Ho anche edito un breve studio sintetico sulla antropologia di Freud (1980)[3].

Il presente scritto ripubblica, su insistenza dei miei allievi e di alcuni colleghi, le lezioni di filosofia della religione o parte terza del volume del '72. Ho operato solo qualche ritocco in coerenza con lo sviluppo che nel frattempo hanno avuto le mie ricerche di fenomenologia storico-comparata. Di esse ho potuto pubblicare sinora solo la prima parte come «schemi di lezione» riguardanti il metodo e la critica delle teorie (1977)[4]. La conclusione, cui ivi sono giunto della radicale ambiguità in cui cadono coloro che definiscono l'oggetto della religione come «il sacro», — atto invece a indicare «un elemento del profano, ove il sogetto religioso riconosce la risonanza del divino, e con il quale esprime la sua relazione e quella della totalità del profano con la realtà (o la surrealtà) del divino» (Bouillard) —, mi imponeva almeno un minimo di rettifica al testo precedente.

Ho dovuto invece rimandare per gli anni venturi, allorchè l'attuale ristrutturazione della parte fenomenologica sarà terminata, una rielaborazione della riflessione filosofica che tenga più conto della duplice dialettica là messa in luce tra presenza e trascendenza del divino e tra aspetto personale e impersonale dell'oggetto (fenomenologico) della religione nella varietà delle forme analogiche diacronicamente e sincronicamente rilevabili in essa.

Le presenti lezioni filosofiche sono ispirate ad una analisi di partenza che privilegia una esperienza teistico-personale, più atta ad una successiva teorizzazione della «filosofia del Cristianesimo», ma mirano a elaborare una filosofia «analogica» degli elementi comuni anche alle religioni non professanti un teismo personale; ad essa, mi pare, andrebbe riservata la dizione, in senso

---

[3] M. G., *La crisi della metapsicologia freudiana*, Studium, Roma, 1981; id., *S. Freud e la psicoanalisi*, in: P. Dalle Nogare, *Umanesimi e antiumanesimi*, Coines, Pavia, 1980.

[4] M. G., *Introduzione storico-fenomenologica allo studio della religione, I. Preistoria e storia, metodo, teorie e realtà*, P.U.G., Roma, 1977; id., *Itinerario al valore*, P.U.G., Roma, 1971.

stretto, «filosofia della religione». Ma non è possibile anticipare qui la dimostrazione di queste asserzioni, risultate più coerenti con una indagine fenomenologica non ancora pubblicata in forma definitiva.

Da quanto ho detto non deriva che io abbia messo in crisi i caposaldi filosofici della filosofia seguita qui e, più ampiamente, in «Itinerario al valore» (1971); essi si sono invece sempre più rinsaldati.

Per quanto concerne direttamente la fondazione critica di tale filosofia fenomenologico-riflessiva e esistenziale del valore, devo rimandare all'ampiamento e alle note del volume or ora citato.

Roma 24 ottobre 1981

* * *

Essendosi esaurita la prima edizione che aveva avuto favorevole accoglienza di critica e, cosa che più conta per chi scrive, molte attestazioni di riconoscenza da parte dei propri studenti di Filosofia e Scienze Religiose che dicono di averne tratto profitto, ho provveduto alla presente seconda edizione riveduta e corretta. Sebbene le mie ricerche di fenomenologia storico-comparata siano di molto progredite, non è stato necessario rivedere l'impianto fondamentale filosofico del volume che ne è risultato anzi confermato.

Oggi la crisi delle ideologie ha rilanciato la necessità di una etica filosofica assiologica quale ho esposta nell'*Itinerario al Valore* del 1971. La ventata marxista non ha permesso di apprezzare sino in fondo, come era nei desideri del mio compianto maestro il Prof. Felice Battaglia, filosofo dei valori e già Rettore della Università di Bologna, la validità di questa impostazione.

Aggiungo solo che l'impianto obbedisce alla mia crescente persuasione che non è possibile fare piena giustizia all'esperienza religiosa storica, se si cerca una comprensione della religione a-priori o per applicazione di una filosofia ad essa precostituita.

La storia del pensiero indica che tali impostazioni sono quasi sempre solo applicative, deduttive e, inevitabilmente, riduzioniste.

Pertanto ritengo che qualunque trattato di filosofia della religione debba operare una ricerca critica fenomenologica, storico-comparata sull'esperienza religiosa, purificandola da ogni ideologia o a-priori con l'uso della epochè, prima di procedere al giudizio di verità e valore del fenomeno nei suoi elementi analoghi e poi procedere alla valutazione delle singole specifiche religioni.

Giovanni Magnani s.j.
Ordinario della Facoltà di Filosofia
Preside dell'Istituto di Scienze Religiose

Roma, Università Gregoriana, 10-X-1993

Capitolo Primo

IL PROBLEMA DELL'UOMO E IL PROBLEMA DI DIO

1. *L'uomo*

L'uomo è un *un essere riflessivo:* la riflessione determina in lui il continuo insorgere di problemi, una perenne « richiesta » sul mondo, sugli altri, su se stesso; potrebbe definirsi «l'essere problematico», in senso attivo, ma anche in senso passivo: soggetto e oggetto di ricerca.

Ma non v'è problema che l'uomo si ponga in cui egli stesso non sia implicato: il questionante o interrogante è sempre posto almeno implicitamente in questione in ogni interrogazione che egli si fa [1]. La domanda fondamentale, implicita in ogni domanda, è quella del perchè ultimo dell'uomo stesso, di sè come essere problematico, radicalmente insoddisfatto, angosciato, coscienza infelice, bisogno dell'infinito.

Noi diamo qui alla nostra ricerca l'unico senso che veramente ci tocca come uomini, l'unico che veramente non possiamo eludere; un senso vitale, esistenziale, concreto. Non poniamo dei problemi astratti, la cui soluzione potrebbe anche non interessarci affatto. Intendiamo la *filosofia* non tanto nè solo come per Aristotele un « scire per causas », una coordinata elaborazione razionale che spiega l'essere mediante i suoi principi (causa per Aristotele ha un senso analogico e dinamico, equivale a principio fondamentale, compositivo e dinamico dell'essere: ciò che influisce sull'essere di alcunchè), intendiamo filosofia nel suo senso letterale pri-

---

[1] cfr. Heidegger M., *Sein und Zeit*, Tübingen, cap. 1 par. 3.

mo: «amore», o meglio: «ricerca amorosa della sapienza». E sapienza è «aver sapore» un attivo speculare e godere intelligibile e razionale di ciò che fonda l'uomo e il suo agire, di ciò che per l'uomo veramente vale, affinchè sia ciò che è chiamato ad essere. La filosofia pertanto non è amore di astrazione: impegna tutto l'essere che noi siamo e tutto l'essere che noi implichiamo, cioè il tutto dell'essere, il fondamento ultimo del tutto, giacchè è su questo sfondo soprattutto che noi ci interroghiamo su noi stessi.

Tale è la *condizione* tipica dell'uomo, di essere aperto (ontologicamente e intenzionalmente) sul mondo e sull'infinito: un essere che si trascende nel momento stesso in cui si rivela riflessivamente a se stesso, un essere che si possiede riflessivamente trascendendosi nell'altro da sè. L'uomo è una coscienza intenzionalmente aperta, un essere che si costruisce nel dono di sè, nell'amore che si fa agàpe: dono e servizio. L'intelletto umano può diventare intenzionalmente tutte le cose.

Il nostro non è in questo senso un problema «scientifico», analitico, quantitativo, di analisi logica o di logistica: non ci poniamo problema a noi stessi come cosa tra le cose, non ci interroghiamo come «oggetto» tra gli oggetti, ma come «soggetto, coscienza». Posso disinteressarmi di tanti oggetti e della stessa scienza, non posso disinteressarmi di me stesso. Il problema centrale dunque della filosofia è questa interrogazione, inchiesta, ricerca sull'uomo: filosofare è ricerca amorosa della sapienza.

Tuttavia l'uomo vive per lo più immerso nella «quotidianità», più che vivere, si lascia vivere, disperso nella situazione del suo essere-nel-mondo è un *anonimo* tra i tanti, un «si» (on, man), uno della massa che pensa col pensare comune (mezzi di comunicazione di massa), che non ha personalità propria, che ben poco si possiede. La civiltà materialistica del benessere accentua questo livellarsi anonimo degli uomini: fa l'uomo-standard, la donna-moda.

Ma delle *situazioni privilegiate,* dei casi che impongono decisioni che cambiano radicalmente il corso della vita, qualcosa di simile a quello che avviene nelle «vocazioni» o scelte della professione o dello stato di vita, la malattia che fa riflettere, il dolore che ci toglie dalla dispersione e ci fa rientrare in noi stessi, la morte... l'angoscia di fondo del vivere stesso, ci scuotono dalla nostra immersione nel mondo dell'inautentico e ci richiamano al nostro più intimo essere. Ritorniamo allora su di noi, operiamo la *riflessione completa* che pone noi stessi in mano di noi stessi e nel porci davanti al nostro atto di libertà ci si mostra la nostra struttura esistenziale originaria di *essere-per-la-scelta, essere-per-il-valore,* (Le Senne)[2].

Kierkegaard ha per primo definito l'uomo mediante la categoria della «possibilità»: l'uomo è l'essere che può scegliere il proprio destino, può accettare o rifiutare persino l'Assoluto, salvarsi o disperarsi; egli solo tra gli esseri fa «il progetto» di sè stesso, predetermina con la scelta della libertà, anche se non assoluta, il proprio avvenire. L'uomo è libertà, «rapporto che si rapporta a se stesso» (Kierkegaard)[3] cioè essere complesso e composto (carne e spirito) che però riflette su di sè, che «ha presso di sè il dominio dei propri atti» (S. Tommaso). Nelle lezioni di psicologia vengono esaminati più a lungo questi punti: a noi interessa richiamare qui ciascuno a questa fondamentale esperienza della libertà.

---

[2] Le Senne R., *La Découverte de Dieu,* Paris, 1955, p. 62.

[3] Contro Hegel che concepisce la libertà come la «necessità che determina se stessa», così che la volontà è assorbita totalmente nella «intelligenza pensante» (secondo la formula della assoluta identità e immanenza: «la volontà libera che vuole la volontà libera», Hegel, *Rechtsphilosophie,* Einleitung par. 21 e pagg. 26-27), Kierkegaard vede nell'esercizio della libertà l'attuazione della autentica trascendenza dell'essere. E trascendenza duplice: anzitutto rispetto alla intelligenza e alla sfera conoscitiva in generale, in quanto il volere rappresenta e riguarda il divenire, mentre il conoscere riguarda l'essere; poi rispetto alla volontà stessa, in quanto l'esercizio della libertà non toglie senz'altro la contingenza o possibilità, e quindi ogni atto di libertà è una novità, la novità del divenire. Non si tratta di volontà chiusa in se stessa ma che rimanda ad una trascendenza ontologica che è Dio stesso, su cui si fonda. La libertà dell'uomo non è assoluta, essa scaturisce dalla decisione dell'io singolo che si fonda in Dio. *Kierkegaard* critica risolutamente la morale autonoma kantiana come illusione e cosa poco seria. Infatti il fondamento della libertà finita può essere soltanto la «divina onnipotenza», poichè: «soltanto un Essere onnipotente può riprendere completamente se stesso mentre si dona a questo costituisce appunto l'indipendenza di colui che riceve» (*Diario,* tr. ital. di Cornelio Fabro, II p. 318 e I p. 390 sg.). Nella scelta che lo rapporta a Dio, l'uomo diventa Singolo, Esistenza e in tale rapportarsi a Dio sta la radice della uguaglianza umana. Cfr. *Introduzione* al *Diario* cit. di Cornelio Fabro.

Può essere utile illustrare ulteriormente il cammino dell'uomo attraverso la dottrina di Kierkegaard dei tre stadi della esistenza [4].

Il centro della sua speculazione è la comprensione della esistenza umana. L'uomo, abbiamo visto, è uno che può scegliere, ma non può scegliere tutto: non è in sua mano l'et-et, ma l'aut aut. È sempre sospeso in una scelta che per lui è anche una minaccia. Nel « Concetto dell'angoscia » Kierkegaard esprime la difficoltà paralizzante per l'uomo di fronte alle scelte fondamentali e tuttavia l'esistenza, che è libertà, non si realizza che nella scelta; l'uomo deve scegliere e non può sottrarvisi. Il filosofo danese analizza le varie possibilità di scelta dell'uomo concreto a partire dalla propria vita personale e le esprime sotto pseudonimi per mostrare il distacco tra sè e le forme paradigmatiche esistenziali che andava descrivendo; le chiamerà *stadi:* stadio estetico quello del Don Giovanni, stadio etico o del marito, stadio religioso di cui la figura più rappresentativa è Abramo colla tragicità della sua fede. Tutto questo è visto in netta antitesi col pensare hegeliano che riduce l'esistenza, il singolo, a puro momento dello spirito universale.

Lo *stadio estetico* (nel senso etimologico della parola: sensazione) è quello di colui che si preoccupa e vive solo nell'attimo, nel presente immediato, fuggevole e irripetibile. È colui che vive poeticamente ed è volto ad un mondo lunare e a ricercare tutto ciò che lo ponga in stato di ebrezza continua. Il suo rappresentante è il Don Giovanni che cerca di godere il più possibile concentrandosi sapientemente in una certa saggezza che sa ottenere la limitazione alla ricerca sfrenata del piacere per poter più intensamente godere.

Ma al fondo sta in agguato un pericolo inevitabile: la noia che porta ultimamente alla disperazione ultimo sbocco della concezione estetica della vita. Non resta dunque che passare attraverso la disperazione, impegnandosi.

Lo *stadio etico* s'annuncia appunto allorchè l'uomo comincia ad impegnarsi, entra cioè nel dominio dell'etica, regno del dovere e della fedeltà. Esso è frutto di una scelta che l'individuo fa di se

---

[4] Kierkegaard S., *Aut Aut* (di cui fa parte il: *Diario di un seduttore* — cioè del Don Giovanni), Werke, Jena, vol. II; *Timore e Tremore* (1843); *Stadi nel cammino della vita* (1845), ecc.

stesso, colla quale accetta un compito che gli è stato assegnato nella vita. Dalla scelta nasce il contrasto fra il bene e il male; è rinuncia ad una delle proprie possibilità, è riprovazione di un certo sè che poteva realizzarsi, è pentimento. La figura che rappresenta tale stadio è il marito e il matrimonio esprime lo stadio della eticità. Altro elemento della esistenza etica è il lavoro. Anche in tale stadio però c'è una contraddizione intima. Da un lato l'individuo sceglie liberamente la propria attuazione, dall'altro spende la sua «innocenza», cioè scopre la propria consapevolezza, la propria disposizione al male. Con ciò viene distrutto l'ottimismo e la forza morale su cui l'etica si basa. L'uomo è costretto a riconoscere la propria insufficienza.

Lo *stadio religioso:* nello scacco dell'autosufficienza di sè dello stadio etico, l'uomo scopre che deve perdersi affrontando il salto qualitativo della fede; o la disperazione assoluta o la resa incondizionata all'Assoluto cioè a Dio. Kierkegaard concepisce così radicalmente la opposizione tra etica e religione che il salto religioso è pensato da lui come separazione radicale, sospensione del principio morale e dell'impegno nel mondo. Nelle opere intermedie specie nel *Diario,* come mostra il Fabro, Kierkegaard pensa ancora, cristianamente, che etica e mondo sono riacquistati in Dio, nella fede. Ma la radicalizzazione è portata all'estremo nell'ultima opera: la *Scuola del cristianesimo* in cui esaspera il «paradosso», come egli dice, di Cristo, segno del paradosso e scandalo della fede: Cristo che soffre e muore come uomo è colui che è e si deve riconoscere come Dio. Il paradosso della fede che sta nel fatto che è certezza angosciosa, regno della solitudine, rapporto privato tra l'uomo e Dio, un rapporto assoluto coll'assoluto. E la fede è paradosso: perchè è l'uomo che deve scegliere e dall'altro è Dio che è tutto e da Dio solo può venire la fede come dono. L'esistenza umana è così contraddizione intima; la religione mostra all'uomo radicalmente ciò che egli è: paradosso, contraddizione, necessità e insieme dubbio e angoscia della libertà.

A parte la esasperazione di sapore protestantico dell'ultimo Kierkegaard (era un pastore luterano) la sua descrizione finissima degli stadi della esistenza può portare qualche luce al nostro assunto.

2. Libertà e opzione, l'esperienza integrale.

Attraverso la libertà, l'uomo si rivela a se medesimo quale è, meglio: si esperisce quale è: un singolo irrepetibile e inoggettivabile, *persona*, irriducibile alla massa, con una propria capacità anche se limitata di scelta e di autocostruzione del proprio destino, con una incomunicabile vocazione personale.

Il mondo delle scelte della libertà, il mondo complesso con cui la persona si costruisce una propria personalità, è il *mondo della esperienza più autenticamente umana*. Dobbiamo prenderla nella sua interezza. Noi non possiamo privilegiare questa o quella parte dell'esperienza umana e tentare di ridurre il resto a quella. La filosofia come amore della sapienza, ricerca di ciò che l'uomo è e deve essere, deve partire dalla descrizione della esperienza integrale e non rigettarne aprioristicamente una o l'altra parte.

L'esperienza integrale include ugualmente il provato e il provante, l'oggetto e il soggetto, l'idea concepita e l'io intimo inoggettivabile che la concepisce e che è raggiungibile solo come il termine ultimo interiore della riflessione, l'autotrasparenza (almeno parziale) su di sè. Nè l'intellettualismo che pretende di autocostruire lo spirito e per cui tutto è spirito, nè il concettualismo che riduce tutto a concetto, nè l'empirismo che riduce tutto a esperienza meramente sensibile, danno una soddisfacente descrizione della esperienza umana integrale. I « dati » o i « fatti » del *positivismo* possono essere tali solo se c'è uno che si esperimenta nell'esperienza stessa, cui o da cui il dato è appunto dato o da cui o per cui il fatto è fatto. Anche il valore, che sembrerebbe ciò che di più lontano potrebbe concepirsi dalla esperienza, almeno nel senso ristretto in cui alcuni lo intendono, come cioè ciò che non si ha ma a cui si tende, può essere a noi presente solo se ha una efficacia diretta o indiretta nella nostra esperienza. Psicologicamente anche il vuoto, la solitudine, l'avvenire, il passato sono da noi sperimentati in qualche modo (Le Senne). Nell'assenza sofferta è presente già, in preannuncio, il valore per cui si soffre.

Tutto entra nella esperienza integrale: il dato sperimentato coi sensi, come il sentire di sentire, il sapore di vivere e essere, l'esercizio consapevole della libertà, della volontà, dell'intelligenza, il cogliersi esistente.

L'errore dell'*empirismo* è quello di privilegiare una parte della esperienza, magari quella scientificamente provocata, quando si proclama empirismo scientifico, a spese del tutto di essa (e così è da dire del sensismo che riduce tutto a sensazione); ma parziale è pure l'*idealismo* estremo quando crede di ridurre tutto a pensiero senza notare la differenza qualitativa e la varietà di piani della esperienza integrale. Fanno ugualmente parte della esperienza il mediato come l'immediato, l'essere come il valore, il sensibile come l'intelligibile: occorre ripristinare nella esperienza i caratteri della esistenza che il razionalismo tendeva ad eliminare: la contingenza, l'errore, il rischio, il limite del pensare e volere umano, l'eterogenità che è differenza di qualità e non mera questione di più o meno, la libertà stessa nel senso di libero arbitrio o libera scelta; ma insieme dobbiamo ripristinarvi anche il cogliersi dell'io, l'aspirazione all'infinito, l'ansia della felicità, la percezione che lo spirito ha dei propri atti, via via fino alle esperienze sublimi del mistico. Dice il Le Senne in Ostacolo e Valore: « La poesia, il sistema di Spinoza, la dialettica dell'argomento ontologico, un tramonto, la collera, la vita di S. Giovanni della Croce, il girandolare, sono esperienze e così indiscutibilmente come una misura al catetometro »[5]. Altrimenti dovremmo espungere dalla esperienza come vuole il determinismo la libertà stessa, ridotta nel meccanicismo Spinoziano a mera « necessità compresa » — comprendiamo che siamo necessitati, che... non siamo liberi —, dovremmo escludere coll'oggettivismo scientifico ogni esperienza del soggetto come irriducibile ad una qualche forma di esperienza oggettiva — col che è lo stesso soggetto o autocoscienza intima che svanisce. Il soggetto si fa presente come soggetto.

In questa esperienza integrale, in ciò che essa ha di più proprio dell'uomo in quanto è uomo, l'*opzione della libertà* ha un posto di privilegio: è proprio in essa infatti che l'uomo si rivela a se stesso, tanto più quanto più dalle scelte superficiali saliamo a quelle privilegiate in cui tutto il nostro essere è in gioco. Noi notiamo che tra

---

[5] Le Senne R., *Obstacle et valeur*, Paris 1934 (trad. ital. Brescia 1950, p.23). Cfr. tutto il cap. I, *Esperienza e filosofia*, e il nostro: *Itinerario al valore*, Roma 1971, *L'esperienza integrale*, pp. 53-61.

le nostre scelte finiamo col riconoscere o collo stabilire una *gerarchia di valori*, non sono tutte sullo stesso piano.

Ci sono delle scelte di fondo che condizionano le altre, che possono condizionare tutta una vita e tutta la direzione di sviluppo del nostro essere: la scelta ad es. della professione, in quanto ci è dato farla. E in ogni scelta è un conflitto di valori reali (a volte apparenti) che ci si offre e siamo pressati a risolvere. La vita della coscienza morale di ciascuno mostra di tali conflitti quotidiani. Queste scelte più profonde e più intime diventano la *norma* delle altre scelte particolari, cui queste ultime si rapportano e si giudicano. Per vie non dissimili alcuni (Sartre, Bloch) sono giunti a pensare Dio come necessario all'uomo, ma lo riducono meramente a «ideale» astratto; han visto, a partire dall'uomo la necessità di Dio, ma lo hanno ridotto a mera idea. Non han visto che, per la libertà, l'uomo è un essere storico e dunque è la sua storia da interrogare.

Il problema radicale che ci si impone è se tutte queste gerarchie di valori sono fittizie, contingenti, o se la struttura del nostro essere sia tale che inevitabilmente nel suo stesso porsi cosciente non operi una opzione ultima e fondante tutte le altre, scoprendo in essa un suo legame coll'Assoluto. O l'*Assoluto è implicato* nel problema dell'uomo così che l'uomo non è tale senza di lui, o diviene qualche cosa che non ci interessa, come uno dei tanti problemi particolari difficili e poco interessanti la cui soluzione può anche rimandarsi. L'uomo non solo tende all'Assoluto, ma, quando si apre a lui, lo esperimenta e scopre dentro di sè. Tutti comprendono che porsi il problema di un Valore Assoluto fondante è porsi ultimamente anche il problema di Dio; occorrerà tuttavia distinguere vari piani o tappe nella logica posizione del problema.

3. *L'esperienza integrale e il problema di Dio.*

Se c'è in noi una esperienza tale che l'Assoluto sia sempre in essa implicato, se c'è l'apprensione di un valore che fonda tutti i valori, è ovvio che questo e non altro sarà l'oggetto o meglio il soggetto scelto dalla opzione fondamentale. Ed essendo ciò che dà unità e senso alla vita umana e rivelandosi come il Valore che ultimamente la fonda, verrebbe a costituire per l'uomo ciò senza cui non è uomo.

Il *problema fondamentale* è di sapere se nell'uomo, nel «singolo» affinchè egli sia «fondato» e non sia un assurdo, affinchè abbia una ragione di essere in ciò che è e molto più in ciò che deve farsi (l'uomo si rivela uomo in quanto si fa personalità e si costruisce «vocazioni» nelle scelte del suo dover-essere), non sia *già dal principio* ontologicamente e anche intenzionalemte *implicata una relazione con un fondamento assoluto, trascendente, magari divino*. Se tale fondamento sia anche conoscitivamente appreso dall'intelletto nel suo atto di pensare, se la volontà si riveli nel suo fondo una tendenza al Valore assoluto e da questo sia definita, se tale presenza immediata possa dirsi visione o fruizione di Dio o solo apprensione indeterminata e confusa dell'assoluto, è ciò su cui occorre interrogarci. Solo su questa base ha senso porsi il problema di Dio, solo a partire dall'accettazione o rifiuto di una presenza dell'Assoluto nello stesso slancio dell'intelletto e della volontà, ha possibilità di essere impostato il problema di Dio.

Tuttavia il problema di Dio, o del divino, di questa «cifra», ci apparirà sotto aspetti diversi se separeremo i *due significati fondamentali* che nella storia del pensiero sono stati ad essa dati. Essi, vedremo si richiamano a vicenda, ma ciò non esclude la necessità di separarli per evitare gli equivoci.

— si può parlare di Dio o del divino in *un senso indeterminato, sfumato, impreciso, confuso*: Dio equivale a Assoluto, Fondamento, Valore, ma non appare se esso sia distinto o indistinto, impersonale o personale: più che l'Essere Assoluto è *l'assolutezza* della REALTA' ULTIMA. Non sappiamo che cosa essa sia; è appresa come il Tutto fondante, ma non la conosciamo ancora nè come un Qualcosa nè come un Qualcuno: non è ancora l'indeterminato, panteistico, apeiron o il theion, divino più che divinità dei Greci o un Numen neutro, senza volto, nè al contrario una persona o Essere Personale, distinto o magari l'essere Partecipante, Padre e Amore della tradizione cristiana o comunque del teismo. Queste determinazioni sono tutte opera della riflessione posteriore. Tuttavia riteniamo che l'esperienza religiosa autentica rivelatrice di una Presenza Trascendente, per il fatto di includere radicalmente l'uomo in una interpellazione suprema è già tale da essere per sè orientata verso la personnalità e dunque anche ad una *Presenza,* implicitamente già orientata al Tu supremo. Il totalmente Altro, ecc. rilevato dalla fenomenologia è tale per me persona aperta sul dialogo ultimo. Nel primo stadio tuttavia la personalità del Numen è solo implicita e può essere distorta e impedita in imperfette o unilaterali concezioni religiose pur basate su esperienze autentiche.

— Noi preferiamo *riservare* il termine *Dio* alla seconda accezione, che è almeno quella delle religioni cosidette superiori, monoteiste, per cui Dio è *Spirito e Persona distinta, anche se fondante* e presente. Ad essa, sempre su un piano riflesso, si oppongono tutti i panteismi.

Ma la prima accezione qui sopra descritta prescinde da queste determinazioni anche se non è neutra rispetto ad esse come abbiamo accennato e come abbiamo più a lungo esaminato, sulla sua base storica, nella fenomenologia. Aggiungiamo qui altre riflessioni.

La esperienza e riflessione religiosa hanno elaborato di Dio una idea altissima, coerente: implicitamente per noi cristiani o comunque imbevuti di occidentalismo almeno monoteista se non cristiano, questa seconda elaborata accezione è quella che ormai viene più spontanea alla mente quando udiamo la «cifra» Dio, è ad essa che si riferiscono le nostre favorevoli o sfavorevoli, allettate o apprensive reazioni psicologiche. Ma non è detto che questa sia l'accezione logicamente primigenia. Tuttavia già queste reazioni, sia detto qui per inciso, ci mostrano che tale parola «Dio», anche nel suo senso più elaborato, è per noi più che un concetto astratto e costruito sul vuoto, puro parto di fantasia; non si reagisce così, non si lotta, non si soffre per un puro astratto logico senza contenuto nè relazione al più intimo della nostra vita, agli appelli più segreti del nostro essere.

È questo il Dio della nostra *esperienza personale religiosa:* è ovvio che non si potrà impostare il problema di Dio, in questo secondo senso, prescindendo da essa. E se la filosofia, e qui la *filosofia della religione,* come uso quale anche è di strumenti logici e espressione mediante concetti della realtà, è mediazione di questa, non deve tuttavia dimenticare che tali concetti, come si mostra nella critica della conoscenza, sono *intenzionali e aperti sulla realtà* cui il nostro intelletto legge-dentro (intus-legit, secondo la interpretazione, errata dal punto di vista di visita filologico, ma vera in realtà, che i medievali davano della intelligenza); e poichè vi legge dentro può anche esprimersela, formare cioè il concetto o espressione intelligibile in cui la realtà stessa è appresa nella sua rappresentazione.

Tuttavia la filosofia anche se riflette sulla esperienza religiosa, che nessuno vorrà negare far parte della realtà dell'esperienza integrale, può indagare su quella cercando di cogliere *ciò che in essa c'è di più comune, universale,* primigenio; ciò che appartiene alla struttura di tutte le religioni e che è relativo all'esistenza stessa dell'uomo o meglio ne rappresenta una categoria esistenziale. La filosofia della religione, all'inizio del suo cammino lascerà da parte sia ciò che nell'esperienza religiosa c'è di più contingente e meno significativo, sia ciò che è magari al massimo significativo come ad es. l'esperienza dei mistici autentici col suo «tocco» di Dio sull'anima, ma che è meno prossimo alla esperienza dei più e di cui dovrà trovare una spiegazione in un secondo momento.

Per ciò noi ci rivolgeremo dapprima a questo primigenio, cioè a riguardo del problema di Dio che qui ci interessa, alla *nozione indeterminata e confusa dell'Assoluto,* del Fondamento Ultimo, del Valore, rimandando ad altre riflessioni come nasca da essa e non senza essa in noi l'idea di Dio, nel suo secondo e più pieno senso di Essere Assoluto, distinto, personale. Solo allora potrà apparire nel suo più profondo senso la esperienza religiosa nei suoi gradi più alti. Ma sarebbe errato disconoscere, per essi, l'esperienza fondamentale da cui emergono.

È tuttavia necessario analizzare meglio la realtà della esperienza religiosa da cui il nostro discorso ha preso l'avvio: cercheremo di mostrare la sua originalità e autenticità.

Capitolo Secondo

L'ESPERIENZA: PRIMO APPROCCIO

Il filosofo della religione cerca una spiegazione della esperienza religiosa nei suoi elementi fondamentali. Tale spiegazione è per la coscienza contemporanea più urgente che mai, nonostante l'asserzione di molti che il problema di Dio non interessa loro.

§ 1. *complessità e problemi.*

Sembra accordato da tutti che l'*esperienza religiosa* è *complessa*. Il problema è se essa sia riducibile all'una o all'altra delle esperienze umane fondamentali (supponendosi che essa non sia tale ma sublimazione di istinti, proiezione fantastica assolutizzante delle nostre aspirazioni, sentimento delle forze oscure dell'universo, espressione puramente immaginativa del mistero dell'uomo, ecc.), se sia cioè un fenomeno *derivato* o una esperienza *originale*, primigenia anche se complessa, qualitativamente *irreducibile* ad altre forme di esperienza.

Abbiamo già molto detto di essa nella ricerca sociopsicologica e fenomenologica già ricordata. Ma l'originalità della esperienza religiosa va ultimamente fondata in un rapporto alla *verità* e *valore* assoluto, affinchè non accada che una filosofia si riprenda quello che la fenomenologia aveva rilevato. E anche ammessa una complessità è da determinarsi se essa si verifichi solo entro una data sfera dell'umano, ad es. nel sentimento così da essere poi superata e inverata nella sfera della ragione, o non sia una complessità che posti originariamente in sè un proprio principio intrinseco di unità materiale e formale e una dimensione anche intuitivo-intel-

21

lettuale dell'esperienza stessa, non riducibile a solo sentimento o intuizione alogica d'arte o a filosofia o a morale.

Oppure con un'altra impostazione celebre del problema, possiamo chiederci se la religione non sia il risultato di componenti varie solo giustapposte (sentimenti, tradizioni, cristallizzazioni dogmatiche, espressione di interessi di casta o di evasione alienatrice, di strutture cioè sociologicamente mutevoli o di sovrastrutture determinate essenzialmente dalla struttura economica portante) oppure sia un dato originario dello spirito, un valore proprio, un quasi trascendentale rispetto a tutti gli altri valori, qualcosa che esprime nel suo profondo il più vero essere dell'uomo ed è condizione del suo più autentico realizzare se stesso.

La soluzione di tanti problemi preoccupa e comanda evidentemente l'impostazione stessa del problema di Dio.

§ 2. *significati del termine «esperienza»*

L'esperienza religiosa è anzitutto esperienza; dobbiamo perciò chiarire i vari significati del termine «esperienza» per una più lucida e anche storicamente rischiarante impostazione del problema.

Il termine «esperienza» è assai ricco di significato; nel linguaggio comune e in quello filosofico se ne sono distinte molte accezione: M. Rossi ne trova, un po' forzosamente, ma con fondamento, ben sette [1]; il Lalande due fondamentali con sottodistinzioni [2]; il De Vries ne enumera cinque [3]. Ciò mostra la difficoltà dell'indagine e la ricchezza del contenuto intelligibile di questa espressione primaria del linguaggio umano.

Credo che si possano tuttavia raggruppare, per il caso nostro, tali significati nei seguenti fondamentali:

---

[1] Rossi M., voce: *Esperienza*, in: *Enciclopedia Filosofica*, cit., vol. II col. 72 ssg.
[2] Lalande Andrè, voce: *Expérience*, in: *Vocabulaire tecnique et critique de la Philosophie*, Paris 1951, pp. 321-323.
[3] De Vries Joseph, voci: *Esperienza, Esperienza vissuta*, in *Dizionario della Filosofia*, Torino 1964, pp. 174-178; cfr. Abbagnano N., *Dizionario di filosofia*, Torino 1964, voce: *Esperienza*, pp. 314-322.

1. un significato generico di *constatazione* cioè l'apprensione immediata di qualcosa di individuale, «È una sorta di esplorazione, legata a condizioni spazio-temporali e richiama l'idea di un venirci incontro delle cose da cui derivano le nostre impressioni». Essa indica il fatto di provare non come fenomeno transitorio puramente epidermico ma come producente un arricchimento di conoscenza. Il termine esperienza ha sempre un connotato di conoscenza umana integrale sensitivo-intellettiva e di quella conoscenza che si suole chiamare per connaturalità. L'esperienza presente è poi sempre legata alla memoria e alle esperienze passate che possono modificare notevolmente la percezione presente.

2. *conoscenza acquisita:* per iterazione (e iterabilità) che è colla presenza di qualcosa a qualcuno entrambi esperiti, elemento essenziale di ogni esperienza, e per riflessione almeno spontanea, nasce il significato del linguaggio comune di conoscenza mediante frequenti contatti tra gli uomini e colle cose, che è l'opposto del sapere libresco. Talvolta diciamo ad es. «non è un teorico, è un uomo di esperienza!» Il significato esatto che qui intendiamo suole esprimersi col termine anche di «saggezza pratica» (Weisheit) in una certa opposizione a «sapere scientifico» (Wissen). La saggezza pratica trascende il sapere. Però talvolta questo senso di esperienza viene esteso anche a significare «un certo sapere tecnico» come esprimiamo ad es. col termine «*esperto*». «È un certo esperto di football».

Il termine di giudizio e di valutazione di tale eccezione sembra dato da un certo risultato pragmatico, da un controllo empirico (il successo) più che da una valutazione morale o scientifica. Tale significato finisce coll'estendersi a quello di conoscenza abituale; ciò che si è acquisito è diventato così nostro che lo si sa e lo si usa così immediatamente come se non ci fosse stata richiesta a volte anche grande fatica per acquistarlo.

3. un significato specifico e pratico di *esperienza vissuta* (Erlebnis, nel suo significato prefilosofico): è il complesso di eventi vissuti che hanno influito sul carattere e contegno del soggetto. È la conoscenza vissuta di una situazione o di una idea. Non va intesa nel senso di conoscenza accompagnata dalla vita, ma di conoscenza attraverso l'intermediario della vita.

4. *prova, saggio, esperimento:* c'è ancora nel linguaggio comune e in quello scientifico il significato di esperienza come «esperimento». «Questa esperienza dimostra che... ho constatato che...». Il termine proprio sarebbe: «esperimento», come nota il Rossi, oggi però limitato a designare l'esperimento prodotto deliberatamente, anzi, direi, a quello di laboratorio, per lo più. Da questo significato deriva poi quello di accumulo di esperienze: nozioni di esperienza, ecc.

5. nel linguaggio filosofico, esperienza ha un significato spesso più ampio e indica, nella maggior parte dei casi *ogni percezione autentica, destata da una impressione* esterna o interna (quest'ultima accompagnata almeno come condizione del suo destarsi da un'impressione esterna). Si distingue così una esperienza *esterna* che è la percezione di oggetti e avvenimenti materiali per mezzo dei sensi esterni (conoscenza sensibile) e una *interna* o viva consapevolezza dei propri stati e atti interiori, sensibili o intelligibili.

Capitolo Terzo

INTERPRETAZIONI FILOSOFICHE RESTRITTIVE DELL'ESPERIENZA

Per ciò che riguarda il nostro assunto prenderemo le mosse dal linguaggio filosofico che dall'empirismo e Kant in poi ha variamente dato un significato assai *ristretto* al termine esperienza.

§ 1. *Empirismo classico.*

1. *L'empirismo* inglese ha teorizzato la *riduzione di ogni esperienza a esperienza sensibile;* anzi coll'associazionismo riduce la conoscenza a esperienza più o meno puntuali elementari che per legge di associazione puramente meccaniche dovrebbero dar luogo a tutti i fenomeni psichici anche ai più complessi dello spirito [1].

2. Nato progressivamente dalle speculazioni di Locke e Berkeley l'empirismo classico, ha trovato una sua prima fondamentale sistemazione in *Hume.* Una esposizione sistematica di tale empirismo e una valutazione critica si potrà trovare in ogni buon trattato di storia della filosofia [2].

3. L'indirizzo generale empiristico è ben espresso dal sottotitolo dell'opera principale di Hume « Trattato sulla Natura umana »; « un tentativo di introdurre il metodo sperimentale di ragio-

---

[1] Sui principi e sulla critica dell'associazionismo e del fenomenismo empirico cfr. Fabro C., *La fenomenologia della percezione,* Brescia 1961, pp. 77-178.
[2] Per es.: Abbagnano N., *Storia della filosofia,* Torino II vol., 1953, pp. 277-323; Collins J., *A History of modern european Philosophy,* Milwaukee, trad. ital. di D. Composta e V. Miano, Torino 1959, pp. 227-333.

nare negli argomenti morali ». Ad esso vanno aggiunti il principio dell'elementarismo conoscitivo, la attenzione posta alle leggi della associazione che porta alla costruzione meccanicistica delle idee superiori da quelle inferiori e che verrà poi sviluppato da J. Stuart Mill, il sensismo per cui esiste un unico tipo di conoscenza, quello dei sensi, cui tutto è ridotto e, per Hume, lo scetticismo moderato e la fondazione di un utilitarismo morale, che verrà poi sviluppato dal Bentham.

4. Per Hume che criticò su presupposti empiristi il principio di causalità, senza comprenderne la dimensione metafisica [3], la credenza in Dio si basa sul sentimento, sulla immaginazione e sul costume più che sulla ragione astratta. In tal senso Hume preparò la strada ad una diffusa corrente del sec. XIX che fonderà l'atteggiamento religioso *su basi emozionali:* ma in verità egli rifiutava di ammettere qualsiasi influsso pratico da parte dell'ipotesi religiosa. Egli era convinto che i problemi della vita possono essere risolti senza riferimento a Dio, la cui esistenza è verosimile ma la cui natura morale rimane all'uomo completamente enigmatica.

Hume colle sue premesse empiristiche ha costretto la conoscenza umana in limiti assai angusti; l'esperienza è ridotta alla sola conoscenza e affettività sensibile.

Il suo influsso si prolunga oltre Kant da un lato, attraverso l'associazionismo prima, il positivismo poi, dall'altro, nella filosofia moderna particolarmente sulle forme neopositivistiche le quali però abbandoneranno i postulati della scienza classica e il determinismo, come vedremo subito.

§ 2. *il neopositivismo o positivismo logico*

Il *neopositivismo* non costituisce una scuola unitaria; gli studiosi a partire dai movimenti principali della cosidetta « Scuola di Vienna » e « Scuola di Berlino » nonchè della più recente « Scuola americana » mettono in luce come loro elementi comuni l'esigenza di chiarire i fondamenti della scienza per giungere ad una « con-

---

[3] Vedi la critica del principio e interpretazione humiana della causalità in: Fabro C., op. cit., pp. 105-118, cfr. W.A. Wallace, *Causality and Scientific Explanation*, Ann Arbor 1974, 2vv.

cezione scientifica del mondo» eliminando ogni filosofia che non sia metodologia della scienza stessa. È per lo più dato per scontato che tale concezione non può essere che unica.

1. *prima forma*

(1) Esaminando la concezione del *Circolo di Vienna* (M. Schlick, H. Hann, O. Neurath, Ph. Frank, R. Carnap, K. Popper, ecc.) e limitandosi ad essa possono indicarsi come elementi da tutti accettati i seguenti:

Attenzione e predilizione per gli atteggiamenti e metodi della scienza, considerati come espressione dell'*unico atteggiamento umano* che non indulga a interpretazioni mistiche, teologiche o metafisiche della esperienza e destinato a subentrare gradualmente ad esse in ogni campo. Solo la scienza è valida come sapere umano; la rigorosità «scientifica» è unico criterio di affermazione valida.

Siffatto scientismo del neopositivismo l'apparenta al positivismo classico ottocentesco riassumendone la mentalità empiristica di fondo; tuttavia differisce notevolmente da esso perchè da un lato, essendo mutato il concetto di scienza rispetto a quello ottocentesco basato sul meccanicismo, il neopositivismo si volge, all'indagine di quegli elementi conoscitivi che rendono significante il discorso scientifico (rigoroso), anche a prescindere dai risultati particolari via via raggiunti dalle scienze, dall'altro perchè esso non si volge, nella polemica contro la metafisica e la filosofia com'era concepita sino allora, a dimostrare la incapacità di queste a costituirsi come il pensiero valido attraverso l'ostensione della erroneità della loro tesi, bensì mediante tentativi di chiarificazione della loro *mancanza di senso*. I neopositivisti rigettano generalmente la filosofia come pretesa di conoscenza di oggetti metempirici, sia come superscienza dei metodi e dei fondamenti delle scienze particolari. Essi sono perciò necessariamente volti alla determinazione della metodologia del linguaggio scientifico rigoroso inteso come paradigma di ogni linguaggio corretto. In tal modo la filosofia è ridotta a metodologia della scienza.

(2) Il criterio della distinzione tra proposizioni sensate o non sensate è dato dal *principio di verificazione;* hanno senso solo le proposizioni che si possono fattualmente verificare, cioè quelle delle scienze empiriche. Il punto di partenza, come dice il Frank, è *l'empirismo radicale che tuttavia pone una funzione primaria della matematica e della logica nella struttura della scienza* [4]. Le ricerche sulla logica formale simbolica e sui fondamenti della matematica costituiscono la seconda componente teorica della scuola: la conclusione tratta dal Russel [5] che i concetti e le proposizioni elementari della matematica sono riducibili ai concetti e proposizioni fondamentali della logistica, entrano nella scuola e costituiscono una sua caratteristica. Il merito di dare una sistemazione teorica a tale riduzione spetta a Wittgenstein nel « Tractatus logico-philosophicus » [6]; egli pur non appartenendo in senso stretto alla scuola neopositivistica, ma col Russel e il Moore a quella della *filosofia analitica*, le diede uno degli elementi condizionanti, cioè la conciliazione di empirismo e razionalismo logico.

(3) a. Nel « Tractatus » magna charta della *filosofia analitica* gli enunciati logici hanno per *Wittgenstein* un carattere puramente 'formale', la loro validità non dipende nè dal senso nè dal valore di verità delle proposizioni che li costituiscono, ma *solo dalla struttura del linguaggio*, perciò le asserzioni logiche sono tautologiche (e di conseguenza anche quelle matematiche). Ne consegue che l'unica fonte di conoscenza è il dato empirico. Perciò una proposizione perchè abbia senso deve essere o una tautologia logico-matematica o un asserto empirico.

b. La *metafisica* o più in generale i linguaggi comunemente parlati e le loro grammatiche formatisi storicamente sono di conseguenza un ostacolo che si oppone alla comprensione della struttura logicamente significante dell'*unico linguaggio valido, quello scientifico:* si tratta di un insieme di questioni apparenti

---

[4] Frank Ph., *Modern Science and its Philosophy*, Cambridge, 1950 p. 7.
[5] Russel B., *Principles of Mathematics* (1903) e *Principia Mathematica* (1910-13). quest'ultima opera in collaborazione col Whiteheed.
[6] Wittgenstein L., *Tractatus logico-philosophicus*, London 1922 (trad. ital., Milano-Roma 1954).

(Scheinfragen) e di pseudo-concetti (Scheinbegriffe). Nella proposizione 4.003 del «Tractatus» Wittgenstein afferma: «La maggior parte delle proposizioni e delle questioni che sono state scritte in materia di filosofia, *non sono false, ma insensate*. A questioni di questo genere perciò non possiamo affatto rispondere, ma soltanto stabilire la loro insensatezza. La maggior parte delle questioni e proposizioni dei filosofi derivano dal fatto che non comprendiamo la logica del nostro linguaggio. (Sono del tipo della questione se il bene è più o meno identico che il bello). E non c'è da meravigliarsi che i più profondi problemi non siano propriamente problemi».

c. Il neopositivismo parte dunque dal presupposto del *Wittgenstein* per il quale «il senso» di una proposizione sta nella capacità descrittiva di fatti possibili: «comprendere una proposizione significa sapere che cosa accade se essa è vera (si può quindi comprenderla senza sapere se è vera). La si comprende se si comprendono le sue parti costituenti»[7]. In altre parole: il linguaggio deve rispecchiare nella sua struttura la struttura essenziale della realtà. Esso trae la sua capacità significativa dal suo essere immagine del mondo. L'unità del linguaggio linguistico (la proposizione) ha in sè le proprietà strutturali della realtà, come la proiezione geometrica di una figura conserva invariate alcune proprietà di questa.

Il Wittgenstein nella proposizione indicata allude al ricorso alle parti costituenti della proposizione: si rivela qui una delle presupposizioni empiristiche della scuola e cioè che esistano dei *fatti-atomi*, fatti semplici cui corrispondono dei segni semplici (nomi) e delle proposizioni semplici (elementari o atomiche). Queste a loro volta sono riunite in proposizioni complesse (molecolari) per mezzo di sole costanti logiche, cosicchè il loro valore di verità dipende da quello delle proposizioni semplici. L'insieme delle proposizioni atomiche e molecolari costituisce la scienza: non c'è spazio per proposizioni di altro tipo.

Su tale supposizione si fonda l'idea che le asserzioni logistiche e matematiche sono tautologie, e che oltre le proposizioni suddet-

---

[7] ivi, prop. 4.024.

te tautologiche e quelle empiricamente significanti tutte le altre non sono che connessioni insensate di parole. Ne segue che la filosofia non costituisce una dottrina, ma una attività, non un complesso di proposizioni sensate ma di delucidazioni: «Il metodo esatto della filosofia sarebbe questo: non dir niente all'infuori di ciò che si lascia dire, cioè delle proposizioni della scienza della natura; qualcosa quindi che non ha niente a che fare colla filosofia. E se qualche altro volesse esprimere qualcosa di metafisico, si deve mostrargli ch'egli non ha dato alcun significato a certi segni delle sue proposizioni»[8].

(4) Lo *Schlick* si avverrà proprio dall'analisi del linguaggio ideale significante per asserire che la concezione riduttiva del linguaggio all'elemento logico-tautologico e al contenuto empirico è l'unica teoreticamente possibile per l'uomo e confermare il suo empirismo gnoseologico iniziale e la sua antimetafisica. E quest'ultima si presenta come una specie di «fede» scientifica del neopositivismo, un principio imprescindibile e basilare.

a. Lo Schlick propone un empirismo basato sul *principio della significanza*. Parte dalla concezione del Wittgenstein che la filosofia non è scienza ma attività intrinseca all'esercizio stesso della ricerca scientifica e siccome questa è condizionata dal rigoroso accertamento dei termini di cui fa uso, tale accertamento diventa il compito della filosofia stessa. Tuttavia la filosofia non può essere definita come «scienza del significato» perchè in tale accertamento giunge non a proposizioni, ma ad attività o ad esperienze immediate. «La scoperta del significato di una proposizione deve in ultima analisi mettere capo ad un atto, ad un procedimento immediato, per es., all'indicazione di un colore; non può essere data in una proposizione. La filosofia, come ricerca del significato, non può perciò consistere di proposizioni, non può essere una scienza. La ricerca del significato non è altro che una specie di attività mentale»[9].

b. I cosiddetti problemi filosofici o sono risolvibili col metodo delle scienze o sono problemi fittizi che debbono essere

---

[8] ivi, prop. 5. 53.
[9] Schlick M., *Gesammelte Aufsätze*, Wien 1938, p. 130.

dichiarati privi di senso; tra questi c'è anche il problema se il « mondo esterno » esista o no al di là della natura empiricamente data: è un problema privo di senso. Il *criterio* di distinguere i veri dai falsi problemi è allora il seguente: « Una questione è in principio risolvibile se possiamo immaginare le esperienze che dovremmo avere per darle una risposta. La risposta ad una questione è sempre una proposizione. Ma per intendere una proposizione dobbiamo essere in grado di indicare esattamente le particolari circostanze che la farebbero falsa. 'Circostanze' significano fatti di esperienza, e così l'esperienza decide circa la verità o falsità delle proposizioni; però il criterio della solubilità di un problema è la sua riducibilità all'esperienza possibile »[10]. La differenza dell'empirismo antico sta nel fatto che quello analizzava le facoltà umane, il nuovo è una analisi della espressione in generale. Tutte le espressioni devono esprimere qualcosa, ma ciò suppone che ci sia qualcosa che possa essere espresso cioè che ci sia un materiale della conoscenza; e, riconoscere che esso dev'essere dato dalla esperienza, è un altro modo per dire che qualcosa dev'esserci prima che noi possiamo conoscerlo.

c. Il *presupposto* della concezione dello Schlick, come per tutta la metodologia della scienza, *è che conoscere non significa identificarsi coll'oggetto conosciuto.* « L'intuizione, l'identificazione dello spirito con un oggetto, non è la conoscenza dell'oggetto e non aiuta a raggiungerla, perchè non adempie allo scopo dal quale la conoscenza è definita. Questo scopo consiste nel trovare la nostra via fra gli oggetti, nel predire il loro comportamento, e questo si fa scoprendo il loro ordine, assegnando ad ogni oggetto il suo posto nella struttura. L'identificazione con una cosa non ci aiuta a trovare questo ordine, ma ci impedisce di farlo. L'intuizione è godimento, e il godimento è vita, non conoscenza. E se voi dite che è più importante della conoscenza, io non vi contraddirrò, ma questa è forse una ragione per non confonderla con la conoscenza (che ha un'importanza sua propria) »[11]. Vorrei fare avvertito subito il

---

[10] ivi, p. 141 sg.
[11] ivi, p. 196.

lettore che, a parte la *non provata asserzione che l'intuizione non sia conoscenza* (siamo al di qua della stessa distinzione tra intuizione sensibile e intuizione intellettuale), c'è nella asserzione dello Schlick *un circolo vizioso* in quanto si pone che l'unica conoscenza valida è quella scientifica e in base ad essa si argomenta che l'unico modo di conoscenza valido è quello dell'ordine che la scienza pone, e d'altro lato si deduce la validità unica della scienza dalla validità affermata come unica del proprio modo di conoscenza.

d. Ha ragione l'Abbagnano quando scrive: «il *fondamentale difetto di impostazione* del positivismo logico (sta nella) mancata considerazione delle situazioni e degli atteggiamenti umani dai quali nasce e coi quali rimane sempre strettamente connesso ogni liguaggio. Ne deriva che l'analisi e alla teoria del linguaggio vengono *surrettiziamente ristrette* all'analisi e alla teoria del linguaggio scientifico, connesso con particolari situazioni o atteggiamenti umani, e perciò vengono dichiarate prive di senso tutte le espressioni linguistiche che, essendo radicate in altri atteggiamenti, non si prestano al tipo di verificazione che è proprio del linguaggio scientifico. Lo stesso Schlick che ha prospettato la esigenza di estendere l'analisi del linguaggio ai problemi morali, secondo l'esempio Socrate, non ha però fornito un criterio di verificazione che sia adoperabile in questo campo e si è limitato, come gli altri positivismi, a mettere in luce la verificabilità empirica degli enunciati scientifici».

«Deriva da ciò che la condanna totale della metafisica, pronunciata dal positivismo logico, è fondata su un semplice equivoco. Si può indubbiamente ammettere che molti enunciati metafisici tradizionali non abbiano, almeno per noi, alcun senso. Ma in ogni caso il loro significato non va cercato in quella verificabilità empirica a cui fanno appello gli enunciati della scienza, e che si radica nelle situazioni che nascono dal rapporto in cui l'uomo è col mondo naturale (come parte di esso e quindi in azione reciproca con esso); ma piuttosto, come condizionamento, predisposizione, appello, richiamo, a ciò che è o dovrebbe essere la situazione dell'uomo nei confronti di se stesso, degli altri uomini, di

Dio. Un'analisi del linguaggio non può essere veramente soddisfacente e completa se si limita al linguaggio scientifico e all'inutile conato di *ridurre* a questo ultimo tutti gli altri, senza tener conto delle situazioni esistenziali in cui i linguaggi si radicano e che ne determinano i limiti, le condizioni e il significato » [12].

(5) Per quel che concerne la *religione* i primi neopositivisti (alcuni nella prima fase soltanto del loro pensiero) nel loro entusiasmo per l'antimetafisica, prospettano un linguaggio dissacrato. A loro avviso, il discorso teologico-religioso, che reclama a sè la significanza più profonda, « non può offrire nel migliore dei casi che *incomprensibilità colorate di emozioni* » [13]. Carnap arrivò ad asserire che la religione è solo *una mediocre espressione del sentimento vitale*.

« Il termine Dio, pensa Carnap, può essere assunto in tre diversi sensi: a) senso mitologico: Dio è un essere corporeo in trono, del tutto simile ad un uomo, ma più potente; man mano, poi, questa grossolana immagine si evolve fino che a Dio vien tolto dal corpo, ma non la potenza di agire nel basso mondo della umana esperienza; b) senso metafisico: Dio, nella preoccupazione di eliminare dal concetto ogni sconcio antropomorfico, viene rappresentato come 'causa prima', 'essere assoluto', ecc.; c) senso misto: qui la parola 'Dio' è il risultato del miscuglio dei significati sopra esposti. Bene, in tutte e tre le accezioni, il termine 'Dio' — scrive Carnap — equivale ad un concetto semanticamente insensato, costituito dal mettere insieme tre lettere a casaccio, ed ogni proposizione in cui esso entra è soltanto uno Scheinsatz (proposizione apparente) » [14].

Anche chi non ci ha seguito nelle precedenti indagini avrà notato la *faciloneria semplicistica* di queste asserzioni gravemente carenti, non fosse altro, dal punto di vista della fenomenologia

---

[12] Abbagnano N., *Storia della filosofia*, cit. vol. III, Torino 1954, p. 584 sg.
[13] Ferrè F., *Language Logic and God*, New York, 1961, p. 18.
[14] Antiseri D., *Filosofia analitica e semantica del linguaggio religioso*, in: « Giornale di Teologia » n. 31, Brescia 1970, p. 38. Il libro dell'Antiseri è una buona e semplice introduzione informativa, è lodevole la sua intenzione di uscire dalle strettoie del pensiero degli autori di cui parla, ma è carente nell'indicazione delle soluzioni. Si leggano le ponderate osservazioni critiche del Primi nell'editoriale.

della religione e della storia delle religioni. Tuttavia merita di ricordarle per la influenza propagandistica che esse hanno tuttora in certi ambienti culturali e di massa.

2. *seconda forma*

Le difficoltà del primo discorso fatto dal neopositivismo sopra descritto condussero Carnap e Neurath a dare vita ad un *nuovo indirizzo* che fu chiamato «ala rivoluzionaria» in contrapposizione a quella «conservatrice» dello Schlick e suoi seguaci.

(1) *Neurath* rimproverava allo Schlick che il suo ricorso al *dato immediato della esperienza,* come base del discorso significante, contiene un *residuo di metafisica.* Il dato immediato infatti è qualcosa di extralinguistico e fa ricordare o rinnova la metafisica dell'inesprimibile. Neppure accettabile è la condizione della filosofia come attività chiarificatrice di significati. Quando si esclude la teoreticità della filosofia non si può coerentemente sostenere il carattere filosofico delle elucidazioni che mostrano la connessione del linguaggio al dato, perchè tali elucidazioni in quanto 'mostrano' e non possono essere espresse linguisticamente hanno *un alone mistico* non conciliabile con una concezione scientifica del mondo, sono «una lirica»[15].

Egli propone allora un «*fiscalismo radicale*» che vuole *liberare* il neopositivismo *dal riferimento al 'dato':* La base empirica del discorso scientifico non va più ricercata nella connessione col dato, ma nelle proposizioni elementari (o «protocolli») formulate dagli scienziati di un determinato ambiente culturale. La tesi protocollare serve secondo il Neurath a distinguere nettamente il nuovo scientismo dal vecchio programma empiristico. Sostituendo i protocolli alle proposizioni atomiche (o 'constatazioni') corrispondenti a un dato immediato, il discorso scientifico viene infatti privato di ogni «assolutezza», poichè un «protocollo» (per es. «il signor X nell'ora Y osserva che...») ha la stessa struttura linguistica delle altre proposizioni — particolari e universali —

---

[15] Neurath O., *Radikaler Physicanalismus,* in «Erkenntnis», 1934, p. 303, 362.

che costituiscono il corpus della scienza e non mantiene di fronte ad essa una posizione privilegiata.

In conclusione la verità di una teoria dipende dalla coerenza interna delle sue proposizioni e non dalla corrispondenza di alcune tra esse con il dato immediato. Spetta allora solo ad una *decisione convenzionale* stabilire a quali proposizioni concrete ci si vuole arrestare nel processo di verifica per considerarle alla stregua di protocolli. In pratica dice Carnap, che dopo una vivace polemica aveva finito coll'aderire al nuovo indirizzo, si considerano « effettive proposizioni protocollari quelle espressioni o annotazioni scritte che ci pervengono da alcuni uomini e, in particolare, dagli scienziati del nostro circolo culturale. Per 'scienza effettiva' intendiamo il sistema costruito da questi scienziati ... in quanto è confermato in modo sufficiente da quelle proposizioni protocollari »[16].

(2) Di conseguenza *Carnap* anzichè parlare di significanza preferirà parlare di *confermabilità*, distinguendo per le proposizioni una confermabilità completa (quando sono conseguenza di una classe definita di proposizioni contenenti predicati osservabili) e una confermabilità incompleta quando hanno come conseguenza una classe infinita di proposizioni contenenti predicati osservabili). Ora basta ad escludere la metafisica la confermabilità incompleta: si tratta di una « *convenzione* » in accordo cogli scopi della scienza.

Carnap riconosce pertanto che nel neopositivismo originario c'era un errore nella formulazione del criterio di significanza (ora abbandonato); esso consistette «semplicemente nel non riconoscere nella questione un problema di decisione concernente la forma del linguaggio; esprimemmo pertanto la nostra concezione in forma d'asserzione — come si usa tra i filosofi — anzichè in forma di *proposta* »[17].

Carnap si applica conseguentemente allo studio delle connessioni formali delle espressioni linguistiche e la componente empiristica passa in secondo piano poichè l'interesse non è più rivol-

---

[16] Carnap R., *Ueber Protokollsätze*, p. 224 cit. in Barone (vedi n. 19).
[17] Carnap R., *Testablility and Meaning*, New York, 1950, p. 5.

to al problema «semantico» del rispecchiamento del dato da parte del simbolo linguistico ma allo studio delle connessioni logiche, alla «*Sintassi logica della lingua*» (titolo di una sua opera). Ma Carnap se abbandona il fiscalismo non rinuncia a porre al bando la filosofia e la metafisica: il *convenzionalismo* non verrà da lui applicato solo ai sistemi formali, ma ad ogni tipo di linguaggio. I problemi filosofici pertanto o sono riducibili a problemi logici, o non sono che mere espressioni di stati affettivi e sentimentali senza valore scientifico.

«Oltre ai probemi delle singole scienze speciali, rimangono come autentiche questioni scientifiche solo quelle dell'analisi logica della scienza, dei suoi concetti, delle sue proposizioni e teorie... Al posto dell'inestricabile groviglio problematico che si chiama filosofia compare la logica della scienza»; e poco più sotto afferma che nella filosofia antica e moderna sono stati posti molti pseudoproblemi come quelli sulla essenza della realtà fisica e psichica, sulla proprietà e suoi rapporti e così via: «Tutti gli pseudoproblemi di questa specie scompaiono quando si usi la maniera formale di espressione anzichè la contenutiva, e si utilizzi nella formulazione dei problemi, al posto dei termini universali (per es. 'numero', 'spazio', 'universale'), le parole sintattiche corrispondenti ('l'espressione numerica', 'coordinata spaziale', 'predicato')»[18].

3. *terza forma*

Il neopositivismo di dibatte continuamente nella *difficoltà di «fondare scientificamente»* la *«concezione scientifica»*.

a. Non solo il criterio di significanza dello Schlick, non essendo nè una proposizione analitica (tautologica) nè una sintetica, viene paradossalmente a trovarsi dalla parte delle proposizioni non significanti; ma la difficoltà viene ancora aggravata nel caso del «convenzionalismo sintattico» per il quale diventa ancora più difficile condannare la problematica filosofica: infatti la «logica

---

[18] id., *Logische Syntax der Sprache,* Wien 1934, pp. 204 e 238.

della scienza » anzichè restare nel campo operativo viene elevata, nel rinnovato *scientismo* del Carnap, a « cánone assoluto »; sicchè, cacciata dalla porta, la problematica filosofica rientra dalla finestra. « Come l'analisi semantica schlickiana fondata empiristicamente, anche l'analisi sintattica implica una notevole dose di assunzioni 'filosofiche' più o meno criticamente fondate; e mentre la prima, anche quando non dava soluzioni soddisfacenti, lasciava almeno comparire chiaramente la problematica da cui traeva origine (cioè il problema del rapporto tra pensiero e essere, impostato nella forma del rapporto tra linguaggio e dato), la seconda con le soluzioni convenzionalistiche finisce di avvolgersi in un vuoto formalismo e di disconoscere la problematica da cui era sorta la stessa istanza della concezione scientifica del mondo »[19].

b. Pertanto alle due fasi precedenti il neopositivismo, trasportatisi in America aggiungerà *nuovi motivi* di sviluppo attingendo al pragmatismo (Morris) e alla scuola polacca di logica (Tarski). Il Carnap stesso si pone su questa via conservando però le sue pregiudiziali scientifiche. Ma anche in questa fase ritornano « temi tipicamente filosofici come quelli dell'empirismo e del realismo... Allo stato attuale delle cose, si può dire che le pretese antifilosofiche della concezione neopositivistica vengono sempre più mostrandosi illusorie attraverso gli stessi tentativi interni di sistemazione »[20]. E resta soprattutto indimostrata e secondo noi indimostrabile (è infatti una scelta opzionale, una fede), l'insistenza sulla superiorità dell'interpretazione scientifica del mondo (wissenscaftliche Weltauffassung) e sulla esclusiva significanza del discorso scientifico. Il volersi appoggiare su esse, come molti di tali autori fanno, per condannare ogni pensiero non-scientifico, e quindi anche la religione, ad un discorso non significante è una scelta non giustificata nè scientificamente giustificabile, una estrapolazione

---

[19] Barone F., voce: *Neopositivismo*, in: *Enciclopedia Filosofica* Venezia-Roma 1957 col. 870.

[20] id., col. 871. Questo articolo ci ha servito da guida in questa parte della esposizione.

di un metodo scientifico di indagine ad un campo che è al di fuori dei limiti che, ponendosi come legittimo, sono a lui intrinseci.

4. *il principio di verificazione, critica.*

Data l'importanza che ha per la mentalità moderna lo scientismo sarà utile spendere una parola sul principio fondamentale del neopositivismo e neoempirismo nella sua prima fase: quello di *verificazione*. Esso viene connesso coll'ateismo semantico e perciò non sarà qui fuor di luogo insistervi, anche a costo di ripetere alcune delle cose dette e sembrar quasi tornare indietro.

a. Il teorizzatore più famoso di tale principio fu A. Ayer nel suo libro «Linguaggio, verità e logica». Egli vi ritornerà anche in altri scritti; significativo è quello su «I fondamenti della conoscenza empirica» in cui Ayer mostra tutto il suo debito verso il tradizionale empirismo inglese. Ayer ha molto lavorato per cercare una soddisfacente elaborazione del principio di verificazione; egli ne dà tre formulazioni:

1) *formula generica*: una proposizione ha senso se è verificabile, cioè se può indicare l'osservazione che permette, sotto certe condizioni, di stabilirne la verità o falsità. In altri termini, una proposizione ha senso se ciò che essa afferma può essere in qualche modo controllato da un certo tipo di esperienza indicato col termine generico di osservazione. Il giudizio di significanza risulta perciò costituito, intrinsecamente, dalla possibilità di intervento della esperienza. Tutto ciò che è al di là della esperienza è privo di senso. Una proposizione tale non può essere detta nè vera nè falsa, è priva di senso.

La formula parla di «certe condizioni» e cioè che la verificabilità sia di fatto oppure anche solo di diritto: una proposizione è verificabile di fatto se ci sono i mezzi richiesti per la osservazione, è invece verificabile *di diritto* se i mezzi per l'osservazione mancano ma possono essere immaginati. L'osservazione non si può fare perchè mancano gli strumenti tecnici, ma è possibile indicare il modo con cui potrebbe essere fatta, e ciò è sufficiente per stabilire il valore della proposizione. Suo esempio era, allora — oggi la proposizione è verificata — che: «ci sono montagne sull'altra faccia della luna». Tuttavia può darsi il caso di una proposizione che nè di fatto nè di diritto possa essere accertata mediante l'osservazione reale o immaginabile vera o falsa. In tal caso Ayer parla di una verificabilità in senso debole. Quanto alla «osservazione» appare chiaro, per il discorso fatto sui mezzi tecnici, che si tratta per Ayer di osservazione sensibile, non di intuizione intellettuale [21].

2) *seconda formula*, più liberale cioè più ampia, secondo Ayer: una proposizione ha senso se da essa e da altre premesse si può dedurre una proposizione di esperienza non deducibile dalle sole premesse. E precisa che la proposizione di esperienza è una proposizione che registra qualche osservazione attuale o possibile. È la formula centrale per Ayer. L'elemento decisivo è l'esperienza ma più come punto di arrivo che di partenza: resta però vero che la proposizione può dirsi portatrice di senso solo a condizione di porsi in contatto colla osservazione, come nella prima formula, ma qui con connessione indiretta [22].

3) *terza formula:* è quella famosa di M. Schlick: *il senso di una proposizione è il metodo della sua verifica* («The meaning of a proposition consist in its method of verification»); essa tuttavia sembra fare qualche difficoltà all'Ayer perchè la usa solo nei suoi primi scritti e non dopo [23].

b. In questi brevi enunciati è compendiata tutta la filosofia di Ayer, dobbiamo solo aggiungere che se le proposizioni provviste di senso sono solo quelle empiriche non è che con ciò si venga a dare ad esse una certezza definitiva: per Ayer esse sono solo *ipotesi*, non possono dare mai luogo a nulla più che delle probabilità e devono essere continuamente sottoposte al controllo e alla verificazione della esperienza. Ne segue che non ci sono altre proposizioni filosofiche che quelle che si esprimono appunto coll'analisi del linguaggio e la metodologia delle scienze. Così per es. le pro-

---

[21] Ayer J., *Language Truth and Logic,* London 1946, p. 35 sg. Cfr. Gozzelino G. M., *La Filosofia di Alfred Julius Ayer,* Zürich 1964.

[22] ivi, p. 38 sg.

[23] Schlick M., *Demonstration of the Impossibility of metaphysics,* in: *Gesammelte Aufsätze,* p. 340.

posizioni dell'etica o sono riducibili alla scienza (psicologia, sociologia) descrivendo i fenomeni della esperienza morale e loro cause, oppure sono mere «esclamazioni e comandi» come tali al di fuori della filosofia e della scienza [24].

L'esperienza religiosa in quanto porta ad asserire l'esistenza di entità che non hanno alcun significato verificabile, non può fondare proposizioni filosofiche o teologiche dotate di senso; come per la metafisica si tratta di «non senso». La proposizione ad es.: c'è Dio? è priva di senso, cioè incapace, malgrado le apparenza, di comunicare qualcosa [25], non offre possibilità di intervento di fatto o di diritto nella esperienza.

c. Ma vediamo più accuratamente il suo pensiero su *Dio:* «In generale oggi si ammette almeno da parte dei filosofi che l'esistenza di un essere avente gli attributi definitori della divinità di qualsiasi religione non animistica, non si può provare per via dimostrativa. Per comprendere che la cosa sta così, dobbiamo solo chiederci quali siano le premesse donde dedurre l'esistenza di una divinità simile. Se la conclusione che esista Dio ha da essere cercata per via dimostrativa, allora queste premesse devono essere certe; infatti, siccome la conclusione del ragionamento deduttivo è già contenuta nelle premesse, qualunque incertezza sussista circa la verità nelle premesse è necessariamente condivisa dalla conclusione. Ma noi sappiamo che nessuna proposizione empirica può essere qualcosa di più che probabile. Logicamente certe sono le proposizioni a priori. Ma non sappiamo dedurre l'esistenza di Dio da una proposizione a priori. Poichè come sappiamo, la ragione per cui sono certe le proposizioni a priori è il fatto che sono tautologiche. E da un insieme di tautologie non si può dedurre in mado valido null'altro che una tautologia di più. Ne consegue che non si dà nessuna possibilità di dimostrare l'esistenza di Dio».

«Non altrettanto generalmente riconosciuta è l'impossibilità di provare che l'esistenza di una divinità come il Dio delle fedi cristiane sia almeno probabile. Se, infatti, l'esistenza di una divinità simile fosse probabile, allora la proposizione affermante questa

---

[24] - [25] Ayer, *Language* ecc. cit. p. 103 e 35.

esistenza sarebbe una ipotesi empirica. E in tal caso da questa ipotesi in congiunzione con altre ipotesi empiriche si dovrebbero poter dedurre certe proposizioni sperimentali non deducibili dalle sole altre ipotesi. Ma di fatto questa deduzione non è possibile. Talvolta, per la verità, si dichiara che la esistenza di una certa regolarità nella natura costituisce un'evidenza sufficiente per l'esistenza di Dio. Ma se l'enunciato 'Dio esiste' non implica altro se non che certi tipi di fenomeni hanno luogo in certe conseguenze, allora asserire l'esistenza di Dio equivarrà semplicemente all'asserire che in natura vi è la regolarità suddetta; e nessun religioso ammetterebbe che ciò sia tutto quanto egli intendeva dire asserendo l'esistenza di Dio. Direbbe che, parlando di Dio, egli parlava di un essere trascendente che potrebbe venire conosciuto attraverso certe manifestazioni empiriche, ma che certamente non si potrebbe definire nei soli termini di tali manifestazioni. Ma in questo caso 'Dio' è termine metafisico. E se 'dio' è un termine metafisico, allora che esista un dio non può essere neppure probabile. Poichè dire 'Dio esiste' significa produrre una espressione metafisica che non può essere vera o falsa. E per lo stesso criterio non possono avere nessuna significanza letterale gli enunciati in cui ci si proponga di descrivere la natura di un dio trascendente ». E prosegue affermando « che non vi possono essere verità trascendenti di fede religiosa, poichè gli enunciati cui il teista ricorre per esprimere tali 'verità' non hanno significato in senso letterale ». Queste verità sono solo materiale per lo psicoanalista. Il termine 'Dio' esprime un essere fuori dell'empirico, dotato di attributi sovraempirici: « Ma la nozione di una persona i cui attributi essenziali sono non-empirici, non è neppure una nozione intelligibile... La pura e semplice esistenza del sostantivo basta ad alimentare l'illusione che vi corrisponda una entità reale o almeno possibile. Solo quando andiamo a cercare quali sono gli attributi di Dio, scopriamo che 'Dio', in questo uso istituzionale, non è un nome autentico »[26]. Come si vede la posizione dello Ayer va ben

---

[26] Le citazioni, riportate dall'Antiseri, op. cit., sono tratte dalla trad. ital. di *Language*, ecc., Milano 1961, pp. 149 ssg., 154 sg., 153.

l'oltre il semplice agnosticismo: siamo di fronte ad un *ateismo semantico*.

L'errore fondamentale di Ayer è qui nell'aver staccato la nozione Dio dal contesto di esperienza religiosa nel quale solo ha senso. Il suo argomentare riposa sulla validità dei due postulati fondamentali epistemologici neopositivistici: il primo è il principio dell'empirismo, il secondo quello di verificabilità. Tuttavia, a ben vedere, il secondo non è altro, in definitiva, che una formulazione in termini precisi di una dottrina del significato secondo il postulato empirista.

5. *critica del principio dell'empirismo.*

Secondo il *principio dell'empirismo*, la conoscenza non ha veramente contenuto che nella misura in cui essa si rapporta a delle osservazioni sensibili, almeno possibili; le proposizioni infatti della logica e della matematica, considerate come analitiche, non corrispondono a dei veri contenuti di conoscenza, come si è visto.

In tale posizione il senso delle proposizioni sintetiche viene ricondotto alle condizioni della loro verifica; infatti il linguaggio può essere soltanto relativo a dei fatti atomici, quali si manifestano alla osservazione scientifica e allora il senso non può essere da nessun'altra parte se non in questa stessa relazione, cioè nella possibilità di adeguazione o non adeguazione al fatto atomico considerato; e questa possibilità non diventa effettiva che nelle operazioni che devono permettere di deciderne. Ma anche se si abbandona la proposizione del «Tractatus» del Wittgenstein o quella dell'Ayer, per le variazioni successive delle altre fasi del neopositivismo, rimane sempre che alla base dei diversi criteri empiristi di significato sta un rimando alla constatazione empirica.

(1) Prima di tutto è lo stesso termine «*empirismo*» (e correlativamente «esperienza») che va discusso. Il che implica anche che si determini il ruolo stesso nel conoscere umano integrale della esperienza sensibile. Ora l'empirismo neopositivistico concepisce l'empirismo solo in un *senso ristretto:* il solo tipo di esperienza comunicabile che sta a nostra disposizione è l'esperienza sensibile.

Questo è un chiaro postulato che sta al di sotto della stessa elaborazione del principio di verificabilità in ciascuna delle tre forme proposte dall'Ayer: osservazione vuol dire sempre osservazione scientifica, esperienza significa sempre esperienza sensibile (attuale o possibile come per la osservazione). È il *postulato empirista* fondamentale. Esso non è dimostrabile, è un semplice postulato euristico: pertanto metodologicamente il suo uso è corretto solo quando resta nell'ambito angusto, e nel caso (dipende dalle varie forme di neoempirismo) anche solo 'formale', che si è posto. Estenderlo a principio di totalità, a principio assoluto richiede di essere provato, il che nelle infinite forme di positivismo e empirismo non è mai fatto: si tratta piuttosto infatti di una opzione, di un atteggiamento fondamentale di vita «detto scientifico» ma che più correttamente dovrebbe dirsi «scientistico» colla correlativa «fede» antimetafisica.

Ma «empirismo» potrebbe intendersi anche in un altro senso che non è quello dei filosofi qui considerati. In *senso lato* empirismo potrebbe significare semplicemente che noi non abbiamo alcuna esperienza che sia totalmente indipendente dalla esperienza sensibile e che sia nello stesso tempo capace di darci un vero contenuto di conoscenza, oggettivo e comunicabile, capace cioè di fondare un sapere razionale. In tale posizione sono poi possibili ulteriori precisazioni: noi crediamo che possa col Marcel parlarsi anche di una «*esperienza esperienziale*» o meglio «*metafisica*» come vedremo. Comunque in tale accezione larga dell'empirismo si afferma che vi possono essere delle esperienze non legate all'aspetto puramente sensibile della percezione e che tali esperienze possono anche fornirci delle conoscenze di un certo tipo. Certo non si può costruire su tali esperienze un tipo di sapere corrispondente ai canoni o alle esigenze (più o meno convenzionali) della scienza moderna, sia pure intesa in senso lato. Abbiamo già discusso in concreto nelle pagine precedenti dei limiti di tale metodo scientifico; abbiamo riconosciuto che esso è ateo (a privativo: Dio non è una ipotesi scientifica).

Quello che tale empirismo in senso lato nega è l'esistenza di una intuizione intellettuale pura, esso rifiuta le idee innate e la intuizione cartesiana, rifiuta il razionalismo classico. Ma c'è una *via intermedia* che è quella della *intuizione intellettuale* capace di «leggere dentro» la realtà, di coglierne sia pure in modo indeterminato le «essenze»; c'è una capacità intuitivo-astrattiva dell'intelletto che non resta alla pura apprensione del singolare come vuole l'empirismo di ogni forma.

(2) Il *ruolo dell'esperienza sensibile* è assai diverso nelle due interpretazioni: nell'empirismo stretto (positivista, neoempirista, neopositivista), nonostante le precisazioni portate dall'analisi logica del linguaggio, noi non attingiamo mai, nella esperienza, altro che il singolare (sensibile), quello delle nostre constatazioni sensibili.

«Noi possiamo tuttavia, grazie alle operazioni intellettive che la logica descrive e che il linguaggio esprime, mettere in evidenza, nella massa di ciò che è constatabile, delle regolarità, stabilire dei legami sistematici e costituire così progressivamente un sapere di tipo universale, fondato da una parte sulla messa in azione di operazioni rigorosamente definite, grazie alla logica, e praticate da tutti alla stessa maniera, e d'altra parte sulla utilizzazione di metodi di verifica che rinviano in definitiva a delle constatazioni, di tipo elementare, permettendo un accordo pratico sul contenuto dell'esperienza. La logica non mette in gioco che delle pure forme di operazione, essa non apporta alcun contenuto; ma è grazie all'intervento di queste forme che noi possiamo organizzare il contenuto di una scienza. Questo modo di concepire il ruolo dell'esperienza sensibile costituisce ciò che si potrebbe chiamare la posizione empirista in senso stretto».

Ma c'è un *altro modo* di concepire il ruolo della esperienza sensibile: quello dell'*empirismo in senso lato.* Se dobbiamo continuamente rivolgerci all'esperienza sensibilile per ottenere dei contenuti di conoscenza, da un lato non restiamo alla pura e semplice apprensione del singolare, dall'altra una volta che in noi si è esercitata la conoscenza intellettuale possiamo riflettendo su essa cogliere anche l'atto intellettivo per riflessione e attraverso esso il soggetto conoscitivo che lo emette. Parleremo del secondo aspetto più avanti. Qui vogliamo insistere sul primo.

«Il dato percettivo racchiude, già al suo proprio livello, un *contenuto di significato,* che si trova appreso in esercizio nella stessa presa sensibile e che una operazione intellettiva di tematizzazione potrà cogliere (dégager) per suo proprio conto e intendere (viser) in una conoscenza (saisie) espressa. In altri termini, c'è *un'attività intellettuale* che ci permette di cogliere, attraverso la trama (texture) stessa dei contenuti sensibili, *le forme intelligibili* in virtù delle quali quei contenuti sensibili sono accessibili alla conoscenza, sono significanti per noi. Il campo degli atti intellettivi *non si limita* dunque alle operazioni descritte dalla *logica;* esso comporta ugualmente il campo dell'attività concettualizzante del pensiero. È *nel concetto che il pensiero dice l'intelligibile che esso coglie,* è attraverso la mediazione del concetto che esso raggiunge ciò che, nell'esperienza sensibile, si dà veramente a conoscere »[27].

Aggiungiamo, per conto nostro, che non con ciò *non si esclude una qualche forma di intuizione intellettiva,* che chiameremo *trasmediata, ma solo una intuizione intellettiva pura* nel senso cartesiano-razionalistico; inoltre « il concetto comporta per sè un rinvio alla realtà empirica, ed è conoscenza del sensibile attraverso l'intelligibile » cioè l'universale che in esso e attraverso esso viene colto dall'intelletto, deve sempre essere restituito all'esperienza (intesa in senso lato) perchè, e questa è la nostra posizione, *il concetto non è che la espressione di una intuizione intelligibile previa* (da esso non separabile) che si opera sul e nel complesso dato percettivo umano integrale[28].

(3) *Per tali vie è aperto l'accesso alla dimensione ontologica e assiologica della realtà* che rende quindi possibile un discorso su Dio, un accesso a Lui come realtà. È possibile un discorso perchè per il tramite delle operazioni intellettuali ci è possibile elevarci alla considerazione del tutto come tutto, in una esperienza superiore a quella puramente sensibile che come tale, cioè separata dalla esperienza umana integrale, è un astrazione, un artificio metodologico. Ma la norma della esperienza integrale supera il puro livello sensibile.

Del resto al neopositivismo logico possiamo dire che una volta enunciata la proposizione, rimane evidentemente da verifi-

---

[27] Ladrière J., *Ateismo e neopositivismo,* in: *L'ateismo contemporaneo,* Torino 1968, vol. II, p. 437.
[28] La nostra posizione è assai vicina a quella di Fabro C., *Fenomenologia della percezione,* cit. e soprattutto: *Percezione e pensiero,* Brescia 1962.

carla, vale a dire provare la sua pretesa di verità. Essa potrà essere accettata effettivamente per vera solo nella misura in cui la sua verifica avrà effettivamente avuto luogo. Ma è il *senso intelligibile* iscritto nella proposizione che rende possibile e guida le operazioni di verifica. È vero che la proposizione comporta un rapporto e una verifica. Ma non è questo rapporto in quanto tale che costituisce il suo senso, è al contrario il senso che sostiene questo rapporto. *Il fondamento del senso non risiede nelle operazioni di verifica, ma nell'atto* di legame effettuato e espresso *nel giudizio*, e quest'atto stesso presuppone la presa intellettiva delle determinazioni che sono messe in atto in questo legame. Secondo tale analisi, *c'è, precedentemente al giudizio, una attività concettuale che è in grado di apprendere,* nel reale, *le determinazioni intelligibili* che esso comporta e permette dunque di passare dall'esercizio alla specificazione.

«Ci sono certamente, al livello percettivo, delle esperienze nelle quali non cogliamo ancora l'intelligibile se non in maniera implicita; ma possiamo, in virtù del concetto, rilevare l'intelligibile in maniera esplicita e in quel momento noi miriamo in una attività tetica specifica quello che, fino allora, soltanto esercitavamo nel vissuto. Il processo di astrazione e di tematizzazione dell'intelligibile una volta avviato, può continuare indefinitamente. Possiamo *cogliere in esercizio, all'interno dei nostri atti d'apprensione intellettuale o di giudizio, dei contenuti intelligibili* che potremo, mediante nuovi atti di astrazione, mettere in evidenza in concetti appropriati, di cui potremo fare la materia di nuovi giudizi. C'è così possibilità di sovrapporre all'infinito i livelli di concettualizzazione, secondo un processo di cui la matematica ci fornisce una perfetta illustrazione. Per Wittgenstein al contrario, per il quale l'attività di base del discorso è posizione di proposizioni, non di concetti, non è possibile un passaggio dall'esercizio alla specificazione; la proposizione esercita un senso che non sarà mai possibile tematizzare in un atto specifico di conoscenza. Tuttavia, l'attività di tematizzazione che ci permette una presa esplicita dell'intelligibile, non si arresta ai contenuti particolari... prende di mira la totalità come tale, naturalmente non sotto la forma di una somma di elementi...

ma sotto la forma di una totalità presente nel reale e che lo costituisce precisamente come totalità».

È solo su questo sfondo di *intelligibilità e totalizzazione massimale* che è *possibile un discorso su Dio*. «Per accedere intellettualmete... alla esistenza di Dio, bisogna evidentemente, cogliere la realtà come totalità, il che è possibile solo nella misura in cui la si coglie al contempo nel fondo stesso della sua attualità. Ma coglierla in questo modo è superarla: il discorso sul tutto è un discorso che trascende. Esaminando ciò che è implicato in un tale superamento, in una tale tematizzazione trascendentale, scoprendovi la *manifesatazione di una presenza assoluta,* esaminando d'altra parte le condizioni di apparizione della realtà intramondana, sarà possibile riconoscere l'esistenza di un termine assoluto distinto dal mondo e causa del mondo. Ovvero, per dirlo in altri termini, a partire dal momento in cui si disporrà di un concetto della totalità, sarà possibile, in virtù di questo concetto, cogliere ogni realtà particolare sotto le specie della totalità; cogliere così all'interno di ciascun termine finito l'articolazione *di un rapporto all'assoluto* che non potrà esplicitarsi che con riferimento a un termine ponente assoluto ultramondano»[29].

In *conclusione,* riassumendo: la nostra posizione «lungi dal ridurre il significato di una proposizione alle condizioni della sua verifica, fonda al contrario la possibilità e l'esigenza della verifica sul significato intelligibile presente nella proposizione in virtù dell'attività giudicativa e fondato, per il termine di questa, sulla presenza di un campo intelligibile al quale ci apre l'apprensione concettualizzante del reale. Non è più possibile allora dichiarare le proposizioni metafisiche sprovviste di senso, semplicemente perchè esse non si prestano a una verifica di tipo empirico come le proposizioni scientifiche. Se si ammette che c'è una 'presa' concettuale della totalità come tale, il senso delle proposizioni metafisiche si trova in modo diretto nell'attribuzione che esse fanno al reale delle proprietà indicate in questa presa trascendentale e si fonda, in modo diretto, nella nozione intelligibile che viene da

---

[29] Ladrière, art. cit., p. 435.

questa presa stessa e dalle determinazioni reali alle quali essa ci dà accesso »[30].

(4) Quanto al principio di verificazione nelle tre forme proposte da Ayer dobbiamo dire che esso si presenta solo ad uno sguardo superficiale come qualcosa che dovrebbe avere senso immediato e verità indiscutibile. Sotto l'apparente limpidezza, oltre le supposizioni che Neurath vi trova incongruenti coll'antimetafisicismo empirista, e quelle che noi vi abbiamo trovato per il suo empirismo, suppone in realtà tante altre asserzioni che l'empirismo dà come certe senza provarle. Tentiamo di enuclearne alcune:

a. tutta l'esperienza è strettamente ridotta a contatto sensitivo colla realtà; unica esperienza reale e possibile è quella sensitiva.

b. si finisce coll'identificare osservazione con osservazione scientifica.

c. si suppone che non esista altra capacità intuitiva che quella sensitiva. Se talvolta Ayer ammette una intuizione dell'intelletto come là dove parla della scoperta di leggi scientifiche[31], tuttavia essa riguarda solo il piano psicologico dell'origine delle proposizioni, non investe l'esperienza sensibile. Egli dice espressamente che l'esperienza è sempre esperienza sensibile e non intuizione intellettuale[32].

d. tutta la « analisi della sensazione », cioè la teoria di Ayer, suppone, coerentemente del resto coll'atteggiamento empirista, che la conoscenza sia niente altro che *specularità,* una recettività, senza azione del soggetto conoscente sull'esperito. Non c'è attività vera e propria del soggetto a fine di esprimere l'oggetto; è piuttosto l'oggetto ciò che causa, anzi costruisce l'esperienza. C'è come un riflettersi passivo; l'esperienza del soggetto si costituisce tutta in forza dell'intervento dell'oggetto: è una forma di 'fisicismo'.

e. le osservazioni non sono nè di uno nè di più soggetti, sono neutre; io e tu sono mere parole prive di senso e di significato perchè non verificabili; non c'è minimo riferimento alla mente nelle osservazioni.

---

[30] ivi, p. 442.
[31] Ayer J., *Language,* ecc., cit. p. 137.
[32] ivi, pp. 31-35 e 46, 108 ecc.

f. si suppone sempre che l'unico sapere è quello della determinata concezione della scienza che il neopositivista difende; si fa appello al suo rigore scientifico per escludere ogni altro sapere perchè non si costituisce allo stesso modo. Atteggiamento tipico della mentalità «scientistica». È una asserzione gratuita, contraria all'esperienza integrale; *è una «fede»*.

g. la teoria di Ayer è un *nominalismo:* il concetto non è che un puro termine, piuttosto vago; la differenza tra singolare e universale è ridotta, come in tutto l'empirismo, ad un simbolo compreso cioè ad una immagine schematizzata. L'universale come tale, cioè come apprensione intelligibile di una essenza, scompare. Conseguenza ne è il contingentismo: l'esperienza riguarda solo fatti e non rivela alcuna necessità ed è perciò incapace di qualificare proposizioni oggettive, ossia ontologiche, universali e necessarie. Le proposizioni scientifiche sono solo ipotesi, più o meno probabili. Non si può affermare nulla con certezza. Tuttavia con assoluta forza, che sembrerebbe indicare una certezza, si afferma che la metafisica è impossibile. Il problema della validità del ragionamento induttivo, su cui si basa la scienza, è ritenuto di conseguenza insolubile.

Potremmo continuare, ma lo risparmiamo ai nostri lettori concludendo solo con un ultimo fondamentale rilievo: *il principio stesso di verificabilità non è verificabile.* Si badi bene: non facciamo minimamente ad esso il rimprovero di porsi come assoluto; il neopositivismo lo pone solo come una norma pratica, il cui senso cioè viene dal rinvio alla pratica effettiva. È la pratica, cioè l'esperienza stessa, come si dà nella sua integralità, che mostra la impossibilità di ridurre tutta la verificazione possibile a quella empirica. Quello di cui accusiamo i neopositivisti è che, pur non potendo porre come assoluto il principio, di fatto si comportano per la loro mentalità scientistica (e dunque non lo verificano in pratica) come se fosse assoluto: è in nome di tale esclusivismo pratico che essi rigettano la metafisica e qui sono in contraddizione con se stessi perchè entrano in una fede non verificabile.

La posizione di Ayer non sfugge al *dilemma*: «*o il principio di verificazione è un principio logico formale derivato da una analisi delle condizioni del significato, e allora non può essere usato per escludere *a priori* la possibilità che le asserzioni religiose abbiano un senso (lo potrebbe soltanto se si fosse mostrato che non era possibile determinare la verità di ogni singola affermazione religiosa, la quale pertanto potrebbe essere esclusa come priva di senso; il che però richiederebbe una dimostrazione *ad hoc* in ciascun caso particolare); *o* il principio di verificazione stabilisce che soltanto le proposizioni scientificamente o empiricamente verificabili sono significative, e allora è ovvio che è stata operata un'interpolazione extra-logica e il principio di verificazione non può più presentarsi come un criterio logico di significato veramente neutro »[33].

In conclusione il principio di verificabilità posto nella forma: « una proposizione è significativa solo se scientificamente verificabile » si autodistrugge perchè tale proposizione non è essa stessa verificabile e conseguentemente è priva di senso o, tutt'al più vera per convenzione, per arbitraria definizione. Ciò che dà ai neoempiristi e agli analisti (che, sotto forme camuffate, la difendono), una parvenza di plausibilità è l'opzione scientista che le sta sotto alla quale credono fermamente per « fede ».

§ 3. *filosofia analitica.*

1. *un metodo.*

Il movimento detto « filosofia analitica » non è propriamente una dottrina filosofica, quanto piuttosto un *metodo* nel trattare i problemi filosofici. Compito del filosofo non è di inventare sistemi speculativi, ma piuttosto quello di chiarire ciò che significhiamo e come significhiamo nell'uso delle proposizioni. Molti problemi filosofici sono sorti, secondo gli analisti, da confusioni logico-linguistiche circa il significato, e quando analizziamo le condizioni cui i vari generi di proposizioni devono sottostare perchè abbiano un significato, allora questi problemi svaniscono.

---

[33] Charlesworth M.J., *Ateismo e filosofia analitica*, in: *L'ateismo contemporaneo*, Torino 1968, vol. II, p. 482.

La funzione della filosofia è prevalentemente (per alcuni interamente) di carattere negativo o critico o «terapeutico».

Il criterio di significatività viene formulato in termini puramente logici (metafisicamente e epistemologicamente neutrali) e, usando tale criterio, ogni problema tradizionale metafisico e epistemologico viene, secondo essi, «dissolto». «Per l'analista, quindi, il filosofo non ci fornisce 'spiegazioni' ultra-gnoseologiche postulando entità 'trascendentali' quali Dio, la mente, l'anima, la sostanza, ecc. La filosofia è piuttosto una attività di 'seconda istanza'; essa cioè consiste principalemte nel pensare su come pensiamo la realtà (attraverso il senso comune e la scienza). E questo si riferisce anche all'etica o filosofia morale. Il filosofo morale può, attraverso una analisi 'meta-etica' della 'logica' delle proposizioni etiche e del ragionamento etico, chiarire le condizioni di un discorso etico significativo, ma non può in alcun modo (almeno con mezzi filosofici razionali) operare una scelta positiva e specifica di un 'comportamento' morale. È comunque importante sottolineare che i vari filosofi inglesi e americani che condividono questa generale interpretazione della natura e delle funzioni della filosofia lo fanno per diversi motivi e con ogni forma di riserve »[34].

2. *gli ispiratori: Wittgenstein.*

Padri della filosofia analitica sono considerati Moore, Russel e soprattutto Wittgenstein. Del *Wittgenstein* del «Tractatus» abbiamo già parlato in quanto offre elementi fondamentali al neopositivismo: tuttavia l'intera base del suo metodo filosofico è fondamentalmente diversa da quella dei positivisti logici. Infatti il metodo di questi ultimi si basa su una assunzione arbitraria (e metafisica) secondo cui soltanto le proposizioni empiricamente verificabili soddisfano le condizioni logiche di significatività; mentre Wittgenstein sostiene che il suo criterio di significato (meaning) *si basa su un esame puramente logico e formale della struttura del linguaggio.* Egli escludeva la possibilità della teologia naturale, cioè il

---
[34] ivi, p. 451 sg.

tentativo di esprimere filosoficamente che Dio è e che cosa è, perchè comportava, secondo lui, un tentativo di pensare al di là dei 'limiti del linguaggio', il che è un 'non-senso'.

Tuttavia «sembra che egli ritenesse che la possibilità di Dio e della religione potesse forse assai meglio essere dimostrata attraverso alcune esperienze morali quali la coscienza del peccato, della colpevolezza e della insufficienza personale. Sembra così chiaro che Wittgenstein non escluse Dio e il mondo religioso quasi fossero letteralmente privi di significato (monsensical). Ma piuttosto, egli sembra considerare *la sfera religiosa* come in qualche modo *ineffabile* e pertanto non suscettibile di investigazione filosofica. Del suo ultimo lavoro egli una volta disse: 'il suo vantaggio si è che, se voi credete, per es. nella filosofia di Spinoza o di Kant, ciò interferisce con le vostre convinzioni religiose, ma se credete nella mia filosofia, non avverrà nulla del genere'... Per Wittgenstein *la religione e l'etica appartengono all'ordine del 'mistico' e pertanto non sono suscettibili di investigazione filosofica*. Noi dobbiamo comunque sottolineare che ciò non significa che la religione e l'etica vengano da lui considerate irrazionali o prive di significato e di importanza » [35].

Del «Tractatus» Wittgenstein aveva detto che aveva risolto definitivamente ogni problema filosofico; ma ben presto si occorse che non li aveva risolti ma elusi: così sostituì alla unitaria struttura del linguaggio del Tractatus una *teoria pluralistica del linguaggio*. Alla aspirazione ad un unico linguaggio ideale, col suo peso riduttivistico, sostituisce l'idea di linguaggio come raffigurazione proiettiva dei fatti con il modello dei «giochi di lingua». Si tratta di particolari categorie o gruppi di concetti che usiamo parlando di qualcosa, ad es. di stati mentali o del piacere, del dolore, della percezione, ecc. Nella sua seconda opera: «Ricerche filosofiche» ripeterà che «*il significato di una parola è il suo uso nella lingua*», cioè il suo uso in un particolare «schema linguistico» [36]. Il compito della Analisi è di richiamarci il contesto nel linguaggio

---

[35] ivi, p. 461 sg.
[36] Wittgenstein L., *Philosophische Untersuchungen*, Frankfurt a. M., 1960 paragr. 43.

ordinario (è l'intera « forma di vita » che la coinvolge) nel quale essa è usata, poichè in esso, per definizione, è usata significativamente.

3. *la scuola di Oxford*

La teoria pluralistica del significato è stata sfruttata da alcuni analisti della *Scuola di Oxford* per sostenere che le *proposizioni religiose* possono essere definitivamente significative, pur non avanzando pretese di verità. L'affermazione dei positivisti logici e di altri, secondo cui la sola funzione logica del linguaggio sarebbe quella di asserire i fatti, così da identificare la significatività con la possibilità della verifica empirica, è una affermazione del tutto arbitraria, la cui falsità è stata definitivamente rivelata dalla « Ricerche Filosofiche ». Tuttavia lo stesso principio empiristico qua e là rispunta nella scuola, e il principio di verificazione che avrebbe dovuto essere considerato del tutto superato, trova suoi sostituti e formulazioni camuffate. Il movimento dell'analisi linguistica si rivela così una complessa tradizione filosofica che contempla *diverse e anche opposte tendenze*.

a. Alcuni analisti, specialmente a Oxford, affidano quasi un criterio di « significato » al « linguaggio comune » o *« uso comune »*: una proposizione è significativa se e perchè usata nel linguaggio comune, e i problemi filosofici vengono dissolti nella descrizione del modo in cui concetti e proposizioni sono in esso usati: l'Analisi come descrizione terapeutica dell'uso linguistico nel linguaggio comune. Altri sostengono ancora che l'Analisi racchiude riferimenti a qualche genere di « linguaggio ideale », col primo Wittgenstein; pertanto compito del filosofo è di costruire tale linguaggio sul modello dei calcoli formali della logica matematica, nella quale non possono sorgere ambiguità e confusioni logico-linguistiche nè problemi filosofici.

E ancora c'è diversità intorno al posto che ha l'Analisi per la filosofia: per alcuni l'Analisi è il solo compito della filosofia, per altri l'Analisi è solo una propedeutica indispensabile, ma non esaurisce lo scopo dell'intera trattazione della filosofia. Per questi ultimi la possibilità da parte della filosofia di avere un ruolo positivo ultra-analitico o metalinguistico (nel formulare una specie di «metafisica descrittiva») è tuttora aperta.

b. Di conseguenza a riguardo del problema della *religione,* in genere piuttosto trascurato perchè non interessa agli Analisti la formulazione di «una visione del mondo», non hanno una posizione tipica che non sia la diffidenza comune per qualsiasi metafisica «trascendentale» o postulatoria.

4. *il problema religioso*

Per chiarezza riduciamo a quattro le principali soluzioni date al problema religioso dagli Analisti.

(1) *falsificabilità e necessità*

a. La soluzione estrema è quella che usa la «*falsificabilità*» come criterio di significato. *A. Flew* esclude le affermazioni religiose come *prive di significato per il fatto che non sono falsificabili*: perchè una asserzione sia significativa occorre mostrare ciò che potrebbe provarne la non verità (cioè ciò che potrebbe falsificarla); ma con affermazioni tipicamente religiose quali 'Dio esiste', 'Dio è buono', 'Dio ci ama' la loro possibilità di non essere vere non è ammessa dal credente; tali proposizioni, dal punto di vista esclusivamente logico non essendo falsificabili, devono essere respinte come prive di significato e ciò prima ancora di qualsiasi impegno previo metafisico, positivistico o empiristico o materialistico o qualunque altro che sia.

b. Ma il principio di falsificabilità, proposto la prima volta da *Popper* e utilizzato dal Fleuw per le proposizioni religiose, non è altro che *una versione* sofisticata e sottilmente distorta *del «principio di verificazione»* dei positivisti logici. Infatti esso diventa qualcosa di più che un truismo logico e consente di escludere le verità non empiriche, tra le quali le proposizioni religiose, come prive di significato, solo se viene compreso nel senso che una asserzione è significativa quando conosciamo ciò che potrebbe dimostrarne la non verità, *così come conosciamo ciò che potrebbe dimostrare la non verità di una asserzione empirica*. Si ritorna nello stesso *circolo vizioso* del principio di verificabilità: si suppone ciò che si dovrebbe provare. È il tipico condizionamento della mentalità o *fede scientista*.

c. Nella posizione convenzionalista del neopositivismo, seconda maniera, per il principio di falsicabilità o verificazione che dir si voglia, le proposizioni non possono essere nello stesso tempo fattualmente significative e logicamente necessarie.

La *necessità* infatti vige solo tra gli elementi componenti la proposizione, non vige tra cose e fatti: è confinata nella sfera linguistica o logica; le proposizioni logicamente necessarie sono di natura convenzionale, come le proposizioni della matematica o gli assiomi e le regole logiche. C'è nel fondo l'influenza di Kant per il quale le proposizioni esistenziali non possono mai essere analitiche e pertanto per gli analisti «tutte le affermazioni fattuali sono contingenti e ciò riguarda tutte le asserzioni che affermano che qualcosa esiste». Ne segue che la nozione di «*essere necessario*», vale a dire un essere che esiste in tal modo che è logicamente inconcepibile che non esista, è una contraddizione in termini (Findlay; Smart).

Contro tale posizione reagisce, nel seno stesso dell'Analisi, *Malcom* discepolo di Wittgenstein: nel complesso sistema di pensiero degli «schemi linguistici» quali quelli dell'argomento di S. Anselmo (Proslogion cap. III) o del Salmo 90, bisogna prendere atto che questo schema di linguaggio è fatto e porta con sè la presunzione che la nozione di Dio definito come ente necessario sia significativa. Pertanto l'esistenza di questi sistemi religiosi di pensiero nei quali Dio figura come essere necessario appaiono «come una confutazione del dogma, affermato da Hume e da altri, secondo cui nessuna proposizione esistenziale può essere necessaria »[37]. Conclude pertanto il Malcom che esaminando la «forma di vita» entro la quale lo schema linguistico si svolge o considerando i «fenomeni umani» che stanno dietro all'uso del concetto di «essere necessario», noi vediamo qualcosa del suo significato: per es. l'esperienza della colpa può dare significato al concetto di una misericordia che è senza limiti e al di là di ogni misura.

---

[37] Malcolm N., *Anselm's Ontological Arguments*, in: «The Philosophical Review» 69 (1960), p. 56.

Le argomentazioni di Malcolm ci interessano relativamete, quello che è importante è che egli mostra come, stando alle pure esigenze dell'Analisi dei «giochi linguistici», *tale dottrina non conduce al rifiuto di ogni forma di vita religiosa e all'ateismo.*

d. In *conclusione:* (1) *Il principio di falsificabilità* cade sotto lo stesso dilemma posto sopra per il principio di verificazione. Questo principio di falsificabilità è per sè un *principio puramente formale o logico,* (un corollario del principio del terzo escluso), in quanto, senza alcun riferimento ai fatti, noi possiamo dire che 'p' è equivalente a 'non (non-p)'. E, come tale, noi non possiamo ricavare da esso alcuna informazione circa quali verità o falsità soddisfino al principio. Nella sua forma puramente logica il principio di falsificazione esclude soltanto le tautologie, in quanto, non essendo falsificabili, non asseriscono nulla. Ma non possiamo in alcun modo concludere che soltanto le proposizioni empiriche o scientifiche sono falsificabili, in senso reale, in quanto è solo con queste proposizioni che noi possiamo formare contro-istanza, cosicchè solo le proposizioni empiriche sono significative. (Infatti, se così non fosse, il principio di falsificazione non sarebbe esso stesso falsificabile, nel senso che non potremmo trovare alcuna istanza empirica contro di esso, e così sarebbe privo di significato).

«Le proposizioni matematiche sono falsificabili a loro modo, come pure quelle etiche, e *anche le proposizioni metafisiche e religiose possono essere falsificabili a modo loro* (in quanto, precisamente, ciò che esse negano come falso è qualcosa di assurdo o ontologicamente incoerente: per es., se non si ammette l'esistenza di Dio, occorre concludere che il mondo contingente è causa di sestesso; il che appunto è ritenuto assurdo o incoerente). Ancora una volta, bisognerebbe dimostrare, in ciascun caso particolare, se tale o tal'altra proposizione sia falsificabile e quindi significativa oppure no; il che importa *l'illegittimità di un rifiuto in blocco* delle asserzioni religiose come prive di significato. Si può ribattere che, di fatto, *alcune* affermazioni religiose si rivelano essere, in realtà, tautologie camuffate e pertanto non falsificabili e prive di significato; ma si può pure, con altrettanta ragione, rispondere che alcune asserzioni religiose sono significative. La posizione di Flew quindi, come quella di Ayer, si riduce a una posizione identica a quella del materialismo scientifico o del positivismo; oppure, se insiste nel sostenere che il principio di falsificazione è un principio logico puramente neutrale, allora questo cessa di essere un principio capace di escludere le asserzioni religiose (o ogni altra asserzione all'infuori delle tautologie) come prive di significato »[38].

(2) Quanto all'*argomento di Findlay e Smart* sulla critica della nozione di Dio come « essere necessario », basato sulla origine puramente convenzionale, secondo loro, delle posizioni sintetiche, concezione a sua volta debitrice della dottrina kantiana, si deve dire prima di tutto che la definizione di necessità in termini convenzionali o linguistici conduce a un evidente paradosso.

« Poichè, se le proposizioni necessarie sono semplici definizioni linguistiche, che riflettono decisioni convenzionali (più o meno arbitrarie o contingenti) a usare parole in un determinato modo, vuol dire che proposizioni necessarie sono in realtà non-necessarie o proposizioni contingenti travestite. Inoltre se questa concezione delle proposizioni necessarie fosse corretta, la loro necessità si realizzerebbe soltanto in alcune lingue particolari. È ovvio però che una proposizione necessaria, come per es. il principio metafisico di causalità, non è precisamente tale in lingue particolari come l'inglese, il francese o il tedesco, ma è necessaria in ogni lingua possibile. La concezione convenzionale o linguistica della necessità infatti *presuppone tutta una teoria metafisica,* e cioè che — come sostiene Hume — la realtà è fondamentalmente composta di *fatti 'atomici',* senza alcuna reciproca reale relazione. È chiaro pertanto che l'affermazione di Findlay e Smart, secondo cui questa definizione di necessità è una definizione logica puramente neutrale, con la conseguenza che la nozione di 'essere necessario' può essere dissolta semplicemente attraverso una analisi logica elementare, è in realtà estremamente discutibile ».

---

[38] Charlesworth, art. cit., p. 481 sg.

« *Lo stesso può dirsi della tesi kantiana,* secondo cui le proposizioni esistenziali sono sempre sintetiche. Certamente, *se ci riferiamo al mondo dell'esperienza ordinaria,* tutte le proposizioni esistenziali che formuliamo sono sintetiche. Ed effettivamente questo è il punto di partenza dell'argomento per l'esistenza del Dio dalla contingenza. Ma possiamo noi dimostrare *a priori* che ciò è vero per *ogni possibile* esistente? Questo potrebbe solo essere dimostrato, qualora si provasse che 'esiste' può propriamente essere predicato soltanto delle cose che si trovano entro la nostra diretta esperienza, cioè di quelle cose, di cui si può sempre pensare che non esistano. In altre parole, dovrebbe mostrarsi che i vari generi di cose, che si trovano a essere nel mondo, sono il *solo* genere di esistenti e *necessariamente* il solo genere di esistenti ».

« Orbene qui è precisamente il punto nevralgico della discussione tra il teista e l'ateo, e cioè se il genere di cose che si danno nel mondo (ossia nella nostra esperienza immediata) sia il solo genere di cose e necessariamente il solo genere di cose. Il teista dice che esse *non* sono necessariamente il solo genere di cose, l'ateo invece dice che lo sono. È ovvio che tale dissenso può essere risolto soltanto attraverso un certo tipo di *prova* metafisica, poiché non si può decidere quali sono i limiti della realtà semplicemente attraverso l'analisi delle caratteristiche formali delle proposizioni esistenziali. O, in altre parole, se non può mai esservi alcuna contraddizione logica nel negare che Dio esiste, non può ugualmente esservi alcuna ovvia contraddizione logica nell'asserire che Dio (definito come 'essere necessario') esiste. O ancora, se non vi è alcuna 'prova ontologica' della esistenza di Dio, similmente non vi può essere alcuna 'confutazione' (disproof) ontologica della esistenza di Dio ».

(3) Dunque il tentativo di Fildlay e Smart *non è logicamente veramente neutrale* dipendendo da sottintesi e molto discutibili presupposti metafisici. Possiamo pertanto concludere, in linea generale, che il tentativo di alcuni analisti di escludere le asserzioni religiose come prive di significato *fallisce,* almeno se si sostiene che ciò può essere ottenuto sulla base di un esame logico delle condizioni del significato. Poichè, come abbiamo visto, dedurre dalle leggi formali che regolano la significatività la struttura della

realtà stessa importa il ricorso all'argomento ontologico, ossia a quel tipo di inferenza che fa discendere l'ordine reale da quello logico, oppure la introduzione surrettizia di premesse extralogiche, per es. quelle del positivismo logico [39].

Possiamo qui, per inciso, ricordare che le opposizioni di questi autori sono dovute in parte a reazione contro un tipo di teologia filosofica del protestantesimo inglese piuttosto ingenua (come quella del Clarke prima e poi del Paley, con argomentazioni di tipo 'cosmologico' che hanno influenzato l'ottocento religioso inglese), e poi contro forme di neo-hegelismo dall'andamento molto ambiguo. Il guaio è che persino gli analisti contemporanei tendono a riferirsi ancor oggi a tali autori mediocri come punto di riferimento del pensiero religioso che criticano. La grande tradizione classica cristiana è loro quasi sconosciuta.

(2) *opposizione tra fede e filosofia*.

Una seconda posizione è quella degli analisti che si rifanno alla concezione *barthiana della netta distinzione tra filosofia e fede* per la quale ogni tentativo di dare ragioni filosofiche pro o contro la fede in Dio è considerato come una menomazione dell'autonomia della fede. Per essi il dire in base alla Analisi che la proposizione religiosa è un non-senso non è necessariamente fare una affermazione anti-religiosa; anzi l'analisi avrebbe come scopo di mostrare che la fede religiosa rompe con le categorie finite della mente umana e le contraddice mostrandoci la « assurdità » e la dimensione paradossale della fede e assicurando che essa è pura e dipende solo dalla grazia di Dio. Certe espressioni si assomigliano a un « Credo quia absurdum » indegno dell'uomo e di Dio.

(3) *dichiarazione di comportamento*.

Alcuni analisti non considerano le proposizioni religiose nè come non-senso nè come tentativi paradossali per esprimere l'ine-

---

[39] ivi, p. 484.

sprimibile, ma piuttosto come aventi una « logica » particolare e un significato tutto proprio cioè quello di « dichiarazione » di un certo atteggiamento nei confronti del mondo e della vita. Come *dichiarazioni di intenzioni o di atteggiamenti*, sono significative anche se non verificabili o falsificabili in senso stretto.

a. Secondo il *Braithwaite* le espressioni religiose, pur non essendo asserzioni circa fatti empirici nè ipotesi scientifiche nè proposizioni necessarie, hanno significato nel senso che dichiarano la intenzione di aderire ad un sistema « agapeistico » di vita, cioè quello descritto da Paolo nella lettera ai Corinti (c. XIII). Le dottrine cristiane sono vere letteralmete ma solo nel senso di 'narrazioni' che ci aiutano a condurre una vita agapeistica.

In altre parole abbiamo qui una forma radicale di behaviorismo (comportamentismo) religioso poichè tutto il senso della dottrina cristiana consiste in una dichiarazione di intenzione da parte del credente di comportarsi in un certo modo. Dichiarare per es. che « Dio è amore » significa solo che intendo comportarmi agapeisticamente; quando recito il Credo e dico Cristo soffrì, morì e risorse, non mi riferisco ad alcun fatto bruto, ma narro a me stesso un « racconto » per incoraggiarmi a proseguire nella maniera agapeistica di vita che ho scelto. In conclusione: prese isolatamente e alla lettera le dottrine cristiane sono false, e tuttavia per il credente che usa il linguaggio religioso hanno un senso, quello detto.

b. *R. M. Hare* ha tentato un perfezionamento di tale teoria: le espressioni religiose non assolvono alla funzione di asserzioni fattuali, però sono perfettamente significative come *bliks:* « Fu Hume a insegnarci che l'intero nostro commercio con il mondo dipende dal nostro blik nei confronti di esso; e che le differenze tra i bliks sul mondo non possono essere accantonate attraverso l'osservazione di ciò che accade nel mondo... Come disse Hume, senza un blik non può esservi spiegazione; poichè è soltanto attraverso i nostri bliks che decidiamo ciò che è una spiegazione e ciò che non lo è ».

Quindi la religione non è un insieme di asserzioni sul mondo, quanto piuttosto un'atteggiamento verso il mondo, un blik (termine inventato da Hare che più o meno significa appunto *atteggiamento*). Per Hare le espressioni religiose sono giustificabili-nella misura in cui è possibile decidere quale sia il giusto blik che si deve avere e certo per lui il blik di un uomo religioso è quello giusto, ma non sa darci alcun criterio per distinguere i bliks giusti da quelli errati.

c. Queste teorie si svolgono *sulla base della seconda teoria di Wittgenstein*, quella dei giochi linguistici. Ora tale teoria pone l'accento sulla irriducibilità 'logica' dei vari sistemi linguistici; viene *accentuato* così l'aspetto logico dell'Analisi colla conseguenza che questa perde il suo potere di specificare quali generi di proposizioni siano significative e quali non e può condurre ad esagerare talmente il pluralismo di significato che qualsiasi sistema linguistico che viene usato può essere ipso facto ritenuto significativo. Al limite basta allora che alcune persone usino con successo in un loro 'gioco di parole' una proposizione, perchè questa sia ipso facto significativa. Ma così sia un discorso teistico che uno non-teistico sono ipso facto significativi.

Ne segue che a riguardo del linguaggio religioso «la teoria pluralistica del significato è *bivalente* poichè concede significabilità alle asserzioni religiose solo a condizione che rinuncino ad ogni pretesa di essere *descrittive,* vere-false, asserzioni intorno a *fatti*. E ciò può condurre alla conclusione paradossale che una persona potrebbe aver negato che Dio esistesse e che i fatti storici riguardanti Cristo fossero veri, e pure la stessa persona potrebbe essere considerata un credente e un cristiano, che adopera significativamente il linguaggio religioso, finchè almeno mostri certi appropriati atteggiamenti comportamentali. Ovviamente quindi vi è qualcosa di sbagliato in questa dottrina... Poichè, se vogliamo sostenere che l'atteggiamento religioso è un atteggiamento *appropriato* da assumere, ciò può soltanto giustificarsi in riferimento a determinati 'fatti'. L'uso religioso del inguaggio pertanto se ha da essere significativo, presuppone l'uso descrittivo del linguaggio stesso. Senza dubbio, il linguaggio religioso non è usato per descrivere o per fare asserzioni allo stesso modo del linguaggio scientifico; ma ciò non significa che esso non abbia alcuna funzione descrittiva».

d. Questa conclusione ha un'immediata conseguenza circa la teoria del behaviorismo religioso, proposta da Braithwaite e Hare, poichè, ancora una volta, se un determinato modello di comportamento sia o no appropriato, o se un determinato blik sia quello giusto da tenere o meno, può soltanto essere stabilito attraverso il *riferimento a determinati fatti*. Perchè, ad esempio, è appropriata la vita agapeistica, come sostiene Braithwaite, e non la mera debolezza, come sostiene Nietzsche, o la mera illusione, come sostenne Freud? Perchè ci si dovrebbe impegnare in questo sistema di vita e non, diciamo, nel sistema marxista di vita? Rispondere a ciò comporta, ovviamente, un riferimento ai fatti. Per es. il Cristianesimo potrebbe aver ragione contro il marxismo se fosse un fatto metafisico che Dio esiste; e ancora il cristianesimo potrebbe essere nel vero a differenza, diciamo, del buddismo, se fosse un fatto che le affermazioni storiche circa il Cristo fossero vere e quelle circa il Budda false.

«La significatività del 'sistema linguistico' cristiano presuppone così la possibilità di determinate proposizioni intorno a Dio e a Cristo *descrittivamente vere,* e il cristiano non può evitare di fare determinate asserzioni filosofiche e storiche circa 'ciò che vi è' di suscettibile di essere verificato o falsificato. Abbiamo effettivamente, a questo riguardo, una garanzia scritturale, poichè, come osserva San Paolo, se non è un fatto storicamente verificabile che Cristo è realmente risuscitato da morte il sistema di vita cristiana è senza senso: 'Se Cristo non è risorto, la vostra fede è vana. Ne segue pure che coloro che sono morti in Cristo sono andati perduti. Se la speranza che abbiamo imparato a riporre in Cristo appartiene soltanto a questo mondo, noi siamo i più infelici tra gli uomini' (I Cor., 15, 17-19)»[40].

La teoria di Hare lascia le cose come stavano non dando criteri atti a decidere quale sia il giusto comportamento, dato che poibisce di farlo attraverso qualsiasi riferimento a ciò che accade nel mondo; pertanto ci lascia piuttosto nell'opinione che le asserzioni religiose esprimono atteggiamenti nei confronti della vita e del

---

[40] ivi, p. 486.

mondo, se bene non vi siano fatti che rendano tali atteggiamenti appropriati o non appropriati, reali o illusori. Secondo Hare e Braithwaite, se siamo inclini ad un comportamento agapeistico di devozione e di adorazione e agiamo *come se* vi fosse un oggetto della nostra adorazione e devozione e un modello di vita agapeistica, possiamo esser considerati cristiani, anche se sappiamo e ammettiamo che tale oggetto e tale modello effettivamente non esistono. Una simile posizione porta manifestamente in se stessa la propria confutazione [41].

(4) *significato fattuale.*

Alcuni infine assumono verso la religione un atteggiamento più tradizionale in quanto sostengono che tali espressioni hanno un significato descrittivo o fattuale e che è possibile formulare argomenti, i quali, anche se non rigorosamente dimostrativi, possono tuttavia condurci a comprendere il significato delle espressioni religiose.

(I) *Ian Ramsey,* arcivescovo anglicano, ha applicato i canoni della linguistica del secondo Wittgenstein allo studio del linguaggio religioso in una opera, che ha subito acquistato notorietà in Inghilterra, dal titolo: «Il linguaggio religioso. Una collocazione empirica di frasi teologiche», pubblicata nel 1954. Tra le altre sue opere ci interessa qui dapprima un articolo dal titolo: «Possibilità e scopo di una teologia metafisica», che esamineremo subito [42].

a. Esaminando il problema del linguaggio metafisico, Ramsey si chiede dapprima donde sorga nell'uomo la tendenza metafisica: «la metafisica sorge dal desiderio dell'uomo di conoscere, in un mondo che è cambiamento e transitorietà, dove esattamente stia viaggiando»; porta l'esempio di un viaggiato-

---

[41] ivi, p. 488.
[42] Ramsey I. T., *Religious Language. An Empirical Placing of Theological Phrases,* London 1954; *Christian Discourse: Some logical Explorations,* Oxford 1965 (trad. ital. Milano 1970); *Prospect for Metaphisics. Essai of Metaphysical Exploration,* London 1961 (opera in collaborazione, edita a cura del Ramsey stesso di cui analizziamo l'articolo - trad. ital. Roma 1967: *Possibilità e scopo di una teologia metafisica,* pp. 179-208)

re che in treno, nella rapida successione di scene davanti a lui, ama trovare punti di riferimento e sapere la propria posizione. «Essa sorge ogni volta che l'uomo tenta di disegnare l'universo e di determinarvi la propria posizione. Kant ne fornisce un chiaro esempio. Le tre domande con le quali esprime i suoi interessi: Che cosa conosco? Che devo fare? Che cosa posso sperare? si rivelano facilmente come espressioni particolari del desiderio metafisico dell'uomo di determinare la propria posizione cosmica. Nonostante i loro diversi punti di partenza e la loro diversità di metodi, i metafisici hanno in comune il desiderio di avere una visione totale dell'universo, una specie di supersistema capace di includere ogni fatto transitorio»[43].

Ramsey si chiede quale sia il rapporto dello *schema interpretativo metafisico,* questo schema linguistico elaborato per comprendere in qualche modo l'intero universo, col linguaggio ordinario.

1) Si tratta di uno schema strumentale speciale, chiarificatore delle affermazioni del senso comune nel suo insieme, ma di carattere diverso da esse. Anche se alcune parole passano dal linguaggio metafisico a quello ordinario, il che è un fatto psicologico, resta lo statuto speciale logico della metafisica quale linguaggio strumentale.

2) La metafisica «è una coraggiosa ricerca di unità, un tentativo di fornire uno schema dal massimo potere interpretativo. In che cosa allora differisce da uno schema scientifico ad alto livello? Perchè le scienze stesse non ci potrebbero fornire uno schema totale nonchè le parole integrative di cui abbiamo bisogno?». Ciò non è possibile perchè lo schema di interpretazione «del tipo cercato dalla metafisica, consiste in parole integrative che non appartengono a nessun linguaggio sperimentale delle scienze, ma possono combinarsi con quello e completarlo; parole che, mentre possono assicurare un riferimento all'esperienza, associandosi con il discorso scientifico, non siano confinate entro i suoi modelli logici».

Qui è la differenza del linguaggio metafisico rispetto a quello scientifico: entrambi danno schemi altamente interpretativi ma la

---

[43] Ramsey, *Possibilità* ecc. cit. p. 181.

generalizzazione scientifica non si compie «su linguaggi diversi, ma consiste piuttosto nel sostituire le differenze con sistemi più generalizzati e meno divergenti»; la metafisica invece si compie su linguaggi diversi mediante delle *parole-chiave* non «limitate alle esperienze spazio-temporali entro le quali si esaurisce ogni ragionamento scientifico... Perciò le integrazioni metafisiche, non essendo proprie di nessun linguaggio scientifico, devono avere la loro radice in ciò che è più che spazio-temporale, cioè devono essere 'oltre-la-fisica', nel senso più ovviamente tradizionale. La metafisica infatti non è semplicemente... la costruzione di una specie di 'carta' o schema strumentale, è... la costruzione di uno *schema corrispondente a una visione dell'invisibile*».

3) Si tratta allora di «trovare parole che pur non essendo esse stesse descrittive (e proprie di un linguaggio scientifico), possono essere unite con parole usate descrittivamente»; e di mostrare «come tali parole possono essere date in riferimento a quello che è più che spazio temporale». «Avremo risposto, quando avremo mostrato la specie di situazione che giustifica ogni sistema metafisico». Si tratta dunque di parole che pur non essendo proprie di nessun linguaggio scientifico, servano a unificare i vari linguaggi logicamente diversi delle scienze e siano date in riferimento a ciò che è più che spazio temporale. Si deve indicare in che modo tali *parole specificamente metafisiche* compiono la loro funzione unificante a quale radice o fondamento può essere loro dato.

Ramsey porta alcuni esempi per mostrare che tali parole esistono: Io, Essere, assoluto.

4) In particolare egli esamina *l'uso linguistico della parola* « *Io* », nella quale «abbiamo il modello per tutte le parole integrative metafisiche». Già Wittgenstein aveva notato due usi diversi della parola «Io», uno descrittivo a livello cioè delle altre persone e l'altro particolare non a livello delle altre persone; egli però li riferiva a una differenza di grammatica del linguaggio quotidiano: cioè non solo intendeva che l'uso speciale di 'Io' non è verificabile, il che è giusto, ma che la differenza dei due usi nascerebbe semplicemente dai bisogni di distinguere in qualche modo colui che parla da colui che ascolta. Ora tale spiegazione non basta. Ramsey

illustra il suo pensiero analizzando degli esempi che noi parafrasiamo.

Tutti possono verificare la espressione: il professore chiude la porta, detta da lui o da un altro; chi parla e chi ascolta sono sullo stesso piano; così se il professore dice di se stesso a un alunno che gli chiede un colloquio: il professore è occupato, la sua espressione non significa: io sono occupato, ma pone se stesso come egli distinto, quasi a dire: io vorrei riceverti ma il mio ufficio in questo momento me lo impedisce. Accade press'a poco come il bambino piccolo che dice di sè: Ninì vuole.

Possiamo così ammettere che *'io' talvolta funziona come egli, ma ciò non esaurisce il significato logico di 'io'*. Se dal professore di se stesso viene detto: io chiudo la porta; io non serve semplicemente ad indicare chi parla, «certamente serve anche a questo, ma fa qualcosa di più che connettere le affermazione a questo essere parlante, a questo individuo che discorre, perchè *asserisce quella esistenza particolare che sono io come assolutamente mia*. Ora anche io ritengo che questo 'extra' non sia *un di 'più* verificabile sensibilmente. Non si tratta del di 'più' che diciamo riguardo allo zio Tom, quando aggiungiamo il 'ricco zio Tom'. Il di 'più' in questa affermazione è qualcosa che non può mai essere enumerato in termini sperimentali. Come allora può essere accertato con sicurezza? Se, per assurdo, noi presentassimo la nostra identità descrittivamente, la nostra individualità sparirebbe. Il soggetto sarebbe stato obiettivato. Noi diventeremo... così pubblici come se fossimo perduti nella folla».

Ma se c'è questo 'di più' e se questo 'di più' non può essere verificato sperimentalmente, torniamo alla nostra domanda: qual'è la sua base empirica? *Come riconosciamo questo 'di più'?* Ed ecco la risposta: «*in una rivelazione* in cui *io divengo presente a me stesso* e scopro di essere più di quello che manifesto nel mio comportamento sperimentabile». L'esempio classico di questa rivelazione è quello di Davide e Nathan, quando, al 'Tu sei l'uomo' di Nathan, Davide torna in sè, 'scatta la molla' e la rivelazione si compie.

«Ciò che 'io' significa specialmente, quel di più che io sono per me stesso a paragone di ciò che del mio io appare a te, è qualcosa che *a fortiori non può essere descritto*. Ciò può essere soltanto evocato all'interno di ciascuno e per ciascuno di noi, cioè, come si è detto, può essere dato solo in una situazione che giustifica l'uso di 'io' nel senso più ampio, il senso che appartiene ad una situazione non limitata a quei dati sperimentabili in base ai quali gli altri e (io stesso) possono parlarne ».

Vi è dunque *una parola ('io'* per ciascuno di noi) *che non è descrittiva;* eppure può essere unita con qualsiasi parola descrittiva. Noi possiamo dire: 'Io sono in collera' o 'Io sono neurotico', o 'Io ho la malaria', o 'Io sono operaio', o 'Io sono occupato' e così via. 'Io esisto' è implicito nelle affermazioni del tipo 'Egli è un operaio', 'Egli è un neurotico', nel linguaggio dell'economia, della medicina, della psicologia; e così diviene un integratore di questi campi logicamente diversi.

« Inoltre, quello che in 'io esisto' vi è di non descrittivo in termini spazio-temporali è offerto in *una situazione rivelatrice*. Questo è dunque per la metafisica, un paradigma. È un integratore metafisico, dato in riferimento a una rivelazione che trascende la spazio-temporalità. Qui si trova il solipsismo come metafisica primitiva, anche se non pretendo che Wittgenstein sia d'accordo con me nell'interpretazione di questa osservazione » [44].

5) Ci sono altre parole metafisiche, oltre il termine 'io' che emergono fondate su quello che viene 'obiettivamente' manifestato in una rivelazione. Fra queste c'è l'espressione « *altre persone* ». Non dobbiamo credere che 'una rivelazione', 'lo scatto delle molla' sia qualcosa di assolutamente soggettivo.

La presa di coscienza di sè si compie simultaneamente alla presa di coscienza di una realtà circostante che a sua volta trascende il mero dato empirico. Se un tizio dice: il professore chiude la porta, ciò può implicare per il tizio « un elemento di rivelazione obiettiva circa quel modello di comportamento osservabile conosciuto » come il professore, « elemento che rivela qualcosa di corrispondente a ciò che conosciamo soggettivamente riguardo a noi stessi ». « *La presa di coscienza di sè si compie simultaneamente alla presa di coscienza*

---

[44] ivi, pp. 194-196.

di una realtà circostante che a sua volta trascende il dato meramente empirico ».

In uno stadio primitivo parlavamo, di noi stessi come di 'Ninì' cioè con nomi propri legati interamente al nostro comportamento visibile; pur essendo consapevoli di noi stessi, non avevamo un linguaggio adatto. Ma quando più tardi usiamo 'io', per significare noi stessi, lo facciamo perchè ci accorgiamo che questa parola è usata dagli altri per indicare noi stessi, in relazione al loro comportamento visibile e a qualcosa di più e riconosciamo che anche noi desideriamo parlare esattamente di questo, cioè di Ninì e di qualcosa di più, vale a dire di 'io'. In breve l'uso della parola 'io' *ci lega al pluralismo delle persone*. Non è probabile che useremo la parola 'io' per noi stessi, se esistessimo solo noi. Così diventiamo consapevoli di noi mentre lo diventiamo di una realtà intorno a noi che a sua volta trascende i dati osservabili. Ma questa consapevolezza 'obiettiva' ha luogo in molte forme diverse e distinguibili.

Oltre quella ora descritta in cui è consapevolezza di altre persone, si ha una *'illuminazione'* quando passiamo a quello stato che gli esistenzialisti chiamano « autenticità »: possiamo essere psicologicamente lucidi e integrati senza essere *presenti a noi stessi;* quest'ultimo è come una rivelazione, un ritorno a quel qualcosa di più che non è descrivibile.

Così, come notava Berkeley, intorno alla 'visione' di Alcifrone: se ciò che intendiamo per visione è 'vedere' la superfice visibile, i capelli, la faccia, la pelle, ecc., allora, in questo senso, non vediamo mai Alcifrone. Vedere Alcifrone è qualcosa di più. Per Berkeley una tale rivelazione — di ciò che è visibile e di qualcosa di più — aveva luogo quando Alcifrone si muoveva e agiva. Ma tale rivelazione può aver luogo anche per es. come una sollecitazione morale. Ramsey porta vari esempi e conclude mostrando « quella specie di trascendenza che è richiesta e insieme fornita da quella che abbiamo chiamato 'rivelazione', 'apertura', 'intuizione'. Inoltre riconoscere che l'etica è insieme descrittiva e valutativa, equivale, secondo me, ad ammettere una rivelazione che sia insieme spazio-temporale e più che spazio-temporale. Il linguaggio etico che parla di questa rivelazione è, in virtù degli elementi spazio-temporali, *descrittivo,* ma diviene *valutativo* per quel che riguarda specificatamente la mia attiva e personale risposta. Ma parlare di 'risposta' significa andare anche oltre una teoria valutativa e vedere il linguaggio dell'etica, non solo come descrittivo e valutativo, ma anche come 'responsitivo', in quanto cioè esso è risposta ad una sollecitazione trascendentale, la cui descrizione richiede parole metafisiche come 'dovere' »[45].

6) La metafisica era sopra chiamata un sistema rappresentativo che abbraccia tutto l'universo. Ciò significa che le varie parole metafisiche devono essere organizzate. Ora i teisti sostengono che esse sono tutte organizzate dalla parola *'Dio'*.

« Si può dire che tutte le prove tradizionali dell'esistenza di Dio possono essere considerate, in linea di principio, come *tecniche per suscitare* situazioni relative, per illuminare la parola 'Dio' in vari modi in relazione a ciò che è obiettivamente manifesto, e per avvicinarsi così al concetto di Dio da diverse direzioni ».

Siccome non c'è solo una 'rivelazione' (quella concernente le persone, quella morale ecc. come si è visto) « la giustificazione del teismo nasce in ultima analisi dal fatto che la parola 'Dio' è mirabilmente integratrice ». Può accedere che rivelazioni abbiano luogo non intorno al comportamento personale o morale, ma intorno ad eventi cosmici o a fenomeni microscopici. Possono aver luogo nella riflessione sulle sequenze causali, quando guardiamo un narciso in un modo particolare o penetriamo nei segreti del fondo dell'oceano. In tutte queste 'rivelazioni' noi *conosciamo qualche cosa* 'di altro' che non si può pensare che sia un altro 'io'. Situazioni cosiffatte sono *preminentemente* quelle che forniscono basi empiriche al teismo. Infatti esse connettono 'Dio' con tutti quegli aspetti del mondo che una metafisica limitata alle persone o ai valori ignorerebbe. 'Dio' può ora integrare, non solo il discorso intorno alle persone e ai valori, ma anche quello intorno alla scienza e alla percezione.

Ma allora come parliamo di questa parola integratrice 'Dio'?

« Nonostante tutto ciò che abbiamo detto poc'anzi, il nostro *primo* passo verso una risposta deve essere: *modellare 'Dio' sullo*

---

[45] ivi, p. 201.

'*io*'. Questo significa, più largamente, che parleremo di Dio qualificando ogni linguaggio descrittivo (sia di persone, sia del comporetamento umano, sia dell'universo) in modo tale che dica più di una semplice descrizione, e che susciti una rivelazione; e credo che questo si ottenga nel modo più generale, qualificando infinitamente o negativamente il linguaggio descrittivo. Io ho sviluppato altrove e più a lungo questa teoria. Perciò basti notare qui che il discorso su 'Dio' non è certamente *mai* adeguato, se solo descrittivo... Inoltre, per quanto concerne il carattere unificante del linguaggio metafisico, proprio alla stesso modo in cui 'io' opera... quale parola integratrice per tutti i tipi di affermazione scientifiche e descrittive intorno a me stesso, di guisa che 'io esisto' viene ad essere una specie di presupposto contestuale di tutte queste affermazioni, così anche 'Dio' può essere considerato come presupposto contestuale dell'universo. 'Io sono attivo' è implicato in tutte le specie di descrizioni scientifiche e le fonde insieme. Così potremmo dire, come primo passo, che 'Dio è attivo' connette tutte le affermazioni descrittive intorno all'universo in ogni loro particolare formulazione scientifica».

Ricapitolando: La possibilità della metafisica nasce 1) perchè c'è almeno una parola integratrice: 'io' — e perciò il solipsismo metafisico è la primitiva metafisica logica; e 2) perchè questa parola 'io' è data in relazione ad una visione dell'invisibile, cioè ad una situazione rivelatrice. La possibilità di una teologia metafisica sorge quando, per parlare dell'elemento oggettivo costitutivo di tutte le situazioni rivelatrici eccedenti la sfera del sensibile, per unire le varie parole metafisiche che sono emerse in questo modo, noi usiamo la parola 'Dio' Questa parola Dio, anche se necessariamente se ne differenzia per molti aspetti importanti, è modellata su 'io'. Queste differenze sono di fatto fondate sulle caratteristiche osservabili di quelle varie situazioni rivelatrici adatte piuttosto a condurci a Dio che non a noi o alle altre persone.

7) Di conseguenza il linguaggio su Dio dovrà «essere *potenzialmente generativo ed evocativo di una rivelazione. Io devo trovarci la possibilità di un'illuminazione,* la possibilità di suscitare una rivelazione che contenga dati sensibili e qualcosa di più, una

rivelazione come quella che abbiamo quando diveniamo presenti a noi stessi ». *Chi nega* la metafisica può farlo per due ragioni: una *filosofica,* perchè crede che « nulla esista al di fuori della realtà sperimentabile coi sensi. Ma possiamo credere questo almeno di noi stessi? E con ciò intendo dire che una vera valutazione della personalità e una vera valutazione della religione si reggono o cadono insieme; ma vi possono essere maligne parodie di ambedue ».

L'altra ragione di negazione è *psicologica:* si dice cioè di non aver mai avuto rivelazioni. « Questa osservazione ci ricorda come molta della nostra cultura odierna *inibisca* le rivelazioni *e atrofizzi la capacità di visione.* Non è facile aver visioni quando siamo circondati da una crescente uniformità e da una sempre maggiore standardizzazione di vita, quando le relazioni personali tendono a essere sopraffatte e oscurate da un rigoroso criterio di funzionalità, e così via. Uniformità, livellamento ed efficienza possono essere inevitabili e rappresentare un autentico progresso, ma noi abbiamo sempre più bisogno (ed è sempre più difficile soddisfarlo) di 'illuminazione' »[46].

b. Ramsey ha alluso sopra all'altra sua opera: Il *linguaggio religioso.* Nel nostro contesto, per la brevità, la chiarezza riassuntiva e perchè tocca il problema filosofico di cui trattiamo in questa parte del lavoro, abbiamo preferito insistere sull'articolo citato. In breve nella prima opera Ramsey mostra che il *linguaggio religioso* è per sua stessa natura « paradossale », nel senso che il credente religioso pretende di parlar di ciò che si vede e anche di ciò che non si vede, *servendosi comunemente di un linguaggio fatto per le cose osservabili.* Per es. noi diciamo che la parola « Dio » è un nome applicabile ad una realtà totalmente unica, alla quale non sono attribuibili predicati, almeno nel senso ordinario; eppure noi pretendiamo attribuire predicati a Dio e diciamo che egli è buono, sapiente e così via.

Ma tali paradossi religiosi non sono pure assurdità (come per Kierkegaard e Barth) semplicemente da accettarsi con una fede religiosa cieca, il salto nell'assurdo; infatti essi *sono 'rivelativi' di*

---

[46] ivi, pp. 202-205

qualcosa d'altro, come avviene anche per la parola 'io' nel suo uso non descrittivo. E introduce il discorso della «*apertura*», della «illuminazione» così come abbiamo visto sopra. Egli adduce una quantità di esempi, secondo il suo stile, per chiarire la questione, particolarmente la differenza del linguaggio religioso da quello ordinario, sulla scia della teoria di Wittgenstein dei giochi di parole.

Egli aggiunge in particolare una generalizzazione, uno *schema generale* che costituisce la possibilità fondamentale di significato per il discorso religioso: usa due termini a) modello, b) qualificatore. I concetti religiosi contengono un *modello* ossia un termine descrittivo di una situazione abituale o anche semplicemente empiristica, ed un *qualificatore*, «direttiva che prescrive di sviluppare in modo speciale quelle situazioni di 'modello'... finchè si evochi una situazione caratteristicamente diversa», da quella descritta dal modello stesso [47]. Così quando Dio è detto «causa prima», 'causa' è il modello, 'prima' il qualificatore.

Una volta si sarebbe parlato di causalità metafisica e di priorità logica secondo un rapporto di razionalità oggettiva, Ramsey preferisce tradurre questa priorità logica in una trasfigurazione, al di dentro del linguaggio teologico, della parola «causa». Così nel caso dell'attributo dato a Dio di «infinitamente buono».

Qui «la prima funzione logica della parola *infinito* è di stimolarci a svolgere le 'biografie degli uomini buoni' (cioè il modello) della giusta direzione. Ma nel tracciare questa successione (quella cioè in cui troviamo un uomo più profondamente buono di un altro già descritto) non c'è l'intenzione di giungere a 'Dio' come termine ultimo (altrimenti la parola 'Dio' sarebbe usata descrittivamente): l'intenzione è di proseguire abbastanza lontano per *evocare* una situazione caratteristicamente diversa dai termini che la precedono, fino al punto in cui non abbiamo evocato una situazione caratterizzata propriamente da una bontà che ammiriamo e ci sentiamo indotti a seguire, ma una situazione in relazione alla quale noi siamo preparati a rendere ogni cosa 'anima e vita e tutto'. Questa situazione è spesso denominata con la parola 'Amore',

---

[47] id., *Religious Language*, cit. p. 62.

ma solo se 'Amore' ha un comportamento (linguistico) significamente strano ».

A questo punto il qualificatore 'infinito' ha una seconda funzione logica, «di rendere *improprio* il significato di bontà che mira a qualcosa che sta al di fuori del 'buon' uso linguistico »[48]. Ma il linguaggio si può rinnovare continuamente perchè non è condizionato dall'uso dei modelli; quello che conta è la struttura generale modello-qualificatore ed il valore di incondizionato che il qualificatore di volta in volta assume. Ramsey applica la teoria anche al linguaggio della Bibbia e a quello della dottrina cristiana negli ultimi capitoli dell'opera.

Il pensiero di Ramsey è lontano da ogni tipo di formalismo, anche se talvolta il suo modo di parlare sembrerebbe avvicinarsi ad una estetica o ad un certo modo di concepire *le idee regolatrici kantiane*. Egli infatti, e ciò ci sembra centrale, attraverso la funzione evocatrice del linguaggio religioso, vuol far risaltare alla fin fine una «apertura» che presuppone o comporta una «*intuizione religiosa*»: è essa che fonda la possibilità del discorso religioso. Perciò egli qualifica (impropriamente secondo noi) la sua dottrina come «empirismo religioso»: è alla esperienza che fa appello, è in essa che c'è un contatto reale e oggettivo con Dio sia pure mediato da segni di cui importante è l'atto stesso del linguaggio religioso in quanto rimanda alla esperienza religiosa stessa 'intuita'. Non è empirismo in senso stretto, ma in senso lato, come abbiamo detto sopra; per cui Ramsey non concede nulla al metodo riduzionista.

Ramsey *è stato accusato* e l'accusa è ripetuta anche dall'Antiseri citato, *di soggettivismo:* crediamo che tale accusa sia *ingiusta,* a meno che uno, chiuso nella mentalità empirica, sia assolutamente *incapace di cogliere,* per es. nella esperienza dell'io e nell'uso linguistico di tale parola che rimanda a tale esperienza, *una dimensione metafisica*. Sarebbe il caso di chi non ha ricevuto la rivelazione, non ha visto. I medievali avrebbero detto 'insipiens' cioè uno che 'non ha sapore', non ha provato o non sa o vuole provare. *Non si*

---

[48] id., p. 68.

può identificare soggettivo con soggettivismo. Il vero soggetto è apertura sull'altro: in ogni atto di conoscenza è inclusa la «alterità»; è un errore pensare che noi potremmo essere consci di noi stessi e non, assieme, di altro (e qui vien subito alla mente una nota tesi kantiana).

Perciò Ramsey richiama che *i sensi in cui si parla di oggettività non sono univoci come vuole l'empirismo* e che *il significato religioso possiede una oggettività sui generis* che non è meno profonda e propria per il fatto di non doversi conformare ad un modello di oggettività scientifica, concettuale o sensibile, ecc. Ramsey apre una molteplicità di ricerche e con lui quelli che si sono messi sulla stessa strada.

(II) Tra questi c'è *un altro filosofo di Oxford, I. M. Crombie* il quale riconosce che il linguaggio religioso comporta «convinzioni fattuali circa un esere trascendente» e rifiuta come inadeguate le interpretazioni behavioristiche della fede religiosa, di cui si è parlato sopra. «La adorazione cristiana non può essere esaurientemente descritta in termini di come l'adoratore sente, o di cosa egli dice e fa; essa comporta un irreducibile elemento di fede». Il credente si affida ad una fede fattuale che non è poggiata sulla vecchia concezione antropomorfica di Dio, ma alla «diffusa facilità ad attribuire un senso alla nozione di un essere al di là dello spazio e del tempo».

Sebbene non possiamo dare, afferma Crombie, una prova rigorosamente dimostrativa dell'esistenza di Dio (cioè all'interno di una filosofia analitica del linguaggio), definito come un essere non-spazio-temporale, possiamo però giungere a vedere come la nozione di un tale essere abbia *un significato*, attraverso la riflessione sul fatto che noi stessi, come esseri umani, possediamo un aspetto non spazio-temporale (o 'spirituale'), poichè «*parte dell'esperienza di noi stessi è descrivibile soltanto coll'aiuto di concetti di natura non-fisica*». Tuttavia concludere dal fatto che un aspetto del nostro comportamento è *spirituale* alla nozione di un puro *spirito*, è, come era, trattare un aggettivo come un sostantivo e commettere così una «trasgressione categoriale»; ma questo errore categoriale è commesso deliberatamente «per esprimere ciò che noi antecedentemente sentiamo», e cioè che non siamo degli oggetti totalmente spazio-temporali e che ha senso parlare di un essere fuori dello spazio e del tempo [49].

5. conclusione.

Dal sin qui detto appare chiaro che *la filosofia analistica, come metodo, non è necessariamente ateistica, come invece il positivismo logico,* dati i suoi presupposti empiristici. Il filosofo analitico diventa ateo quando assume questi ultimi, ma è una scelta operata fuori dal metodo stesso ed è in ultima analisi, come abbiamo ritenuto, una «opzione» scientifica, una specie di fede. Abbiamo già visto nelle precedenti ricerche come tale la considerino sia recenti sociologi che recenti psicologi e lo stesso va detto per la fenomenologia e qui per la filosofia.

L'empirismo è insostenibile e contraddittorio: vuol fare di tutto una scienza rigorosa, poi cade nello scientismo che non è scientificamente dimostrabile. Lo abbiamo visto in concreto nelle forme più raffinate del principio di verificazione. Posizione intermedia e neutrale è quella del Wittgenstein ultimo. Posizione «aperta» al trascendente quella degli ultimi analisti considerati. Questi filosofi propongono interessanti vie di indagine sulla esperienza religiosa, ci sembra che il loro indirizzo superi già le strettoie dello stesso metodo analitico, almeno per il ricorso alla fin fine al concetto di «intuizione», «rivelazione», ecc. Possiamo almeno porcerlo come domanda filosofica.

Del resto non è un caso che certe espressioni del Ramsey si avvicinino assai, presentate dal punto di vista di analisi del linguaggio, a non poche espressioni della filosofia e teologia cristiana classica: per es. il modo di concepire la teologia negativa e positi-

---

[49] L'intero brano è tratto dall'articolo di Charlesworth sopra citato, p. 476 sg.; esso ci ha servito da guida nelle esposizioni e critica della filosofia analitica. Le citazioni di Crombie J. M. sono tratte da: *The Possibility of Theological Statements,* in: *Faith and Logic,* pp. 32, 55, 57, 61.

va. Per quest'ultima il Ramsey sembra riproporre con nuovo stile, anche se, dobbiamo dirlo, meno profondo, ma pur interessante e fecondo, l'argomento della prova di Dio ex gradibus perfectionis, pur non volendo egli assumere il suo ragionamento come una argomentazione rigorosamente filosofica. Ma si sa che per lui filosofia ha un senso molto determinato alla filosofia analitica. Tuttavia le sue sono vere argomentazioni. *Ma c'è un altro modo di concepire la filosofia, molto più umano.*

Si può auspicare col Charlesworth che «come la difficoltà di adattare il linguaggio morale indusse gli analisti ad abbandonare la definizione logico-positivista del significato in termini di verificabilità, così il tentativo di adattare il linguaggio religioso condurrà forse a un mutamento ancora più radicale nella direzione del movimento analitico verso una certa forma di metafisica 'trascendente', che riteniamo essere richiesta da ogni concezione teistica del mondo, se vuole essere significativa. Ma può darsi che tale mutamento nel movimento dell'Analisi si riveli così radicale da divenire ad esso fatale »[50].

Noi rileviamo tuttavia delle *deficienze* che investono notevolmente tutti questi pensatori: la prima osservazione riguarda la *carenza del vasto campo di ricerche* fenomenologiche, storiche e anche psicologiche sulla religione; per cui il discorso, anche nei più aperti, sa sempre di *un certo riduzionismo scientifico-linguistico:* cioè questi filosofi, nonostante la critica che alcuni di loro fanno al principio di verificazione, superando le strettoie del più radicale positivismo logico, corrono il *rischio di ipostatizzare il linguaggio,* di fare una metafisica del linguaggio: il criterio pro e contro per un giudizio della validità della esperienza religiosa, non è in fin dei conti desunto dalla esperienza stessa ma dal linguaggio religioso.

Ma il linguaggio religioso è un linguaggio sui generis perchè l'esperienza religiosa è sui generis. Occorre *prima parlare a Dio per parlare poi su Dio;* prima c'è non solo il discorso sacro e poi quello sul sacro, ma prima ancora del discorso sacro c'è la ricerca

---

[50] Charlesworth, art. cit., p. 490.

e in essa *l'esperienza del divino* in cui tutto l'uomo è implicato e non solo quello che assai poveramente entra nel linguaggio dichiarativo o connotativo o evocativo che sia. Se si sottrae il discorso teologico alla esperienza di fede, perde il suo contenuto. Il gioco linguistico del sacro se preso come paradigma a se stesso non coglie la realtà ultima del divino, non coglie il suo fondamento che è ontologico.

Occorre chiarire la funzione che ha l'intelletto intenzionale aperto costitutivamente sul tutt'altro, per trovare un fondamento oggettivo definitivo di esso, fondamento metafisico che è implicito in ogni esperienza autentica del divino. Altrimenti ogni discorso si relativizza e si perde la dimensione autentica del sacro che è *dimensione d'assoluto*.

§ 4. Kant.

1. Kant ha chiamato *esperienza* il giudizio pronunciato in base alla percezione, restringendone poi il significato alla percezione universalmente valida, cioè quella in cui entra un *concetto universale a priori*. Poichè tale operazione si svolge unicamente su fenomeni non c'è alcun posto per una esperienza che non si operi sul sensibile.

Così per Kant, ciò che egli in verità mai dimostra, non è possibile altra *intuizione* che o quella sensibile o quella creatrice dell'intelletto Divino ipoteticamente ammesso. E ciò perchè Kant, legato alla spontaneità dell'intelletto, quale la concepivano i razionalisti, che non lasciava in esso nessuna passività, giustamente riferisce tale intuizione *totalmente attiva* alla mente divina, mentre per le menti finite non v'è posto per una intuizione *totalmente recettiva e passiva,* quale quella dei sensi. Ciò lo porta ad escludere a priori anche la semplice presa in considerazione di una esperienza metafisica e tutta l'ontologia o metafisica e conseguentemente la teodicea diventa impossibile e irta di paralogismi, antinomie e sofismi [51].

---

[51] Non trattiamo qui della critica kantiana alle « prove » di Dio. Per una esposizione e

Non è qui il caso di soffermarci sui particolari, rimando all'autore che citerò qui sotto. Non mancano in Kant stesso dei luoghi dove sembra ammettere che vi siano nell'uomo delle operazioni che non sono puramente attive, nel senso di essere creatrici del loro oggetto (come vuole l'idealismo assoluto), e tuttavia non sono puramente passive. Ma di questo dato di esperienza, chiuso nel suo sistema, non seppe trarre le dovute conseguenze.

2. Invece « la condizione umana è mista: le nostre attività interiori immanenti suppongono una fase iniziale recettiva e tuttavia questa recezione stessa è una risposta vitale operativa. Le *operazioni intuitive* non sono una eccezione a questa condizione, cosicchè non c'è bisogno di accettare il dilemma di una intuizione divina esclusivamente attiva contro un'intuizione sensitiva esclusivamente passiva. La metafisica tomista, ad es., riconosce l'equivalente di una *intuizione finita intellettuale* nell'apprensione dell'essere che proviene dal diretto giudizio esistenziale sull'esistente concreto. Benchè il giudizio di esperienza dipenda strettamente dalla percezione sensibile della cosa esistente non è tuttavia in se stessa una operazione sensitiva e la risultante apprensione dell'essere non crea la realtà dell'esistente, pur non essendo una recezione puramente passiva, ma piuttosto una espressione concettuale vivente del significato dell'essere ». Tale è secondo il Collins la prima delle ragioni per cui Kant ritiene impossibile la metafisica, influenzandone tutta la speculazione posteriore e specialmente l'ateismo filosofico [52].

3. Un'altra ragione è di avere dato al termine «*sensibilità*» un significato così largo e indifferenziato da includere ogni sorta di recettività conoscitiva.

Ma niente sui può addurre, al di fuori della pregiudiziale razionalistica di un intelletto tutto spontaneità, contro l'idea di «*una re-*

---

critica rimandiamo ad altri corsi tenuti in questa università; per il momento e per un primo approccio si veda: Brugger W., *Theologia naturalis*, Monaco 1959, pp. 237-264; Collins J., *The emergence of Philosophy of Religion*, New Haven — London, 1967 (esamina la filosofia della religione in: Hume, Kant pp. 89-211, Hegel e nel realismo teistico); Kořinek A., *Theologia naturalis*, varie ediz. Roma; Vanni Rovighi, *Introduzione allo studio di Kant*, 1951², spec. cap. VII e VIII, pp. 144-213.

[52] Collins J., *Studi sulla filosofia moderna*, Torino 1959, p. 354.

cettività intellettuale non sensitiva, quando si pensi alla dipendenza dell'intelletto dall'esistente attuale e dalla esperienza sensibile della cosa concreta. Una recettività o 'affezione' siffatta non è pura passività, in quanto l'intelletto riceve, precisamente diventando, in modo intenzionale e attuale, l'essere della cosa conosciuta. Nè questa recezione è una operazione del senso, perchè importa una conoscenza della cosa nella sua natura essenziale e nel suo stesso atto di essere. Kant costruisce questa dottrina sui modi di intuizione in forma *troppo sbrigativa* perchè tenga conto di queste altre possibilità, che sono nondimeno al centro del tomismo per una conoscenza metafisica valida». Noi diremmo: al centro di ogni dottrina spiritualistica agostiniana o moderna che sia.

Ciò che le sue argomentazioni di fatto mostrano è che un potere intellettuale, considerato in modo razionalistico, come pura spontaneità, dev'essere o un intelletto divino o un intelletto puramente formale o non intuitivo. Qui si tratta di intuizioni in senso razionalistico. «Ciò implica certo il ripudio di una metafisica razionalisticamente concepita, ma non crea seri intoppi ad una metafisica costruita precisamente in linea con il fondamentale rigetto di una nozione di intelletto umano quale potere puramente attivo e non empirico »[53].

4. In conseguenza di tale sua negazione di ogni metafisica Kant costruisce una *morale* tutta fondata su ciò che egli chiama « un fatto della ragione » pratica, cioè della volontà, fatto non ulteriormente giustificabile. È indubitabile, dice Kant, che esiste in noi una legge morale con valore assoluto: tale è quel « tu devi » assoluto che sentiamo imperioso in noi nostro malgrado. Esso è una pura forma senza oggetto (ogni bene è per Kant sempre particolare ed empirico e non può fondare un tu devi assoluto), non ha un contenuto proprio. Tale fatto non è fondabile su alcuna ragione teorica, la ragione pura del resto è tutta chiusa nel mondo dei fenomeni e il tu devi colla sua assolutezza appartiene ad un mondo noumenico cioè metafisico che l'intelligenza non può raggiun-

---

[53] *Collins, ivi*, 355.

gere. Volontà e ragione o intelletto sono del tutto separati e distinti, incomunicabili.

5. Coerentemente colla negazione di ogni esperienza metafisica o intellettuale, Kant in ciò insieme illuminista e razionalista, rifiuta la religione positiva, cioè rivelata, come irrazionale e fantastica e *riduce* ciò che vi è di comune in ogni religione a *moralità* accompagnata dalla fede razionale che i precetti morali sono leggi divine.

Così dopo aver formalizzato la morale, *formalizza anche la religione,* negando in fin dei conti ogni contenuto proprio e originalità all'esperienza religiosa. Ciò egli chiama ridurre la religione «nei limiti della pura ragione». Ecco uno dei testi più chiari e significativi: «Che la religione non possa mai essere fondata su dogmi (per quanto essi siano ricondotti ad eccelsa origine) è chiaro già dal concetto stesso di religione. Non è che l'insieme di tutti i nostri doveri, come precetti divini, che costituisce la religione.

Questa *non si distingue* in alcun punto per la materia, cioè per l'oggetto, della morale, perchè essa si risolve essenzialmente in doveri; la sua distinzione è puramente formale, cioè essa è una legislazione della ragione, che mira a fortificare la volontà morale nell'adempimento di tutti i suoi doveri per mezzo dell'idea di Dio, che è derivata dalla morale stessa (come suo postulato)...»[54].

6. Le radici ultime della posizione kantiana dovremmo cercarle assai indietro nella crisi luterana (Kant era un pietista). La sfiducia luterana della ragione, l'idea di un intelletto «totalmente corrotto» per il peccato originale e perciò incapace di cogliere le verità religiose, finiva col mettere necessariamente il contenuto della rivelazione cristiana in balia della esperienza personale soggettiva che, anche se detta frutto della illuminazione dello Spirito Santo, era sempre un criterio molto soggettivo della rivelazione, fatalmente aperto alle interpretazioni immanentistiche della religione.

---

[54] Il brano è tratto da: Kant I., *Der Streit der Facultäten: Anthropologie in pragmatischer Hinsicht*, Ges. Schr. VII, pp. 77-79, e può trovarsi assieme ad alcune delle pagine più significative di Kant sulla religione in: Martinetti P., *Antologia kantiana*, Milano 1938, pp. 228-246. Cfr. anche Kant I., *Die Religion innerhalb der Grenzen der blossen Vernunft*, parte IV, Ges. Schriften VI, p. 229: «La religione è (soggettivamente considerata) la conoscenza di tutti i nostri doveri come comandamenti divini».

§ 5. *la religione-sentimento.*

1. Con la riduzione kantiana del fatto religioso a postulato della religione pratica o volontà, che sottrae la religione ad ogni mediazione razionale, la tesi luterana si evolve dopo Kant presso i suoi seguaci nelle teorie di J. F. Fries e della scuola romantica (Hölderin, Schelling, Novalis, ecc.). *La religione è identificata col sentimento.*

2. Il più celebre filosofo della religione nella scuola romantica fu *F. Schleiermacher*, che ne sviluppò gli aspetti sentimentali, panteistici e anticoncettuali. Egli resta, salvo qualche incertezza, un *panteista*; esalta la ineffabilità del sentimento religioso cui riduce tutta la religione, portando a compimento all'interno della scuola romantica la critica delle religioni positive che l'illuminismo e Kant avevano iniziato, liberando insieme quest'ultimo dagli elementi etici e razionali che in lui restavano.

La religione è dunque da Schleiermacher ridotta a religiosità intesa come *sentimento,* stato d'animo: « la religione è *sentimento e gusto dell'Infinito* », Infinito che essa vede nell'uomo. « Non v'è Dio senza mondo, nè mondo senza Dio », non sono due realtà distinte, sono due momenti ideali della stessa realtà che solo nel sentimento religioso si congiungono. L'esperienza religiosa si risolve nel « sentimento panico » o « sentimento di dipendenza » che l'uomo ha di fronte al Tutto, all'Infinito con cui egli si sente in rapporto assoluto, panteisticamente [55]

3. Sviluppi delle concezioni di Schleiermacher si trovano anche oltre l'ottocento nelle opere di Otto, Sabatier, James e nei modernisti. Abbiamo già riportate altrove le critiche che Otto gli rivolge.

4. Anche per *Hegel* la religione è momento puramente sentimentale, ma non quello supremo come per Schleiermacher: la religione deve trapassare, essere inverata nella forma suprema dello

---

[55] Schleiermacher F., *Werke,* Berlin 1835-64; *Reden,* trad. ital. *Discorsi sulla religione e monologhi,* trad. ital. (Durante), Firenze 1947, p. 36, 38 sg.; cfr. p. 86: « Diventare una sola cosa coll'infinito, pur essendo in mezzo al finito; essere eterni in un momento del tempo, questa è la immortalità della religione ».

spirito che è la filosofia la quale panteisticamente ne elimina ogni forma di trascendenza. Su tale linea è fondamentalmente anche il *Gentile*. Per un approfondimento della tematica filosofica circa la religione di questi autori si veda: Collins J., *The Emergence of Philosophy of Religion* (New Haven — London 1967). Nella economia dei nostri studi un approfondimento viene fatto in altro luogo.

5. Tutti costoro e molti altri dunque riducono la religione al *solo sentimento* e negano pertanto che nella esperienza religiosa ci sia un elemento originario intellettuale e razionale irreducibile. Tale idea di una religiosità tutta sentimentale trapassa dalle scuole filosofiche, specie attraverso la facile divulgazione positivistica e scentistica nella *mentalità culturale* dell'ottocento e oltre, e non costituisce una delle minori difficoltà, per l'uomo moderno, di credere ad una dimensione razionale della religiosità adulta. È facile ancora oggi trovare radicatissima in ambienti anticristiani l'idea di una religione... adatta solo a donne e fanciulli (cfr. Pascoli, *Il Focolare,* nei « Primi Poemetti », e la conclusione, nella *Prefazione* ad « Odi ed Inni », che i credenti fossero « milioni e milioni e milioni di sordomuti intellettuali »). Conduceva a tali conclusioni per parte sua lo spirito volterriano dell'illuminismo e più ancora il mito della onnipotenza della ragione scientifica. Di tale mito fu portatore soprattutto il positivismo che nelle varie forme di neopositivismo ancor oggi tiene il campo e sul quale ci siamo ampiamente trattenuti.

§ 6. *la religione naturalistica: Dewey.*

Tra i più insigni rappresentanti della mentalità scientistica nella interpretazione dell'esperienza religiosa va ricordato Dewey, il quale opera una severa riduzione del pragmatismo a naturalismo umanistico sperimentale, scientistico. Abbiamo già ampiamente parlato di James nel volume che precede il presente studio e del principio pragmatistico.

1. Il *Dewey* sin dal principio mira ad affrancare la religione da ogni connessione con ciò che egli chiama il soprannaturale e distingue empiristicamente tra le religioni, ciascuna colle sue par-

ticolari sistemazioni istituzionali e dogmatiche, e il «*religioso*» che sarebbe una specie di elemento comune a tutte denotante un certo tipo di atteggiamento formale pienamente adattabile a tutte le esperienze umane. Esso infatti prescinde anzi respinge ogni contenuto oggettivo intenzionale e non implica una esperienza determinata con contenuto e oggetto suo proprio che la distingua dalla esperienza scientifica, morale, giuridica.

2. A noi non interessa qui entrare nei particolari di questo filosofo; rimandiamo ad un interessante volume di T. Manferdini (*L'io e l'esperienza religiosa in John Dewey*) da cui traiamo la critica basilare di questo pensatore. Si mostra in esso la strettezza della base empirista per una interpretazione filosofica adeguata della esperienza religiosa: «La religione è una forma di coscienza e un tipo di sapere che implica una originaria determinazione personale ed esige un genere di cognizione partecipativa e esistenziale al suo Oggetto intrinseco... Un fatto di coscienza qual'è la religione, che implica, come condizioni trascendentali minime di possibilità, la singolare esistenzialità del soggetto e l'universale e assoluta sostanzialità dell'oggetto, richiede un tipo di considerazione a essa proporzionata e adeguata, che non potrà mai rinvenirsi nella constatazione empiristica, impersonale e neutra. Una volta che si sappia chiaramente quello che si deve intendere per concretezza si vede che, al contrario di quello che dice Dewey, 'in concreto' *non esiste la religione in generale,* e non vi sono mai delle particolari religioni tra le quali si possa scegliere, ma vi è sempre e soltanto 'la religione' nella quale si è impegnati con la totalità del proprio essere». Ciò non toglie che si possa rilevare l'essenza della religione a partire dagli elementi analoghi comuni alle varie religioni.

3. Nel suo tentativo di neutralizzare scientificamente la religione il Dewey dunque *finisce col non poter più trovare di fatto qualcosa che spieghi veramente il fatto religioso:* la esperienza religiosa diventa una esperienza del tutto simile alle altre, diviene «fede nella virtù realizzatrice pragmatica dèlla intelligenza senza culto interiore»: «ciò che il Dewey qualifica con il termine di religiosità è sostanzialmente *estraneo* alla natura del fatto religioso».

L'equivoco è determinato dalla stessa impostazione della tesi deweyana, tendente alla emancipazione della religiosità dalla religione. « Ogni progetto di *riduzione*, in questo senso, è destinato a concludersi in modo ambiguo, o con una indebita estensione analogica del concetto di religiosità, poichè la qualità del religioso è determinabile e individuabile solo a partire dalla essenza della religione: la quale è una realtà spirituale concreta e complessa in cui disposizione e l'atto del soggetto presuppongono sempre *una ineliminabile intenzionalità oggettiva*, e quindi un oggetto che sostanzia e determina quell'atto e quella disposizione soggettiva. Senza un intrinseco riferimento al suo oggetto costitutivo, l'atto della coscienza e dell'esperienza religiosa non può sussistere e non si spiega, poichè è dall'oggetto che esso trae la sua forma e la sua peculiare determinazione: ecco perchè è impossibile definire la religiosità senza un riferimento, esplicito o implicito, al contenuto oggettivo o intenzionale della coscienza religiosa. Il discorso deweyano è quindi pregiudicato fin dall'inizio dall'astrattezza della sua impostazione programmatrice »[56].

§ 7. *la religione-alienazione*.

Per altre vie, sempre derivanti da Kant e sul solco dell'immanentismo hegeliano, la critica della religione giunge a risultati ugualmente soggettivistici e restringenti in Feurbach e in Marx che dal primo strettamente deriva.

1. (a) *Feuerbach* è l'iniziatore del cosidetto « *umanesimo naturalistico* » proclamante il primato della materia sull'idea-spirito, capovolgendo l'idealismo panteistico hegeliano. Per Feuerbach solo un essere sensibile è un essere vero, reale; solo i sensi ci possono dare un oggetto vero di conoscenza, non il pensiero. È chiaro che per lui non v'è altra esperienza che quella sensibile (*sensualismo:* verità, realtà, sensibilità coincidono).

---

[56] Manfredini T., *L'io e l'esperienza religiosa* in *John Dewey*, Bologna 1963, p. 243 sg; e 247 sg.

(b) L'essere trascendente, Dio, l'Assoluto hegeliano, non sono che la *proiezione assolutizzata dell'uomo fuori dell'uomo, l'essenza dell'uomo posta fuori dell'uomo stesso*. Così la teologia scinde l'uomo e l'adora fuori di sè, *l'aliena* da se stesso, facendone un astratto Spirito infinito (infinitizzato dalla fantasia del cosidetto pensiero puro).

La religione non è che la proiezione fantastica che l'uomo fa del suo essere e delle sue aspirazioni. Occorre al posto di Dio scrivere uomo, al posto di divino mettere umano, al posto di teologia porre antropologia: l'unica realtà apparirà allora essere nient'altro che l'umanità (*umanesimo ateo*).

Il fondamento della religione è per lui « *il sentimento di dipendenza* », ma il suo oggetto originario non è che la natura: solo per assolutizzazione fantastica essa antropomorfizzandosi diventa Dio personale. Non è Dio che ha creato l'uomo a sua immagine, ma l'uomo che colla sua fantasia crea Dio a sua immagine. Tutti i predicati che gli attribuiamo, bontà, sapienza, giustizia... non sono che nostri attributi assolutizzati in lui.

L'estrapolazione è soprattutto dovuta per Feuerbach al sentimento che anche per lui costituisce l'essenza della religione e in particolare del Cristianesimo; ma in realtà *anche per noi* un siffatto sentimento, staccato com'è da ogni contenuto oggettivo intelligibile, da una intuizione intellettuale di un contenuto che non sia l'essenza umana, è come tale *ateo*, perchè un atteggiamento essenzialmente soggettivo: esso nega un Dio oggettivo, il sentimento è Dio a se stesso. Se esso è pertanto l'essenza della religione, ben conclude Feuerbach che la religione è un semplice fenomeno di antropomorfismo.

L'importanza storica di Feuerbach sta nell'influsso decisivo che ebbe su Marx e Engels e nel preludere a molte delle tesi dell'esistenzialismo ateo (Satre, Camus): in quanto un secolo fa aveva chiaramente delineati i principi fondamentali dell'ateismo antropologico che essi oggi proclamano:

1) « l'essere in quanto essere è finito » perchè è sempre dato nei limiti del tempo e dello spazio concreto...

2) la negazione di Dio è il fondamento per la affermazione

dell'uomo: «Io nego Dio», scrive Feuerbach, questo significa per me: «io nego la negazione dell'uomo»... (cfr. Fabro)[57].

Fu errore fondamentale di Feuerbach *l'eccesso di semplificazione e generalizzazione:* se l'idolatria e il politeismo rivelano forse un antropomorfismo insostenibile, egli indebitamente trasferisce alla religione in quanto tale, che come si è visto è sempre concreta e personale, tale accusa, senza sufficiente disamina e sottintende come indubitabile che la critica del sistema hegeliano debba portare con sè la caduta di ogni metafisica. Egli passa dall'idealismo assoluto hegeliano all'immediatezza empirica del suo sensualismo senza neppure prendere in considerazione quella *zona intermedia* che è quella propriamente in cui ha luogo la genuina esperienza religiosa: nella sintesi cioè di spirito e materia, pensiero e esperienza, intelletto e senso.

Il suo *immanentismo preconcetto,* come già negli autori sopra esaminati, gli impediva di vedere il lato oggettivo della esperienza religiosa autentica, la presenza cioè dell'Assoluto oggettivo e non soggettivo alla maniera hegeliana. Mancava in lui la possibilità stessa del resto di prendere in considerazione, data la sua intuizione fondamentale materialistica («l'uomo è ciò che mangia») *l'esperienza riflessiva dell'uomo colla sua esperienza metempirica.* Anche per lui la esperienza religiosa è coartata ad un sentimento sensibile. Tale la strada che la concezione luterana ha finito col percorrere; potremmo darne un'ultima testimonianza da una lettera del giovane *Engels,* ancora protestante convinto, prima di passare al materialismo dialettico: «La convinzione religiosa è affare del cuore e ha rapporto al dogma solo nella misura in cui questo contrasta o no al sentimento»[58].

2. Ma se Engels ebbe all'inizio esperienze religiose, ne sembra immune *Carlo Marx:* sin dall'inizio totalmente orientato verso una svalutazione decisamente ateistica dell'esperienza religiosa, portando ad ancora più radicali conseguenze la teoria della alienazione. L'alienazione religiosa non è in fondo altro che una evasio-

---

[57] Fabro C., voce: *Feuerbach,* in: *Enciclopedia Filosofica,* cit. vol. II, col. 359.
[58] Engels M. F., *Lettera* del 12 luglio 1839 a F. Graeber, in: *Marx-Engels Gesamtausgabe (MEGA), I abt., Bd. 2, Berlin 1930,* p. 530 sg.

ne di fronte alla *alienazione più profonda che è quella economica,* quella del proletariato costretto dalla prepotenza della classe borghese a vendere col proprio lavoro, mediante il quale è costituito appunto uomo (la produzione è l'essenza dell'uomo), sè e alienandosi pertanto in un modo ancor più radicale di quello religioso. Chi volesse seguire il pensiero di Marx e una critica della sua riduzione, sulla linea di Feuerbach, della religione ad alienazione, potrà consultare l'ottimo lavoro del P. Calvez, *La pensée de K. Marx* e le opere del Chambre e specialmente del Gollwitzer [59]. Basta qui accennare che Marx ha la stessa fondamentale misconoscenza dell'esperienza religiosa genuina che abbiamo riscontrato nel suo maestro. Di Marx si tratta altrove nella economia dei nostri corsi.

3. Un altro cammino logicamente sfociato nel più radicale ateismo percorse attraverso Schopenhauer e sempre sullo sfondo della kantiana volontà radicalmente distaccata dalla ragione pura, *F. Nietzsche.* Come James aveva esaltato la volontà di credere, così Nietzsche esalta e con ben maggiore coerenza, *la volontà di potenza:* la volontà pura come essenza dell'essere e cosa in sè e come compito trascendentale dell'uomo. La volontà è la fonte originaria dell'essere: si tratta di un *immanentismo radicale della volontà,* come per Schopenhauer.

L'ateismo diviene così per Nietzsche il *punto di partenza:* è la assolutizzazione di una sua particolare «esperienza» (finirà pazzo) e la proclamazione fino alla lacerazione del proprio essere. «Dio è morto» egli proclama e tale morte è la condizione prima per affermare l'uomo, la sua assoluta volontà di vivere. «Il più grande degli avvenimenti moderni — il fatto che Dio è morto, che la fede nel Dio cristiano è diventata inverosimile — comincia ormai a gettare le sue ombre sull'Europa». È il bilancio che con spietata riduzione all'assurdo, Nitzsche fa della filosofia moderna da Cartesio in poi.

---

[59] Calvez P., *La pensée de K. Marx, Paris 1956;* Chambre H., *Le marxisme en Union Soviétique, Paris 1955 (Trad. ital., Bologna 1958);* Gollwitzer H., *Die Marxistische Religionskritik und der christlische Glaube,* in: Marxismusstudien, Vierte Folge (pp. 1-143) Tünbingen (trad. ital., Brescia 1970).

Ma anche Nietzsche è in fondo incapace di restare in un disperato nihilismo: l'uomo deve riempire il vuoto immenso lasciato da Dio, per lui Nietzsche inventa il mito del Superuomo che deve prendere il posto di Dio; con spietata e disumana volontà di potenza si eleverà sopra tutto e sopra tutti, « al di là del bene e del male », decretando la morte di tutti i valori tradizionali, felicità, ragione, virtù, giustizia, pietà. Questa volontà di potenza che è la formula più conosciuta di questo trasferimento dell'Assoluto da Dio al Superuomo, è un'espressione che attesta ad un tempo il radicale ateismo di Nietzsche e insieme la sua trasformazione dell'ideale cristiano che l'uomo deve essere più che uomo, simile a Dio. Al posto dell'intelletto è posta la volontà come l'essere della coscienza; quindi al posto di Dio deve essere il valore e l'uomo diventa il creatore dei valori.

Ma è tale pretesa nelle reali dimensioni dell'uomo, è tale sentimento religioso alla rovescia, se così si può dire, nelle possibilità e dimensioni reali dell'esperienza dell'Assoluto che egli ha nella sua esperienza religiosa? Essa in realtà non manifesta affatto tali dimensioni titaniche che hanno tuttavia dato adito alle più disastrose dottrine dell'epoca moderna quali il titanismo, l'estetismo assoluto, il nazionalsocialismo, lo sterminio razziale teorizzato. Anche per questa via, ma più per quella della logica ferrea interna all'immanentismo moderno da Cartesio in poi, Nietzsche ha il merito « di aver chiamato la coscienza moderna al rendiconto finale senza possibilità di scuse o di appello »[60].

Di fronte a tali rovine, urge più che mai rimettersi con serena coscienza e desiderio di andare alla verità con tutta l'anima, all'esame accurato della esperienza religiosa fondamentale.

Procederemo all'opposto del cripto-riduzionismo linguistico di non pochi trattati recenti di filosofia della religione (cfr. bibliografia) che hanno persino eliminato lo stesso termine « esperienza » (religiosa).

---

[60] Fabro C., *Introduzione all'ateismo moderno*, cit. p. 850. Cfr. anche: Secretariatus pro non credentibus — *Fede cristiana e i marxismi oggi*, Romae 1973. Sul problema dell'ateismo moderno resta di interesse fondamentale: *L'ateismo contemporaneo* in 4 voll., S.E.I., Torino, 1967-1970. Utile la rivista: *Ateismo e Dialogo*, Bollettino del Segretariato per i non credenti, Città del Vaticano.

Capitolo Quarto

L'ESPERIENZA INTEGRALE

Il modo di concepire l'esperienza religiosa è in fondo sin qui apparso del tutto legato al modo con cui si concepiva la esperienza stessa in generale. Se nel capitolo secondo ne avevamo distinti alcuni significati introduttori, il capitolo seguente ci ha mostato come essi possano modificarsi enormemente nello sforzo di interpretazione filosofica. Ora nel secolo XX, soprattutto per l'analisi esistenziale profonda delle varie correnti spiritualistiche della filosofia dei valori e della esistenza, il termine esperienza ha preso connotazioni assai più vaste che nel secolo precedente.

§ 1. *Integralità della esperienza.*

1. L'esperienza *non si oppone* più alla conoscenza o alla riflessione (se non ad una riflessione disseccata, astratta, puramente concettuale e « rappresentativa » o « spettacolare », distaccata dal soggetto). Essa al contrario la implica, anzi tanto più è esperienza, sembra dire G. Marcel col suo « empirismo superiore », quanto più la implica. Al livello superiore la riflessione stessa in fin dei conti o meglio l'atto di riflessione si coglie come una esperienza, e si parlerà di una *esperienza metafisica*.
2. Inoltre il termine esperienza *non dice più solo* la coscienza psicologica degli stati interni del soggetto, nel loro aspetto soprattutto emotivo e affettivo, una introspezione che resta al livello psicologico sensitivo; nè si intende la esperienza in modo da escludere in essa ogni trascendenza radicalizzando artificiosamente

l'opposizione tra trascendenza appunto e immanenza (quando addirittura non si dia a questi termini un senso spaziale anziché metafisico): R. Le Senne ha mostrato come i due termini siano sempre correlativi nella esperienza umana [1]. Così anche il Marcel di cui Troisfontaines riassumeva il pensiero: « La trascendenza non è affatto una direzione seguendo la quale ci si allontana dalla esperienza: essa è al contrario, una aspirazione verso un modo di esperienza sempre più puro e più ricco insieme »[2]. È questo il senso dell'arcinoto, ma non sempre compreso detto agostiniano, « in te ipsum redi » rientra in te stesso, nell'interiorità dell'uomo abita la verità: si tratta di una esperienza.

3. L'esperienza non è *nè* semplicemente affettiva (così da escludere la conoscenza) *nè* puramente soggettiva (così da escludere la oggettività e la trascendenza) *nè* semplice risultato combinatorio di dati elementari sensoriali o logici meccanicisticamente o associazionisticamente connessi con necessità: il tutto della persona e della esperienza personale è sempre più qualitativamente della somma delle parti. Del resto anche tanta parte della psicologia moderna (dopo le scuole dette della « totalità » e « delle forme ») ha messo in luce tale verità: cfr. Piaget e, per la biologia, von Bertalanffy.

§ 2. *Descrizione e note.*

1. L'esperienza è una *struttura insieme vissuta e riflessa*, integrale e totalitaria della coscienza personale in attiva e insieme passiva apertura al mondo, agli altri, alla totalità dell'essere che fa da sfondo, all'Assoluto.

Spieghiamo tale enunciato.

1) E prima di tutto si deve rilevare l'*aspetto personale* che c'è più o meno in ogni esperienza. Occorre superare il concetto em-

---

[1] Le Senne R., *La Découverte de Dieu*, Paris 1955, spec. il saggio IX: *Immanence et Transcendance*, pp. 205-248.
[2] Troisfontaines R., *De l'existence à l'Etre. La philosophie de G. Marcel*, Louvain 1954, 2 voll., p. 252.

pirista che *spersonalizza* ogni esperienza [3], come se non ci fosse che esperienza di « cose » e come se la *passività soggettiva pura* fosse il criterio stesso della esperienza. Ma si deve superare anche il criterio dell'idealismo che riduce l'esperienza a espressione della pura attività creatrice e indipendente dello Spirito: anche per questa via si distruggono le singole persone (attivo-recettive) fagocitate da un unico impersonale spirito attività autocreantesi (Gentile).

2. C'è in tale esperienza umana personale integrale l'aspetto di *scambio*, interazione specialmente interpersonale: il dialogo. Più in generale dobbiamo dire che *c'è esperienza quando la persona si coglie in relazione con l'altro da sè*. Questo « cogliersi », mostra la ricchezza dell'esperienza non irriducibile coll'empirismo al puro sentire e mostra come l'uomo venga a coscienza di sè nell'atto in cui conosce l'altro di sè, specie l'altro « persona ».

2. Di qui derivano *le note caratteristiche* della esperienza umana:

1) il fatto che in essa c'è sempre qualcosa di *provato* e di *vissuto*, che si ha come distinto e oggettivo rispetto all'atto di provare e vivere;

2) il provato è sempre *inserito nella totalità* della esperienza globale, integrale. Ogni pensiero, volontà, azione, ecc. è sempre connesso e vorrei dire impastato in una complessa trama esperienziale in cui è colto, che gli fa da sfondo, che interferisce nello stesso modo di percepirlo e che gli aggiunge « significato » o almeno sfumatura o risonanza di significato specie riguardo al suo essere vissuto. Provato significa sempre: immediatamente colto come presente dalla coscienza che insieme con lui coglie anche se stessa. Per questo non c'è alcuna ragione di privilegiare il sentire a spese del resto;

3) tale esperienza umana integrale personale è *passività e attività insieme*. Non esiste la passività pura degli empiristi nè il puro intrecciarsi meccanico o associativistico di schemi o « moduli » del positivismo logico (qualcuno addirittura vorrebbe ridurre la

---

[3] Le Senne R., *Ostacolo e valore*, Brescia 1950; spec. cap. II *Esperienza e empirismo*, pp. 18-29.

vita personale a complicatissimi elaborati di una complicatissima macchina calcolatrice, che sarebbe l'uomo!). Cogliamo direttamente non solo gli stati (stati d'animo, impressioni di tristezza, di euforia...) ma anche anzi ancor più le nostre attività, gli *atti* in esercizio (mi colgo pensante, volente, amante: ed è certo una esperienza qualitativamente diversa, avente più valore di quella degli stati o rilevamento di schemi o moduli mentali).

3. Al vertice sta *la esperienza della libertà* o meglio dell'atto libero del tutto inoggettivabile nel momento stesso in cui lo pongo e in cui mi pongo (si pensi al progetto personale, alla vocazione, al farsi personalità di cui si è parlato nel primo capitolo). Ma tale esperienza non è quella di una libertà assoluta (come richiederebbe l'idealismo): ho l'esperienza di attività commista a passività. Ma qui occorre chiarire.

4. Il Mouroux giustamente distingue, anche nel cogliere i propri stati, una *passività materiale* (passività passiva) e una passività spirituale (passività attiva). La prima si ha quando proviamo una stato come qualcosa di subito: « si è impotenti a resistere, a rifiutare, a ignorare, si è letteralmente sopraffatti. Sia che l'influenza di cui si tratta venga dall'esterno, come nel caso della emozione; o dall'interno, come in tutti i casi di idee, di sentimenti, di impulsi sprigionati dall'inconscio o da complessi profondi; sia che venga nell'intimo dello spirito dal trascendente, che è il padrone sovrano ».

« Ma si può anche provare uno stato — ed è cosa molto diversa — come *un qualcosa che si accoglie,* si desidera, si cerca. In questo caso si tratta di una *passività spirituale* e, se ci si permette di opporre formula a formula, di una passività attiva: qui lo spirito agisce e inserisce in seno alla esperienza un'attesa e un richiamo, una accoglienza e un consenso che mettono in gioco le sue forze più profonde. Questo si trova nelle esperienze più alte: quella dell'amore, quella della creazione artistica, dell'ardore religioso. Ed è estremamente importante, perché caratterizza la persona come ontologicamente aperta alla ricchezza del mondo, degli altri e di Dio [4].

---

[4] Mouroux J., *L'expérience chrétienne. Introduction à une théologie,* Paris (trad. ital. Brescia 1956, p. 21 sg.).

5. Tale complessità di esperienza non può essere colta con un *metodo* unilaterale e riduttivo del tutto ad una delle forme di esperito: passività o attività. Giacché coll'autore sopra citato abbiamo trovato tre forme di esperienza, l'attiva specie dell'atto di libertà in ciò che ha di più proprio, la passiva degli stati subiti senza libertà e l'attivo-passiva o ricettivo-accogliente, non possiamo privilegiarne una a scapito delle altre. Anzi dobbiamo non dimenticare mai che esse sono sempre intrinsecamente intersecate e connesse insieme nella sinteticità dell'esperienza globale: tuttavia le varie combinazioni possibili di esse danno alla struttura sintetica della esperienza momenti di qualità e totalità diverse. Nè si può escludere, come vorrebbe lo James per l'esperienza religiosa, dalla esperienza umana, qualunque essa sia, la dimensione sociale come se questa non fosse originaria. Ciò non toglie che non tutte le esperienze umane esprimano nello stesso modo l'aspetto sociale.

Occorrerà pertanto un metodo tale che possa rilevare tutte le modalità della esperienza e poiché questa implica una dimensione interiore, attiva, personalizzante occorrerà che esso non escluda quella *riflessione metafisica* che sola è capace di cogliere lo spirito nella sua passività accogliente, normata e attiva insieme. Siamo così, sia oltre l'empirismo che oltre l'idealismo (cfr. Le Senne, op. cit. le riflessioni sull'ostacolo, la contraddizione, l'urto che rivelano l'io nella sua esistenzialità irreducibile).

6. Ma l'esperienza dell'*accoglienza* è essenziale allo spirito e lo *apparenta al mistero:* è approfondendo essa che si comprende meglio la natura del dono scambievole, della comunione personale, segno più alto della maturità personale, di cui l'amore è il vertice là dove, come si è detto si fa agape, servizio amoroso: è solo su questa linea, sembra, che potrà nella zona estrema e più profonda dello spirito, trovarsi quella particolare esperienza di contatto con Dio o addirittura di « tocco » da parte della libera attività di Dio di dui parlano *i mistici,* che più di ogni altra esperienza *rivela l'uomo a sè stesso,* scoprendogli in parte almeno quel mistero dell'*abisso interiore del proprio essere* che l'uomo così legato ai sensi non riesce normalmente che con fatica e appena appena a intravvedere, *sulla linea esperienziale dell'atto interiore di riflessione* che è autorivelarsi nell'essere.

§ 3. *I piani di esperienza e l'esperienza spirituale.*

1. La riflessione filosofica e psicologica per necessità di approfondimento analitico distinguono nel dato complesso della esperienza vari piani, che a noi sembrano potersi ridurre ai seguenti:

— un piano complesso di *sensazioni materiali* (in cui confluiscono anche le zone dell'inconscio e del subconscio indirettamente influenti sul dato percettivo): si tratta delle varie attività e passività conoscitive e affettive sensoriali;

— da esso mi sembra debba distinguersi un piano di *sensibilità* (o sensazione superiore); è la zona del cuore e del giusto spirituale, del sentimento o *sentire dell'animo,* che esiste, non è riducibile ai puri fenomeni sensitivi del piano precedente, anche se non è sempre facilmente discernibile da quello per il loro intersecarsi e influenzarsi vicendevole. Tale piano fa parte essenziale di quella « accoglienza » di cui si è parlato e delle esperienze più alte. È in seno ad esso che si hanno le intuizioni fondamentali di cui si parlerà nel piano di esperienza seguente. Qui si ha un *percepire interiore e superiore* calato nella coscienza stessa e immerso in essa. Anzi, meglio, è su questo sfondo stesso che la coscienza viene alla luce e si staglia. In tale piano andrebbe collocato molto di ciò che l'agostinismo platonizzante ci sembra avere rilevato di fondamentale nell'uomo nella valorizzazione della cosiddetta « memoria » spirituale, ma il suo elemento caratteristico appartiene ai piani seguenti come loro sfondo: la mens. Si tratta di esperienza vissuta. Ciò è già chiaramente oltre il piano empirico precedente. Tuttavia la sua specifica distinzione dal piano seguente è discussa;

— il piano della *conoscenza intellettiva* vissuta e voluta, delle *intuizioni* preconcettuali o extraconcettuali: fatto di percezioni e di atti di pensare, volere, amare, scegliere e di rilevamento, mediante il leggere dentro alla realtà, delle essenze che sono prima in concreto intuite che espresse (anche se non possiamo pienamente esserne consci che esprimendocele, cioè formandone un concetto). Abbiamo già visto quale fosse la ristrettezza della concezione kantiana in proposito e di quelli che da lui conseguentemente derivarono. Tutto ciò più a lungo si espone nei trattati di metafisica psicologica: a noi basta qui concludere che questo è il piano della esperienza metafisica o *piano «esperienziale»* distinto da quello primo che potrebbe chiamarsi «esperimentale».

Dal riconoscimento di tale terzo piano, qualitativamente diverso almeno da quello primo empirico, dipende tutta l'impostazione del problema dell'Assoluto e quindi di Dio.

— c'è infine il *piano concettuale,* mediato in quanto è un esprimersi ciò che si è già in qualche modo imperfetto percepito, calato nella intuizione vitale su cui nasce il concetto. Tali terzo e quarto piano non vanno però eccessivamente separati: come la intuizione intellegibile non è per noi pienamente resa cosciente senza passare attraverso concetti, senza trasparire attraverso concetti o almeno giudizi, così il concetto non è mai per noi pienamente intelletto se non ricalato immediatamente nel particolare da cui lo abbiamo astratto (di questa dottrina si parla nelle lezioni di psicologia e critica), in quell'oggetto che i sensi ci hanno presentato. Entrambi poi poggiano e nascono dal fondo dello spirito che è mens.

2. *L'esperienza spirituale.*

a) Tale dottrina e analisi della esperienza è quella che ha permesso a non pochi di parlare di esperienza spirituale: essa riguarda i nostri due ultimi piani e il loro fondo: noi la abbiamo chiamata esperienza metafisica o esperienziale. Il termine di esperienza spirituale non è privo di ambiguità: in realtà noi *non abbiamo* in noi *l'esperienza* dello *spirito in quanto spirito,* cioè noi non percepiamo immediatamente la nostra essenza o dimensione spirituale: non vi sono idee innate dello spirito o anima o res cogitans (non v'è alcuna sostanza cogitans separata) e neppure un apriori virtuale o reminescenza platonica che si attualizzi quando l'intelletto viene eccitato dai sensi; abbiamo *esperienza dei nostri atti* di pensare e volere e in essi ci cogliamo esistenti, cogliamo la dimensione profonda di noi stessi ma indeterminatamente, senza sapere che è spirituale.

La cogliamo però in una maniera *positiva* che sin dal principio per il suo carattere di «capacità di riflessione» di «conversione alla interiorità riflessiva» ci si rivela come una realtà sui generis non riducibile a quelle rilevate dai sensi. Così il concetto di spirito non è in noi puramente un concetto negativo (= non-materiale) perché è basato su particolari esperienze, ma neppure è subito chiaramente formato in noi e richiede una certa elaborazione a partire da quel primo esperito. Si può comprendere meglio ciò che qui si dice con un esempio: posso vedere venirmi incontro qualcosa che si muove in lontananza... ma solo a poco a poco con una crescita di esperienze comincio a riconoscerlo per un uomo, poi per il mio amico Francesco... col passare poi alcuni giorni con lui fianco a fianco finirò col conoscerlo ancor più intimamente, ecc. La nostra conoscenza passa da una apprensione iniziale globale, confusa e imperfetta ad una sempre più determinata e determinabile, e ciò tanto più quanto più ricco è ciò che conosco, specialmente se si tratta di persona umana. Così avviene anche nelle cose dello spirito e nella conoscenza di Dio, inesauribile.

b. Ma nella realtà globale umana presente già nella *prima riflessione*, la dimensione spirituale *resta implicita*, rimane sullo sfondo dell'atto di intelligenza: giacché noi quali esseri incarnati cominciamo a conoscere attraverso i sensi che ci danno un oggetto materiale, che è quello che occupa primieramente il campo di ciò che nella nostra conoscenza è esplicitamente colto.

Un uomo che viva immerso nella materialità degli oggetti, che non ha riflessione interiore, che è sprofondato nel materialismo dei sensi e delle passioni sensibili, non sempre riesce a avvertire tale esperienza implicita della dimensione spirituale. È necessaria per coglierla una certa « ascetica » filosofica che ci abitui ad abbandonare il mondo della immaginazione e dello spazio-tempo per salire a quello della riflessione intima. Però niente è originariamente nel nostro intelletto che non sia prima stato nel senso; se non abbiamo idee innate, abbiamo tuttavia un intelletto capace di conoscere mediante i suoi atti sè e il fondo da cui promana.

Siccome ogni nostra conoscenza avviene a partire dal senso, così anche nel nostro linguaggio il primo significato è sempre materiale (spirito ad es., significa originariamente: soffio, vento...). Ma nel momento che noi cogliamo un qualunque oggetto materiale e formiamo un giudizio (« questo è ») noi sappiamo insieme che « sono io » che lo conosco e giudico: cioè *ci cogliamo implicitamente esistenti* nel momento stesso in cui pensiamo un oggetto. *Ci esperimentiamo esistenti mediante il nostro atto di pensare* ed è una conoscenza *soggettiva* irreducibile a oggettiva. In tale *esperienza interiore positiva* la dimensione spirituale è colta solo confusamente, imperfettamente: per farcene un concetto più preciso abbiamo bisogno di un ragionamento, di un approfondimento laborioso che richiede che ci siamo abituati a riflettere esplicitamente e profondamente su di noi astraendo dalle realtà materiali. Questa è una *seconda riflessione, esplicita,* ma in ogni atto c'è sempre implicata una *prima riflessione, implicita:* è come una sorta di autotrasparenza che lo spirito ha di sè (imperfettamente perché è spirito incarnato) nel momento in cui pensando un oggetto presentatogli dai sensi, si attua (cioè passa dal non conoscere, dalla potenza di conoscere, al conoscere in atto). Aristotele l'aveva percepito in *Etica* IX, S. Tommaso l'ha esposto in passi famosi (fr. De Ver.q.l. a 9; P. Hoenen, *La théorie du jugment*, Romae, PUG, 1953, spec. pp. 168-183). L'atto di riflessione non è isolato: appartiene all'esperienza di una continuità e consequenzialità di atti diretti che nella sua globalità si rivela esperienza della permanenza dell'io e dell'unità del soggetto umano.

§ 4. *La esperienza religiosa.*

1. L'analisi approfondita della esperienza ci ha offerto gli elementi fondamentali per la comprensione della esperienza religiosa. Questa non è che una particolare modalità di quella esperienza che abbiamo chiamato spirituale, metafisica, esperienziale. Ce ne sono anche altre ad es. quella estetica, quella morale.

Dalla esperienza religiosa vogliamo qui abbozzare una fenomenologia, cioè una descrizione rigorosa, non tuttavia qualunque, ma quella descrizione che è volta a rilevare l'essenza intima del fenomeno.

Tuttavia essa sarà qui solo tentata per quel tanto che serve a proseguire la ricerca attuale su Dio: cerchiamo la natura o essenza del fenomeno religioso in ordine alla fondazione di un discorso sulla Realtà Ultima aperta al senso personale del divino come si è detta a p. 17 (primo significato).

Il fenomeno religioso era interpretato, come abbiamo visto nel secolo scorso e da molti anche in questo, come un fenomeno sentimentale, o anche estetico, riducendone poi la significazione ultima in elementi filosofici posti fuori di esso. Gli studiosi recenti come Gerard van der Leeuw, Mircea Eliade, Guardini, ecc. mostrano come il fenomeno fosse in tal modo frainteso.

2. *il metodo*: non ogni metodo è adatto a rilevare la essenza della religione; esso non può essere puramente induttivo, nè puramente deduttivo o a priori.

    a. Non si può *induttivamente* estrarre, come suol farsi nelle scienze empiriche, dall'insieme del materiale raccolto dalla storia comparata delle religioni, o anche dai fenomeni psichici della vita religiosa, gli elementi comuni, riuniti statisticamente come nelle famose tabulae di Bacone quasi come chi raccogliesse le tesserine uguali o simili da vari mosaici, e ritenere poi costitutivi della religione fondamentale tali elementi comuni, rigettando come insignificanti o non utili gli altri elementi, quelli specifici e particolari. Per tale via sfugge proprio quella sintesi vivente che è la religione, per un ammucchiamento che dà un concetto sostanzialmente vuoto, anzi impoverito, aprioristicamente relativizzato. Infatti con tale metodo « sottrattivo » si incorre nell'errore di valorizzare delle religioni quasi solo « ciò che è in esse più rozzo e più basso, e il concetto viene privato del suo contenuto autentico e della sua forza vitale » [5].

La ricerca dell'essere della religione in un corretto metodo fenomenologico deve intus-legere, penetrare e interpretare descrittivamente il dato, cercando di cogliere la cosa stessa liberandola dalle sovrastrutture interpretative aprioristiche o soggettivistiche, ma in modo da cogliere oltre e sopra le forme storiche *l'idea* che in esse si rivela. È per essa che tutte le religioni sono dette appunto « religione ». Il metodo induttivo è per questo insufficiente. Può solo registrare fatti e formulare leggi empiriche, ma con ciò non coglie il reale contenuto *interiore e personale* della esperienza religiosa. Il metodo induttivo dà fondamentali risultati ove

---

[5] Lang A., *Introduzione alla filosofia della religione*, Brescia, 1959, p. 34.

si tratta di realtà rette da leggi associative, meccaniche, ma non là dove è il regno della libertà, delle opzioni, dello spirito, della cultura e dell'etica che non sono regolate da tali leggi deterministiche, ma da *norme* che si presentano come imperativi e compiti da eseguire e che regolano atti e dan luogo a conseguenze anche esteriori indeducibili.

b. Nè è sufficiente un metodo *deduttivo* a priori: si presuppongano alcune idee innate o a priori, di Dio ad es., oppure alcune intuizioni fondamentali filosofiche, e da esse, prescindendo dalla esperienza si vuole dedurre il concetto di religione. Così in Hegel o in certi neokantiani (Cohen, Natorp, ecc.), così pure in certe costruzioni pragmatiche e sociologistiche della religione che trascurano l'esperienza integrale e ciò che in essa l'esperienza religiosa rivela di genuino, costruendosi di conseguenza ad arbitrio un concetto di religione che fa nascere il sospetto di una quasi completa mancanza di esperienza religiosa in chi lo propone.

c. Occorre pertanto un metodo che sappia comporre insieme i dati dell'esperienza religiosa cogliendo nella struttura analoga del fenomeno e nelle strutture specifiche delle singole religioni che la fenomenologia rileva, il principio essenziale o idea che dà ad esse la loro unità intrinseca oggettiva. Evitiamo di parlare di a-priori o norma in senso stretto o di ideale; tuttavia gli elementi analoghi rilevati assieme a quelli specifici possono in qualche modo dirsi normativi dell'intelligibilità della struttura o essenza nel senso che ci permettono di comprendere il dato nella sua persistenza e nelle sue variazioni storiche (adattamento senza che la struttura si rompa). Per quanto riguarda il concetto analogo di religione in generale, e affermando chiaramente nella metodologia storica che nessuno può privilegiare la propria religione concependola univocamente come unica norma valida, possiamo accettare quanto scriveva il Lang: « Tale concetto normativo non ha carattere aprioristico: lo si conquista partendo dal materiale dei fatti religiosi concreti, ma non lo si coglie immediatamente e neppure lo si ricava con procedimento statistico, bensì lo si astrae con l'intuizione metafisica »[7].

---

[7] Lang, op. cit., p. 39.

Tale è, mi sembra, anche l'opinione del Panikkar che fa notare come ogmi fatto debba essere studiato con un metodo che sia adatti alle sue caratteristiche, e il fenomeno religioso che « ha una natura più complessa di un puro fatto storico; esso è anche un fatto mistico », richiede « uno specialissimo metodo, deve avere, cioè,un organo particolare per penetrare le caratteristiche dei fatti religiosi » [8]. Occorre l'interpretazione del fatto cioè « l'integrazione delle impressioni ricevute da quel fatto, in una struttura intelligibile, in modo che, inserite come parte di un tutto superiore, possano avere un senso per noi » e tale interpretazione intelligibile costituisce la filosofia della religione.

Nè basta a rilevare l'essenza della religione un metodo fenomenologico di tipo husserliano cui va riconosciuto comunque il merito, colla coscienza della necessità di mirare all'oggetto, del superamento dello psicologismo, offrendo strumenti utili al rilevamento di « quelle esperienze spirituali che si differenziano, per il loro intenzionale indirizzarsi agli oggetti, dalle semplici situazioni interiori ». Esso tuttavia ha troppo sottovalutato l'importanza del *metodo riflessivo* che deve essere inteso non in senso soggettivistico, ma realistico, quale si ha in una coscienza che intus-legit, che è intenzionalmente aperta sull'essere. La fenomenologia husserliana « è minacciata dal pericolo di arenare in una filosofia della coscienza... il problema della esistenza viene messo fra parentesi » [9]. Solo in una concezione di realismo critico in cui l'intelletto è capace di penetrare riflessivamente il dato e sè intus-legendoli nell'essere, ci si può avvicinare con chiarificazione progressiva all'essenza della religione.

3. *Tentativi di rilevare l'essenza della religione.*

Si comincia ora a chiarire meglio quanto sopra dicevamo e cioè che la *esperienza religiosa appartiene alle esperienze dello spirito* e per questo solo può essere compresa con un metodo atto a rilevare le realtà oggettive interiori dello spirito sopra accennate, metodo cioè insieme riflessivo e transmediatamente intuitivo. Si

---

[8] Panikkar R., *Religione e religioni*, Brescia 1964, p. 48.
[9] Lang, op. cit., p. 42.

tratta di una esperienza *dinamicamente orientata*, personale, involgente insieme l'oggetto e il soggetto. Spetta all'indagine filosofica portare all'esplicito questa norma cui implicitamente ogni religione tende. Ogni essere religioso implicitamente l'avverte, ma non tutti sono in grado di esplicarsela. Esula qui dai nostri assunti un discorso definitivo in materia, si rimanda ai tentativi del Lang e del Panikar.

Inoltre appare sempre più chiaro come l'esperienza religiosa sia assai *complessa*: essa avvolge tutto l'essere umano su ogni piano, essa gode di una universalità che la apparenta all'arte, alla morale, alla filosofia: il *divino*, oggetto proprio della religione, è quasi come il vero, il bene, il bello un « trascendentale » (pervade tutti i predicamenti, tutta la realtà) a suo modo, cioè come fondante. Sul divino, come suo riflesso nell'umano si innesta il « sacro ».

Pure il sacro, da un punto di vista materiale può avvolgere tutto. L'intelletto umano distingue con sufficiente chiarezza vari modi di essere « sacre » delle esperienze e azioni. Tutto può essere avvolto dal sacro, ma non tutto è sacro, nelle diverse culture. Occorrerà pertanto *distinguere* ciò che è *essenziale* da ciò che è derivato, secondario o magari preliminare. Così è importante distinguere il *duplice significato* di « religione »: religione come virtù particolare (riguarda piuttosto il culto interiore e esteriore) e religione come particolare legame coll'Assoluto (riguarda l'aspetto *ontologico*, metafisico, fondamentale e fondante della religione). È quest'ultimo il principale, l'altro è derivato. Tale aspetto ontologico tuttavia non deve essere considerato staticamente, ma soprattutto dinamicamente: ciò che conta non è tanto ciò che la religione è, ma ciò a cui tende (il senso ultimo di una realtà si rivela nel fine a cui tende). Solo per tale via che scopre la *religione-norma*, possiamo sperare di superare l'apparente antinomia tra la diversità delle religioni e una certa essenza unitaria (« la religione ») che variamente, analogicamente in esse si verifica, senza che d'altra parte tale essenza ne venga impoverita, svanisca in un vago « religioso » comune.

(1) *Rudolf Otto* del quale abbiamo ampiamente parlato nella parte fenomenologica rilevava l'elemento ultimo della religione nel rapporto al Tutt'Altro colto attraverso il sentimento nelle due

forme fondamentali di *mysterium tremendum et fascinans*. Ma abbiamo rilevato la impossibilità di dare un fondamento oggettivo al Tutt'Altro per vie alogiche, attraverso cioè il sentimento solo.

Ma il merito dell'Otto è grandissimo per avere aperto la via allo studio più approfondito del fenomeno religioso avendo difesa e mostrata la irreducibile originaria specificità della esperienza religiosa e indicato nella relazione al Tutt'Altro uno degli elementi caratterizzanti, anche al livello della modalità sentimentale di essa.

(2) Un notevole passo innanzi nella scoperta dell'oggettività oltre che della specificità dell'atto religioso e del suo oggetto fu compiuto dal fenomenologo *Max Scheler,* prima maniera.

    a. Nella sua opera *Vom Ewigen im Menschen* (L'eterno nell'uomo) [10] mostrò come non c'è bisogno dell'oggetto dell'atto religioso. Ciò che anzitutto specifica questo oggetto è la sua *trascendenza* rispetto al mondo: « appartiene all'essenza dell'atto religioso "di trascendere nella sua intenzionalità questo mondo" », « Solo quando la realtà trascesa sia il mondo come totalità (con l'inclusione della propria stessa persona), noi abbiamo il diritto di parlare di atto religioso » [11].

    b. La teoria della trascendenza dell'oggetto dell'atto religioso si inquadra per lo Scheler nella totalità della sua concezione che difende e dimostra l'*oggettività* del valore, in contrapposizione al formalismo kantiano, e la sua *assolutezza* di fronte al pragmatismo e empirismo. I valori (il bello e il brutto, il bene e il male, il sacro e il profano, ecc.) sono entità oggettive, universali, eterne: essi non mutano mentre mutano i fatti, si storicizzano, ma sono superstorici, si rivelano nel tempo attraverso la testimonianza di grandi uomini che li diffondono, ma sono oltre il tempo. Lo Scheler vuole applicare ai valori il metodo fenomenologico husserliano, ma a differenza delle essenze husserliane (e delle idee platoniche) i suoi valori sono irrazionali, intuiti solo per mezzo del sentimento (occhio che coglie il valore). Occorre ben distinguere tra sentimento e *intuizione sentimentale:* mentre il primo è pura

---

[10] Scheler Max, *Vom Evigen im Menschen*, Leipzig 1921, p. 525 sg.
[11] ivi, p. 529 sg.

passività sensibile, che non riesce ancora a distinguere l'oggetto del sentire, l'intuizione sentimentale per la sua natura intenzionale si riferisce e si rivolge all'oggettivo valore e lo coglie nella sua oggettività e assolutezza. Ma ciò porta Scheler a opporre il valore (oggetto del sentimento) all'essere (oggetto della ragione), radicalizzando una distinzione che era già di Otto, ma che si era rivelata inetta a risolvere il problema della oggettività del sacro (= il divino).

c. Lo Scheler descrive quindi fenomenologicamente i vari valori che trova *gerarchicamente ordinati* secondo la maggiore o minore dignità qualitativa: valori sensibili, valori vitali, valori spirituali (bello, vero, giusto, ecc.) e, come grado supremo, valori religiosi (beatitudine, amore, sacro...). Questa gerarchia di valori si fonda sopra l'atto del preferire, che determina la scelta, atto spontaneo e a priori, col quale l'uomo immediatamente percepisce il valore. Il valore non è soggettiva creazione umana: la dialettica della vita etica, che dal sentire attraverso il preferire giunge sino ai due più elevati gradi dell'attività emozionale, l'amore e l'odio, non crea il valore, ma, soltanto, *scopre* il valore. In tal modo l'etica è sottratta per sempre a ogni formalità e astrattezza: l'oggettività dei valori a priori garantisce la concretezza dell'atto morale.

d. Lo stesso deve dirsi del *valore supremo*: quello religioso. Esso è il *Sacro* e culmina nell'intuizione emozionale dell'Assoluto che per Scheler è Dio, il Dio personale e distinto del Cristianesimo. Infatti nella sfera più alta della intenzionalità emotiva, si ha la simpatia, che, quando perde il carattere di passività, diventa amore. Simpatia e amore (coi loro contrari) costituiscono i rapporti sociali. Siamo nel mondo delle *persone*; la persona: essere compreso e concreto (conoscente, senziente, volente, amante, odiante), essere aperto sul mondo sul prossimo su Dio. L'*amore*, dice Scheler, è essenzialmente teistico perché è sempre dualità e trascendenza di persone, perché è luce e non necessità come l'impulso cieco.

La pluralità dei mondi personali trova la sua unità in Dio, persona oggettiva, spirituale, infinita. Amare Dio non è pretendere di penetrarlo, ma aspettare che si riveli a noi.

e. La filosofia dello Scheler, come nota lo Sciacca, « rappresenta una delle proteste più robuste e efficaci contro il trascendentismo, in difesa della realtà della persona e della trascendenza dei valori... nella terra dove il vitalismo ha assunto forme paradossali di materialismo e biologismo, egli rappresenta la difesa dei valori spirituali; nella patria di Nietzsche egli si fa il difensore appassionato... del valore incommensurabile dell'etica cristiana: esalta le virtù caritative e pone il divino al culmine della scala dei valori. Eppure, proprio nello Scheler, che ha scritto pagine così belle sull'amore cristiano, lo spirito del Cristianesimo si trova spesso frainteso. Lo irrazionalismo gli ha giocato il brutto tiro di mettere in *stato di guerra*, l'un contro l'altro, il sentimento e la ragione, l'essere e il conoscere, per cui la ragione gli è risultata "cieca" e il sentimento, compreso quello dell'amore, non fecondato e illuminato dalla calda e chiara luce della verità; la volontà "improduttiva" e la persona passiva "portatrice" dei valori, priva di quella fecondità che le riconosce la vera filosofia cristiana; l'ordine delle verità religiose diverso dall'ordine delle verità metafisiche ed irreducibile ad esso, quasi due compartimenti stagni, senza possibilità di comunicazione. Così l'uno e l'altro ristagnano... Le giuste esigenze che animavano la sua polemica antirazionalistica e anticonformistica finirono per cacciarlo nell'*irrazionalismo*, cioè nell'eccesso opposto, che è errore come il suo contrario. Lo Scheler non si avvide che le astrattezze del razionalismo e del formalismo si combattono e si vincono con un sano formalismo e un sano razionalismo, che è appunto armonia concreta di sentimento e di ragione » [12]

f. Occorre rilevare anche, a nostro parere, un altro *difetto* di questi sistemi intuizionisti (Otto, Scheler), quello cioè di tendere a concepire l'esperienza religiosa come una *esperienza immediata del divino:* ciò non ha riscontro in realtà nella esperienza, neppure in quella dei mistici. L'assoluto non è mai colto direttamente da noi in se stesso, ma *attraverso* dei simboli, attraverso gli esseri e gli atti concreti della esperienza umana, primo tra tutti l'atto religioso stesso, e, nel mistico, negli effetti che la presenza divina produce nell'anima.

---

[12] Sciacca M. F., *Il problema di Dio e della religione nella religione attuale*, Brescia 1964, p. 202 sg.

(3) *René Le Senne* ha mostrato la mediatezza della nostra via al Valore Assoluto, ciò che non esclude una sua intuizione; egli parla di « intuizione transmediata »: la spiegheremo più avanti.

a. *La via psicologica al valore*. La ricerca è l'anima della esistenza umana: essa tende al valore, ma procede *per gradi*.

1) Il valore, per così dire, prima di annunciarsi di persona si *fa presente nella sua assenza:* il miserabile conosce la ricchezza nel rendersi conto della sua miseria, l'oppresso la libertà nella oppressione, l'anima senza Dio conosce Dio nel vuoto sofferto di Lui.

2) Ma l'*assenza* suscita il *bisogno* che si progetta nell'*ideale* qualora questi riceva da un *presentimento* un *alone qualitativo* che promette il valore come l'alba il sole. Perciò, dice il Le Senne, Dio non si dà che a coloro che fanno il necessario per ottenerlo e questa è la condizione perché la nostra libertà sia rispettata.

3) La prima risposta al bisogno avviene nell'incontro con un *mediatore* (cosa, segno, ma ultimamente persona) che produce, o contribuisce potentemente a produrre la *concentrazione della ricerca verso un valore singolare:* è la prova storica della istanza del valore nella nostra esperienza; essa trasforma e fa ingrandire a slancio la nostra velleità.

4) Sorge pertanto in noi un dinamismo interiore capace di *vincere gli ostacoli* utilizzando gli *appoggi* per *tentare l'approvazione* conoscitiva, affettiva e fruitiva del valore intravisto.

5) « Infine nell'imperiosità della vocazione è già implicato l'*atto di fede* di raggiungere in una forma che non si può singolarmente conoscere prima di averla appresa, il valore in cui ci siamo imbattuti. Infatti se il valore è l'ultima parola sulla realtà metafisica, non si rifiuterà a colui che gli ha consacrato la sua speranza e ricerca ».

6) Quando per un concorso del nostro ardore e un favore di Dio questa vocazione *attingerà il valore*, si opererà in pieno la conversione spirituale: dal naturale e dal mentale si passa per l'intervento del valore allo spirituale. Il valore si presenta come la *sanzione data alla ricerca* e investe di sé tutto [13].

---

[13] Le Senne R., *La Destinée Personnelle*, Paris 1951, cap. XIII.

b. Ecco lo spirito maturo a ricevere la rivelazione del valore: ma siccome tutto è dato a noi, secondo il Le Senne, in una esperienza, *la rivelazione del valore* sarà essa pure una esperienza, una « *prova* »; ora prova dice insieme *apprezzamento e intuizione* cioè una esperienza complessa personale; il Le Senne parla anche di « illuminazione » e « tact de valeur », *contatto* e tocco del valore.

Dopo essersi mostrato a noi attraverso qualche concetto, immagine o emozione, il valore si assimila alla nostra esistenza, si fa nostra carne e nostro sangue, anima il nostro slancio; *finché sarà presente a noi, non ne potremo dubitare;* solo quando non ne sarà presente potremo domandarci se non si fosse trattato di una illusione. Ma la evidenza del valore presente, « dissipa ogni dubbio, ne impedisce anche il sospetto ». Il valore è afferrato come immediazione dotata in se stessa di tutti i titoli di validità e garanzia di una « potenza assoluta di convincere ». Il valore *è una presenza, ci illumina* piuttosto che essere illuminato da noi. Solo il valore può essere il criterio del valore [14].

c. I *principali modi* con cui questa illuminazione, rivelazione o prova dà luogo alla evidenza del valore sono: l'illuminazione intellettuale, l'ispirazione morale, l'incantamento artistico, il rapimento affettivo; essi conducono ai valori cosiddetti cardinali e cioè *verità, bene, bello, amore;* in ciascuno dei loro modi questi si presentano nella propria storicità intuitiva, con una particolare evidenza e certezza. Il desiderio del valore si è tramutato nella prova attualmente vissuta del valore: l'uomo, a proporzione della sua unione al valore e della dignità di questi, vi troverà l'eterno nel temporale, un momento della salvezza.

d. Per comprendere meglio il valore occorre tuttavia passare da questa storicità intuitiva in cui i valori vengono « provati » nella loro particolarità (vero, bene, bello, amore) *ai tratti comuni* ad essi: quelli per cui essi sono tutti chiamati valore. Tra tali tratti, particolarmente interessante per noi, sono quelli di *assolutezza e infinità*.

---

[14] id., *La Découverte de Dieu,* cit. p. 180.

(1) Mentre le determinazioni, le cose, possono essere volute in relazione ad altro da esse, come mezzi al fine, non per sè (valgono per un'altra cosa, cioè in realtà non valgono, sono per un altro, sono relative), *il valore* invece *per valere, deve valere per sè,* cioè *deve essere assoluto:* « Il valore o è assoluto o non è valore. Ciò che vale solo per un'altra cosa, non vale; ed è forse il segno più grave e più forte della limitazione umana la necessità di degradare il valore nei valori... » cioè di storicizzarlo, umanizzarlo [15]. *Duplice* è l'assolutezza del valore: come termine del desiderio e in quanto si presenta con criterio a sè stesso nel suo stesso darsi: *come termine del desiderio,* perché solo il valore ci appare come desiderabile in sè, mentre tutto il resto ha ragione di mezzo e fine provvisorio come via al valore. Che senso avrebbero la verità, il bene o la obbligazione morale, la bellezza, l'amore se fossero desiderabili per altro da essi? La verità è sempre valida appunto perché vale in sè; l'obbligazione non sarebbe più tale, se non obbligasse al di sopra di ogni condizione; la bellezza non è creata per l'utile o qualcosa che essa non sia; amare è essere pronti a annientare tutto ciò che è finito per l'amore. All'assolutezza del valore come termine del desiderio corrisponde *la assolutezza del valore quando esso ci è dato:* il tact de valeur si presenta egli stesso come un valore. Nessuna descrizione può sostituirsi alla prova: la coscienza passa da intuizione a intuizione elevandosi, « essa non può mai fare a meno dell'immediatezza del valore ». Il valore è dunque l'assoluto in quanto esso solo si presenta come criterio a se stesso nel suo stesso darsi.

(2) Ma un secondo aspetto di assolutezza è dato nel valore in quanto presenta *il carattere di infinità*: c'è nella intuizione assiologica una *ispirazione* che sorpassa sempre ogni dato in cui essa si manifesta e la proietta verso l'Assoluto. In quanto provato, il valore ci soddisfa ma non ci satura; ci lancia sempre oltre, ci anima, ci dinamizza: « rinnova il nostro ardore promettendo l'infinito », involge per sua natura l'infinità, non è avvertibile se non sullo sfondo di « *un alone d'infinito* », quell'Infinito verso cui ci fa tendere e che in qualche modo cogliamo [16].

---

[15] id., *Ostacolo e valore*, cit. p. 116.
[16] id., *Introduction à la Philosophie*, Paris 1949, p. 365 sg.

e. Proprio per questo alone di infinito che ci si presenta nel *movimento metafisico* che tende a superare i conflitti tra i valori sempre in procinto di fanatizzarsi escludendo gli altri (ad es. la verità contro l'amore, la bellezza contro il bene, ecc.) noi *scopriamo una presenza dell'Assoluto Valore che fonda tutti i valori*. C'è in noi in ogni apprensione del valore un movimemto metafisico che il Le Senne chiama fiducia, atto fiduciale. La partecipazione al valore è dinamica, dono e promessa, certezza e speranza. Non c'è fiducia senza un *Trascendente* che ci attiri senza che possa ingannarci: lo stesso movimento metafisico che c'è in ogni apprensione del valore e che non può ridursi a meno arbitrio di volontà, perché noi *non possiamo recusare il valore così come non possiamo crearlo*, e della cui realtà non possiamo dubitare perché lo viviamo continuamente nel nostro farci personale, crollerebbe nel momento stesso in cui fosse rigettata la fede o fiducia nell'Assoluto Valore. Proprio dunque il fatto che si tratta di un movimento metafisico esclude nel fatto la possibilità che sia ridotto a mero livello empirico, arbitrario, puro desiderio soggettivo. Nella esperienza religiosa a livello di prima partecipazione dell'Assoluto, il valore ha a che fare col «sacro».

f. Il ridurre a mera aspirazione psicologica l'affermazione di Dio è dunque negare fin dal principio l'aspetto metafisico della esperienza del valore compresa nella fede-fiducia e ignorare la «*ispirazione*» che si rivela al Le Senne come una «*intuizione transmediata*».

Questo ci pare il punto più profondo cui giunge la assiologia del Le Senne giacché è esso che permette di comprendere il senso metafisico del *passaggio dal valore-ideale al valore-reale-Spirito* mediante la dialettica per cui tutti i valori convergono verso un «Uno» che tutti li comprende. I valori ci appaiono tutti *orientati e convergenti* verso il Valore assoluto: la *solidarietà dei valori* conduce sin dall'inizio alla richiesta del Valore assoluto come sorgente unica di tutti i valori. In tutti i campi il valore sarebbe smentito, irrisorio, se ogni valore fosse destinato a combattere gli altri; abortirebbe se trovasse nella negazione di sè da parte degli altri la limitazione del suo infinito avvenire di espansione e fecondità. Bisogna dunque necessariamente, per la sola dialettica implicata nella realtà del valore, che i valori ci appaiano come espressioni, indefinitamente varie ma intimamente unite, del Valore prima di ogni differenziazione risultante dalla sua determinazione da parte delle situazioni umane in cui si empirizza [17]. i valori dunque ci appaiono come *espressione del Valore assoluto:* questi nella intuizione assiologica è già in qualche modo presente *venendoci incontro:* non creando noi il valore ma ricevendolo, il valore appare sempre a noi *come donato, come sgorgante da una sorgente infinita di liberalità, presente appunto nel suo dono.*

Il Valore Assoluto è attinto per trans-mediazione nell'incontro coi valori particolari, come la loro sorgente infinita o presenza infinita fondante o « Valore al vocativo »: non che ci sia una intuizione ontologistica del Valore assoluto (non lo cogliamo in sè direttamente, nella sua essenza), ma nella « prova » in cui è presente immediatamente il valore particolarizzato in una situazione, traspare in esso, nella convergenza che esso ha verso l'Assoluto e da cui promana, l'ispirazione dell'Assoluto: la prova del valore ci mette nel cuore dello spirito, il valore manifesta la sua natura di dono rivelatore di *trait d'union tra l'Assoluto e noi*. Noi non conosciamo l'Assoluto in se stesso, ma « lo conosciamo (solo) *nelle partecipazioni* che ci dà del valore, a proporzione della nostra ricerca » [18]. Il valore è come un ponte gettato tra noi e Dio: nella intuizione transmediata l'infinito si offre a noi.

g. In un altro scritto analizziamo più ampiamente il problema [19], quanto qui si è detto basta a dare ulteriore sviluppo alle nostre riflessioni sulla essenza del fatto religioso: abbiamo scoperto più profondamente un elemento essenziale, il riferimento cioè all'Assoluto come valore e lo aspetto emozionale e intelligibile insieme che esso riveste: *la religione* è per il Le Senne la suprema via dello spirito, il suo valore caratteristico e irriducibile è l'amore.

1) Un altro pregio va riconosciuto al Le Senne: egli ha mostrato la *differenza essenziale* che c'è tra la religione e le altre vie

---

[17] id., *La Découverte,* cit. p. 195.
[18] id., *Traité de Morale générale,* Paris 1949, p. 693.
[19] *Itinerario al valore,* Roma 1971.

dello spirito: si distingue dalla scienza e dall'arte perché queste sono vie retroversive (considerano ciò che è già, non il dover essere) mentre la religione come la morale è *proversiva* (sono vie d'azione, volte al dover essere); si distingue infine dalla morale, la cui nozione fondamentale è quella di obbligazione, perché mentre la morale è estro-versa in quanto comanda la realizzazione di un ideale da raggiungere, cui nella invenzione morale vengono assegnati mezzi e fini proporzionati e le regole che permettono di risolvere i conflitti, la religione è *intro-versa* in quanto volta sulla intimità dell'io e della sua relazione coll'Assoluto. Si può dire che la morale è la proversione formale, la religione quella energetica; la religione sta alla morale come il di dentro al di fuori, come l'infinito al finito. Non tutto è tuttavia chiaro in questi incasellamenti.

2) Il Le Senne nota la difficoltà che trova la filosofia circa il simpatizzare con la vita religiosa dato che questa è tra le vie dello spirito la meno riducibile alla conoscenza teorica, alla mediazione concettuale, essenziale alla filosofia. *La religione* è dunque essenzialmente distinta dalla filosofia. La religione è universale perché è la via in cui lo spirito impiega le sue energie più profonde. Lo stato stesso e la società quando la combattono tendono necessariamente verso di essa; ciò appare chiaro quando lo stato che si è costituito Dio come centro delle azioni e delle mire dell'uomo, suscita per sostenersi e giustificarsi, una propria «mistica» o fa appello ad una religione di stato, riaffermando con ciò la *imprescindibilità* della religione pur riducendola a forma tanto grossolana.

3) La religione, secondo il Le Senne, non si interessa all'oggettività, essa cerca la rivelazione dello spirito a sè, cerca di suscitare l'amore e la fede. *Relazione tra Dio e noi* la religione deve manifestare Dio e il limite umano: essere insieme determinata e pura, confessionale e spirituale. È confessionale inquanto ha una struttura, di determinazioni di cui si serve come di *mezzi* per accedere alla vita spirituale; è spirituale in quanto come religione pura partecipando dello Spirito Infinito è animata e ispirata dal valore: ora il valore della religione pura trascende le determinazioni e corrisponde al valore dei sentimenti e della vita che deve suscitare. Noi interpretiamo queste riflessioni del Le Senne nel senso sopra accennato del dinamismo delle strutture religiose.

4) Per il Le Senne che non ha l'idea della analogia, la religione ha *vari gradi;* essa raggiunge però il suo culmine nel Cristianesimo: «...lo sviluppo della religione deve giungere a perfezionarsi nel riconoscimento del primato dell'amore in Dio. Quando Cristo ha enunciato il comandamento dell'amore, doveva parlare come Figlio di Dio e Dio stesso, poiché questo comandamento non sarebbe stato che una preferenza individuale, il gusto di un uomo per la tenerezza, senza autorità per imporsi a un altro uomo, se non si fosse professato lui stesso il Verbo. Questa professione rivela che solo l'amore può essere, nel Principio metafisico della esperienza, la fonte da cui possono sgorgare delle coscienze subordinate » [20].

5) Nella religione tutte le altre vie dello spirito si perfezionano: la scienza diviene modesta prendendo coscienza di ciò che l'oggettivismo ha di esteriore e dannoso; l'arte si approfondisce guarendosi dalla ricerca impaziente di sensazioni nuove, per ritrovare le fonti profonde della bellezza e della vita; la morale diventa meno rigida e eleva il rispetto e l'amore delle persone al di sopra della idolatria delle regole. Il diritto abbandona ciò che può avere di spietato e oppressivo.

6) Ma la sua perfezione stessa, può essere alla religione una ragione di *corruzione e fanatismo:* ciò accade quando si spinge ad eccessi come quello ad esempio del quietismo che confonde, secondo il Le Senne, amore umano e amore divino quasi che in noi inclinazioni perfide non potessero mescolarsi a inclinazioni preziose, oppure del settarismo che è la corruzione del confessionalismo e rende la religione incapace di adattarsi alle diverse civiltà. Ma la radice ultima delle corruzioni della religione sta nella corruzione della idea dell'infinito positivo nella mente umana. Diceva il Gilson che l'origine di ogni ateismo, la peggiore corruzione quando si proclama militante, della religione, sta nell'errato concetto che l'ateo si fa di Dio.

h. Grande è l'apporto che la riflessione del Le Senne può portare alla filosofia della religione: col Marcel e col Lavelle, rappresenta il massimo sforzo operato da filosofi moderni, fuori della filosofia scolastica, per una comprensione sincera della esperienza agostiniana.

---

[20] Le Senne, *Introduction,* cit. p. 355 sg.

Tuttavia, il Le Senne, ha forse troppo separato tra loro i vari valori, onde la loro connessione, come egli la chiama — altri direbbe « implicanza » —, non sembra sufficientemente fondata.

Troppo legato ad una interpretazione ancora in notevole parte psicologistico-dinamica del valore, la convergenza dei valori verso l'Assoluto non si difende sufficientemente dal *pericolo dello psicologismo,* cui tuttavia il Le Senne ottimamente reagisce (e ciò potrà constatarlo chi avrà la pazienza di leggere il nostro studio su questo autore). La ragione ultima della difficoltà sta a nostro parere nel legame rimasto anche nel Le Senne maturo con categorie insieme positivistiche e idealistiche che concepiscono l'essere come una struttura fissa, statica, morta (cfr. Fichte ad es.) e vi contrappongono, se lo ammettono, un mondo spirituale tutto attività. Andrebbe qui ripetuto, colle dovute precisazioni, analogicamente, quanto si è sopra detto del presupposto kantiano di un intelletto tutto attivo. Contrapponendo eccessivamente, come sembra fare il Le Senne, essere e valore, si corre il rischio di vanificare quest'ultimo: nè vale dire che in Dio si identificano se non si dà ragione sufficiente di tale identificazione. Cosa può essere, un valore che contrapponendosi all'essere, non è? Che efficacia può avere se non è reale?

Il Le Senne manca sia del concetto di analogia che gli impedisce di vedere come « essere » si dica in molti modi, e non solo dello statico e del fisso, sia del concetto di partecipazione nell'essere non essendogli chiara la nozione di creazione. L'essere è per noi sì struttura, ma struttura fatta per arricchirsi, dinamicamente orientata: il vertice dell'essere è la persona: valore sia in sè, come essere riflessivo spirituale, sia come orientata ad un farsi appropriandosi il valore.

Noi non diremmo mai, come il Le Senne, che persona ci si fa appropriandosi il valore: persona diremo, si è; si è quel valore vertice dell'essere che è la persona e insieme ci si fa, o meglio ci si fa personalità (nel suo senso migliore, metafisico) in quanto si è orientati al valore, aperti alla partecipazione cioè di quell'Essere-Valore assoluto di cui tutti i valori sono dono, come ben ha visto il Le Senne.

Capitolo Quinto

L'essenza della religione

La necessità di inserire in una teoria del valore, e quindi anche del valore religioso, la tematica della analogia e della partecipazione metafisica, cioè un discorso basato su una teoria dell'essere è stata sostenuta in un indirizzo di pensiero assai vicino al Le Senne, da L. Lavelle nel Trattato sui valori (*Traités des Valeurs*, Paris 1951-1955). In altro contesto suppongono tale tematica e la basano sulla intuizione astrattiva dell'essere, il Mouroux, e molti altri autori di tradizione tomista. Le loro analisi tuttavia riguardano il monoteismo più che il primo livello di comprensione della Realtà Ultima.

§ I *La religione.*

1. *J. Mouroux* definisce la religione come « *la relazione all'Essere Sacro come tale* », oggetto di adorazione — e dunque principio di dipendenza — e « oggetto di amore — e dunque principio di richiamo —, perché è il tipo, il modello e il fine dell'uomo, che è la sua immagine; perché è la pienezza, il cui possesso costituisce la beatitudine, ed esige da noi un dono assoluto, che instaura (per quanto è possibile) la piena *comunione* dell'uomo con Dio [1]. (Preghiamo il lettore di leggere « divino » o santo, ove gli autori citati dicono « sacro » nonostante come qui l'uso linguistico lo impedisca: nessuno dice che Dio è il sacro!). L'unione dell'adorazione coll'amore genera la preghiera « l'atto che è il cuore di ogni reli-

---

[1] Mouroux J., *L'esperienza religiosa*, Brescia 1956, p. 16.

gione ». Ma nel concreto una qualifica del tutto nuova viene all'atto religioso, pur non derivando all'uomo necessariamente dalla sua essenza, dalla situazione di peccato in cui questi si trova.

2. La religione è dunque « *relazione personale a Dio* », l'atto supremo e perfezione ultima dell'essere umano, atto non solo individuale ma anche sociale e comunitario, relazione con un Dio che è « Padre di tutti ». Tale relazione personale è insieme relazione *integrale* dell'uomo a Dio, in quanto tutta la persona in tutte le sue dimensioni vi si trova implicata poiché «trova in Dio il solo Essere che possa amare e adorare infinitamente e dunque il solo oggetto che risponde alle dimensioni del suo richiamo... ». Tale relazione personale e integrale appare come la relazione *unificatrice* per eccellenza per l'essere umano e come la relazione *realizzante* al massimo grado per questa vocazione vivente in cui si inaugura, sotto la sua forma più alta, la comunione coll'Essere e cogli esseri » [2].

3. *L'esperienza religiosa* pertanto o insieme degli atti con cui l'uomo si coglie in relazione con Dio è:

1) *integrante* la persona perché in essa tutti gli aspetti più importanti di questa vi si trovano impegnati e *gerarchicamente* integrati. È l'esperienza *strutturata per eccellenza,* perché consiste nel prendere coscienza di una relazione pensata, voluta, provata, impegnata nella vita, inserita nella comunità umana. Essa infatti comprende una *componente intellettuale* culminante nell'idea di Dio come Verità cui la intelligenza aderisce e in rapporto al quale trova la verità del proprio essere in risposta di adorazione, umiltà e amore che in tale atto di intelligenza hanno la loro radice profonda. Non c'è religione senza ricerca e adesione alla Verità.

C'è una componente *volontaria*, l'atto di libertà generosa che fonda e stabilisce la relazione e in cui accettiamo la nostra condizione di creatura sottomettendoci alla grandezza e santità di Dio e abbandonandoci a lui per servirlo con amoroso contraccambio del suo dono (io sono tutto dono suo, Egli si dona tutto a me, io mi dono tutto a Lui in contraccambio d'amore).

---

[2] ivi, p. 18.

C'è una componente *affettiva*: questo atto in cui sono tutto impegnato non può nei suoi momenti più profondi e genuini non svegliare in me sentimenti di adorazione, lode, gioia, desiderio d'incontro coll'Infinito.

C'è una componente *attiva* « perché è un impegno che, sotto pena di essere irreale, deve sollevare la vita, comandare l'attività concreta e tradursi in azioni precise. Nell'uomo veramente religioso tutti gli atti diventano ispirati o consacrati: la ricerca e il servizio di Dio non conoscono limiti nè campi chiusi ». E, anche a questo punto, il filosofo deve riprendere il detto di S. Paolo: « Sia che beviate, sia che mangiate, fate tutto *per la gloria di Dio* ». Nè va infine trascurata la essenziale componente *comunitaria*: più ci diamo a Dio più scopriamo « il mistero di un appello che si indirizza... a tutti gli altri in modo altrettanto personale e necessario come quello che viene rivolto a noi; perché la nostra libertà non può consacrarsi a Dio se non consacrandosi alla ricerca del suo Regno e all'instaurazione del suo Regno fra noi »[3].

2) La religione è l'esperienza del divino in quanto posto con l'uomo in relazione di salvezza, e, nel monoteismo, di Dio, il Tutt'Altro trascendente che è nello stesso tempo la Fonte di ogni essere e valore. Ho notato più volte, oltre la ambiguità dell'uso di « sacro », la convenienza di non presentare Dio come « il Tutt'Altro » se non lo si dice insieme « Magis Intimus ». Ciò è del resto nei chiari propositi del Mouroux.

a) Il contatto con Dio è necessariamente prima di tutto un contatto coll'abisso di «*un mistero che non scopriremo mai*», pur apparendo noi stessi come sua immagine. Tale termine misterioso è colto insieme *come trascendente e immanente* (il paradosso essenziale dell'esperienza religiosa). Il presupposto di questa esperienza è, in effetti, la realtà della creazione, cioè la presenza del trascendente in seno all'essere umano, per farlo esistere e chiamarlo a sè. Quindi, il movimento fondamentale e necessario dell'essere è questo slancio che l'orienta verso Dio mediante tutto ciò che egli è e che fa di lui *una relazione a Dio come al suo fine*. Dire che Dio

---

[3] ivi, p. 24 sg.

ci è presente come causa creatrice, è dire che egli lo è come la realtà «costitutrice», come la sorgente di una vocazione e di una esigenza sostanziali.

b) *Prendere coscienza* di questa esigenza e di questo invito, *ratificarli* liberamente, e *abbandonarsi* così a Dio, è *l'esperienza religiosa*. Tutto ciò può esprimersi come *interiorizzazione* e personalizzazione della relazione a Dio che è essenziale all'atto religioso. La trascendenza e immanenza di Dio fa sì che non mi sia possibile sfuggire al prevenirmi di Dio che è l'assolutamente Primo «nella conoscenza, nella scelta e nell'appello. Io non posso che trovarmici presente, impregnato e impegnato da ogni parte. In questo senso e per questa *assoluta priorità di Dio in me*, l'esperienza religiosa costituisce un *entrare nella eternità*. Ma questo ingresso si fa in seno a un *ritorno* che va sottolineato. L'atto che stabilisce la relazione è anche quello che l'accoglie. *Io mi dono a Dio, ma come qualcuno che è donato a se stesso da Dio*. Il ritorno si opera nell'atto religioso, perché io vi attingo come alla mia sorgente e vi tendo come al mio Fine. Quando credo a Dio, quando credo che lo amo e lo servo, io lo colgo, ma egli mi avvolge, perché lo colgo come la Persona adorabile e beatificante. C'è dunque una dialettica di ritorno a sé e di propulsione verso Dio, di raccogliersi in sé e di decentrarsi verso Dio: coll'atto religioso *il mio centro diventa Dio*: questo il paradosso essenziale dell'esperienza religiosa».

c) Essa è situata all'*incontro tra due atti*, quello di Dio creatore e invitante e quello dell'uomo nonostante l'abisso che li separa. Ma mentre non ho esperienza dell'atto di Dio creatore, ho esperienza e coscienza del mio atto e in esso in qualche modo del suo termine: «... poiché Dio rimane sempre trascendente sfugge alla prova affettiva pura (del sentimento dello stato di creatura). Si prova molto più senso della relazione che non il suo termine: io non posso sperimentare l'atto col quale Dio mi crea; ma sperimento di essere creato da lui. Scopro il mio io nel suo mistero "come un Tu creato dall'Amore creatore". Sperimento così la verità divina che mi costituisce. Il fatto che il termine dell'esperienza religiosa sia trascendente e immanente, le conferisce la sua forma; il fatto che questo termine sia Dio come oggetto di adorazione e di amore, le dà il suo contenuto »[4].

3) Dal sin qui detto appare l'altra caratteristica della esperienza religiosa che essa cioè è una *esperienza mediatizzata* (qui le analisi del Mouroux s'avvicinano a quelle del Le Senne, raggiungono cioè in una dottrina dell'essere, almeno in parte, le conclusioni di quelle della dottrina del valore). La presenza di Dio non può essere una presenza diretta se con ciò s'intende contatto puro di essenza, di persona spirituale con persona spirituale; ma all'opposto non si tratta neanche di una esperienza indiretta se ciò significa deduzione di una presenza non avvertita (non ci sarebbe infatti esperienza).

Si tratta invece di una *presenza attraverso segni*. Presenza che è sotto diversi titoli, quella di me a me stesso, delle altrui coscienze alla mia, e di Dio alla mia anima nell'esperienza religiosa. Rifacendosi a un'espressione di Madinier, si potrebbe dire che Dio *non è dato* nell'esperienza, ma *viene colto* nell'esperienza. E il segno attraverso il quale Dio si coglie, è *l'atto religioso stesso*. Ben inteso, l'atto intero, colla sua caratteristica essenziale di essere tutto insieme, accolto e posto, e coi suoi principi oggettivi e soggettivi: lo slancio dell'intelligenza e l'Essere pensato, lo slancio della volontà e l'Essere scelto, l'ardore dell'effetto e l'Essere amato, l'azione generosa e l'Essere che si serve... È questo atto il mediatore della presenza: e l'esperienza religiosa è proprio la *coscienza della mediazione* che l'atto realizza, la *coscienza della relazione* che esso stabilisce tra l'uomo e Dio, e poi *la coscienza di Dio come termine posto e ponente, della relazione*. Pensieri, atteggiamenti spirituali, sentimenti, azioni religiose: è attraverso tutto questo che si possiede Dio e si realizza l'esperienza religiosa.

Come si vede, non ammettiamo affatto quell'empirismo metafisico che ci doterebbe di una intuizione (immediata) di Dio. Dio è raggiunto nell'esperienza come in un ambiente suo proprio e *in un raggio rifratto che rimanda alla sorgente*. Egli è raggiunto attraverso l'esperienza, come attraverso un mezzo di conoscenza

---

[4] ivi, pp. 28 sg.

che orienta e trascina oltre noi stessi. In questo senso, si supera l'esperienza per raggiungere Dio che la stabilisce, che le dà il suo senso e ne garantisce il valore. « *Nell'immanenza stessa* » in cui egli si abbandona, *si raggiunge Dio come trascendente*. Difatti nel momento in cui *lo pongo*, per il fatto che lo pongo come *trascendente*, sono posto da lui, vengo strappato a me stesso, e questo strappo, mi abbandona nello stesso tempo *Dio nella sua azione* »[5].

In questa esperienza in cui il soggetto è sempre ad un tempo passivo e attivo (cfr. la categoria della accoglienza sopra descritta) *resta un abisso tra il segno e l'oggetto vissuto in esso* più che non posseduto tanto più che Dio è più che mai Colui che supera assolutamente, Colui che penetra in noi più profondamente di noi a noi stessi e Colui che sussiste in una pienezza che noi non raggiungeremo mai: *intimior intimo meo, superior summo meo* (più intimo di me a me stesso, più alto di ciò che in me c'è di sommo). Noi riprenderemo il problema in altro scritto su la « filosofia del Cristianesimo », dove parleremo dell'analogia e del mistero.

4) Caratteristica infine della religione è l'essere *dinamica per essenza*.

a. L'atto di donazione e di ricerca che getta l'uomo un seno all'Essere infinito è inesauribile e continuamente risorgente; esso promana da una aspirazione in qualche modo infinita ed inoltre, poiché la distanza che separa l'uomo da Dio è infinita e Dio stesso inesauribile, noi ci avviciniamo a Lui solo nel nostro sforzo continuo veso di Lui. Noi ne portiamo in seno l'immagine (che è il dono stesso della nostra creazione), ma è più come un potere di sviluppo da attuarsi nella libertà, è più un abbozzo un germe e una speranza che un pieno possesso: è nella condizione dell'uomo quaggiù di fare affermazioni su Dio e partire dalle perfezioni supreme partecipate ma nello stesso tempo di negare continuamente i loro limiti come insegna il Concilio Laterananse IV, riprendendo una dottrina tomista: « Non possiamo affermare tra il creatore e la creatura tanta somiglianza da non dover porre tra loro insieme una dissomiglianza ancora maggiore » (D. 432).

---

[5] ivi, p. 30.

b. Siamo immagine di Dio, ma solo in abbozzo, in germe, in speranza; dobbiamo ogni giorno costruire questa immagine. Insomma « Dio non è mai posseduto in senso stretto, perché non è posseduto in se stesso e, di conseguenza, più ci si avvicina a Lui, e più lo si coglie come un assente, come una presenza che si sottrae, come un aldilà che sostiene tutto lo slancio dell'esperienza, senza mai identificarsi con essa. Così la presenza di Dio è una speranza, non una realtà pienamente data; e l'esperienza religiosa è una perpetua ricerca della presenza in seno alla comunione. *Tu non mi cercheresti se non mi avessi trovato:* è la legge. Perché non si trova mai se non per cercare ancora, in questa regione suprema in cui ogni possesso non è che l'alimento di un nuovo desiderio e ogni incontro il principio di un nuovo dono »[6].

c. Questo è il motivo, crediamo di poter aggiungere nella linea del pensiero di Mouroux, per cui sebbene la esperienza si medii sempre in un concetto di Dio sia pure al massimo perfezionato e in verità concettualmente espresso, tuttavia essa va sempre oltre, le spinge oltre sulla linea di questa esperienza del divino che supera per ricchezza ogni concetto e che continuamente vive nella intuizione transmediata (per dirla col Le Senne) il suo contatto vivente col Dio Vivente: per questo Dio non potrà mai essere ridotto a concetto, e la filosofia dovrà sempre cedere il passo per una più profonda apprensione di Dio alla esperienza religiosa, tanto più quanto più questa sarà alta fino ai gradi mistici. Le ulteriori elaborazioni nel seno della filosofia cristiana di una indagine concreta della esperienza cattolica, senza con ciò cadere nell'empirismo calvinista sono appunto lo scopo del sin qui citato volume del Mouroux, ma ciò esula al presente dal nostro assunto.

3. D'accordo col Mouroux sull'analisi della esperienza cristiana dobbiamo completarla con una ulteriore indagine che più da presso esamini l'identificazione dell'Assoluto come valore partecipante supremo.

Su tale punto insiste oltre il già citato Le Senne, anche il Lang. Questi precisa inoltre, che la ricerca e il contatto coll'Assoluto av-

---

[6] ivi, p. 33.

vengono su due linee complementari, l'una *oggettiva* e l'altra *soggettiva* intimamente compenetrate. Dio cioè si presenta a noi come l'Essere e il Valore *fondante sia* le creature fuori di noi, cose e soprattutto persone (le cose sono per le persone e da esse traggono il loro significato), *sia* noi stessi, il soggetto dell'atto religioso, il nostro io e essere intimo, inoggettivabile. Più che Oggetto, Dio è insieme il Soggetto-Oggetto che fonda sia il soggetto che sono io che le cose e gli altri soggetti-oggetti-persone su cui sono aperto.

In questo « alone di Infinito » in cui si avventura e spinge al massimo e si slancia nel suo stesso sbocciare sull'Essere, l'intelletto umano, che è in noi la facoltà dell'Infinito, su questo sfondo in cui avviene ogni nostro incontro di accoglienza spirituale che è l'accoglienza del valore personale, Dio ci appare come il Valore ultimo fondante e partecipante e noi stessi e il resto come dono, partecipazione, in cui Egli stesso, il donante infinito, si offre.

4. Ma crediamo che al Mouroux come anche ad alcuni dei relatori del XV congresso di Gallarate su « Il problema della esperienza religiosa »[7] possa farsi qui l'appunto metodologico di esseri talmente lasciati prendere dalla esplicitazione della religione-norma, da essi identificata coll'eterno del Cristianesimo, da non avere tenuto abbastanza in conto nella descrizione fenomenologica dinamica anche del *punto di partenza,* delle forme cioè meno evolute di esperienza religiosa o meglio di ciò che nella evoluzione di ogni esperienza religiosa anche individuale sembra rilevarsi di *iniziale* e *fondamentale:* quel punto originariamente sintetico e assai ricco di intuizione intellettuale con una sua indistruttibile e ineliminabile riflessione esperenziale implicita del soggetto e dei suoi atti e stati, punto che insieme tuttavia è assai povero di riflessione esplicita e di concettualizzazione.

Una filosofia è certamente già implicata in questo primo dato originario di ogni esperienza religiosa: c'è un atto iniziale e originario di ogni esperienza religiosa che è l'accettazione esperienziale di un Valore Assoluto fondante colto come presenza trascendente il mio io empirico, ma in modo ancora confuso e indeterminato.

---

[7] *Il problema della esperienza religiosa,* Atti del XV Congresso filosofico di Gallarate, Brescia 1961.

Si tratta però di un atto globale e di un contenuto che hanno in sè un dinamismo orientato ad ulteriori sviluppi a misura dell'apertura alla intelligenza volitiva e libera o personalità del Divino e alla percezione del riconoscimento che la persona umana e tutto l'essere sono dono d'amore ricevuto da lui e richiedono il correlativo donarsi della creatura per amore. C'è insomma una «via» religiosa che matura secondo gradi di crescita nella esperienza di una Presenza intima che rivela e mantiene la propria trascendenza.

5. L'uomo nello sviluppo dall'infanzia verso l'età adulta, passa attraverso stadi qualitativamente diversi di moralità (Kohlberg)[7 bis] e di religiosità. E da adulto è chiamato a ulteriore sviluppo da forme meno evolute di religiosità a forme più mature: tale passaggio è condizionato dal crescere in qualità della esperienza fondamentale. Si parla ad es. dai *sociologi*, di religione a tipo agricolo con un Dio-Potenza quasi Re potentissimo tra i potenti, Signore dei Signori e di passaggio successivo con varie sfumature e gradi alla religione della salvezza individualisticamente intesa con un Dio trascendenza assoluta e terribile e infine alla religione comunitaria del Dio Padre e noi società di figli uniti nell'amore. Ma sono approssimazioni.

Così pure ci sono *approcci psicologici diversi*, condizionati dalla qualità diversa dell'esperienza fondamentale e più o meno evoluti a seconda della maggiore o minore *maturità* raggiunta nello *sviluppo armonico delle varie componenti caratteriali*. Il filosofo deve partire da ciò che appare come l'elemento fondamentale dato in tutte le esperienze religiose autentiche e mostrare a partire da esso come logicamente si può pervenire ad una conoscenza più perfetta e approfondita di Dio e delle esperienze religiose più evolute e perfette.

6. Per questo noi abbiamo distinto e riteniamo si debba *distinguere* una esperienza transmediata *vaga e confusa* del Valore e Essere Assoluto e una esperienza e nozione *più ricca e elaborata* di esso in cui appare come Persona distinta. Tale conoscenza più perfetta va *di pari passo colla conoscenza che l'uomo ha di se stesso come persona*: esse si condizionano a vicenda. Nessuno rivela più all'uomo la sua dignità di chi lo vede in così intima relazione con un Dio così alto: di

---

[7 bis] L. Kohlberg, *Stage and Sequence...*, in D. A. Goslin (ed.), *Handbook of Socialization*, Chicago, 1969.

qui si vede quanto siano nell'errore coloro che ritengono che il problema di Dio non ci tocca. L'uomo tanto più può venire a profonda conoscenza di sè, tanto più rivelarsi nella sua conoscenza di persona, quanto più scopre e si slancia verso l'infinita ricchezza di Dio per la quale è fatto.

Partiremo dunque da tale dato confuso ormai chiaramente assodato di questa presenza o intuizione transmediata dell'Assoluto Valore nel segno che è l'atto religioso stesso. Tale presenza avviene anche in altri atti: nell'intuizione del valore dell'arte e della moralità ad es., ma certo in nessuno con tanta forza come nella esperienza religiosa.

La *filosofia della religione* pertanto coincide colle tappe della riflessione filosofica sul tema dell'Assoluto Valore e la *teodicea* (o dottrina filosofica su Dio) trarrà dal continuo riferimento alla esperienza religiosa maggior vigore e incidenza esistenziale, sì da essere veramente alla fine *via anche alla Rivelazione* Divina se Dio, dandoci la fede, ci vorrà condurre ad essa.

§ 2 *Sintesi dei piani dell'esperienza religiosa.*

1. Potremmo ora tentare in conclusione un *abbozzo di sintesi* del sin qui detto distinguendo i *vari piani* della esperienza religiosa, di questo atto estremamente sintetico, parallelamente a quanto si è fatto della esperienza in generale e tenendo presente, senza ripeterlo qui, quanto ivi si disse della dimensione personale e metafisica della esperienza integrale. Ci sono nella esperienza religiosa vari piani.

1). C'è il piano del *sensibile sensoriale;* piano complesso fatto di percezioni dei sensi esterni e interni e delle loro elaborazioni: presenze sensoriali e ricordi, immaginazioni e costruzioni... Tale piano non presenta per sé nulla che appartenga specificamente alla essenza della religione.

Come ben nota il Guardini, la natura dà luogo ad un grande numero di esperienze religiose come quelle dinanzi alla immensità del mare o alla tacita altezza dei monti o alla oscurità del bosco o alla misteriosa bellezza del cielo notturno limpido e silenzioso. Così anche i processi della generazione umana (nascita, procreazione, maturità o morte) o una situazione tragica della storia collettiva o personale possono dare luogo ad autentiche esperienze religiose. ma tali fenomeni nella loro dimensione empirico-sensoriale non presentano nulla di specificamente religioso: nulla è sperimentabile di religioso in quanto tale dalla scienza che tali sensazioni misura ed enumera.

Eppure noi sappiamo molto bene distinguere il fatto sensoriale dall'elemento qualitativo religioso: che siano diversi ce lo dimostra il fatto che essi non sono sempre concomitanti. Posso guardare un cielo stellato senza provare alcuna emozione religiosa. Perché questa ci sia ci vuole *qualcosa di più*. Così anche noi sappiamo ben distinguere la qualità religiosa della esperienza da sensazioni concomitanti o susseguenti ad essa (ad es. dalle palpitazioni del cuore e dal pallore del viso e dai riflessi esteriori dell'estasi del mistico). Per l'uomo chiuso nell'empirismo non esiste che questo piano, il resto è sempre illusione, non senso. Egli chiude gli occhi sulla esperienza integrale, non vede la compresenza in essa di diversi piani di esperienza qualitativamente irriducibili.

2. L'elemento qualitativo e specifico irriducibile appare al livello del *sentimento* o *sensibilità spirituale:* il cielo stellato diviene per me realtà di esperienza religiosa nel momento in cui sento in esso qualcosa di maestoso, di presenza del mistero, del divino.

Le analisi di Otto, per quanto bisognose di perfezionamento, hanno almeno assodato questa irriducibile qualità del sentimento religioso e del sentimento dello stato di creatura: c'è anche, oltre il sentimento e in esso, una *intuizione sentimentale dell'Altro*, qualitativamente irriducibile. Per l'Otto ciò sembrava, non senza pericolo di psicologismo, l'originario. Per noi tale sentimentale intuizione è *un riflesso* della intuizione fondamentale intellettiva dell'Altro e dei concetti in cui essa si traduce. È dall'intelletto dunque, nella concretezza dell'atto globale che essa trae la sua validità oggettiva.

Comunque nelle esperienze sopra rilevate è ben chiaro che noi « avvertiamo *un dato che è irriducibilmente diverso dalla realtà empirica* dalla quale emerge. Esso viene interpretato attraverso questa realtà, ma è distinto da essa per ciò che è. D'altra parte *non è riduci-*

bile alla pura fantasia, nè al puro sentimento, ma è esso stesso realtà: *entità, potenza, iniziativa*. Questo dato non è da scambiare con altri. Esso è caratterizzato così esattamente da poter essere riconosciuto dalla più leggera ripetizione dell'esperienza ». *Ed è caratterizzato come valore*. L'esperiente sa che è importante per lui; che interessa il senso della sua esistenza: e precisamente « senso » in un modo particolare e centrale: esso interessa la sua salvezza [8]. Ma tali riflessioni già ci hanno portati al terzo livello, quello dell'intuizione intellettuale del valore.

3. È nel piano della *intuizione intellettuale* che appare la prova o contatto col valore spirituale, la esperienza metafisica, l'accoglienza personale, l'intuizione transmediata del Valore nei valori partecipati. Qui c'è il *qualitativo ultimo specificante della esperienza religiosa*.

a. Qui appare il carattere di « segno » o meglio, come diremo, di « *simbolo* » dell'atto religioso stesso, ma anche di tutta la realtà esistente: il significato *simbolico* anche delle cose per cui esse vengono a significare più della loro immediata realtà percepibile coi sensi o coi mezzi della scienza empirica. Per questo l'empirista è per definizione incapace di comprendere l'esperienza religiosa che è eminentemente simbolica, così come finiscono per diventargli incomprensibili tutte le realtà più profonde della esistenza, l'esperienza dell'arte con quella dell'amore.

Questo *di più* che appare nel simbolo o segno può essere visto come qualcosa di semplicemente metafisico e perciò, nota il Guardini, orientato alla formulazione dell'idea o del Logos del mondo o diremo noi, di un Dio Architetto come nel deismo. È una direzine fredda, puramente *filosofica*. La sua conclusione logica è di ridurre Dio a idea, a oggetto della mente e, come dimostra il processo storico, ciò conduce all'ateismo.

Ma può anche essere sperimentato in modo che l'esperiente attraverso il simbolo recepisca qualcosa di misterioso, di divino, percepisca una voce che porta dall'immediato al segreto, al mistero e,

---

[8] Guardini R., *Das Phänomen der religiösen Erfahrung*, in: *Il problema dell'esperienza religiosa*, Brescia 1961, pp. 39-50 e *La fenomenologia della esperienza religiosa*, ivi, p. 21-26.

a questo livello, intuisce nel simbolo, attraverso esso, la Presenza dell'altro, l'Assolutamente Altro, il Valore Assoluto fondante. A tale livello l'esistenza stessa umana colla sua incomprensibilità e mistero può divenire un tale simbolo che ci media l'assoluto Valore: il soggetto si trova in una presenza sacra allorché questo vicino a lui o dinanzi a lui o il Più Intimo o, questo Qualcosa o meglio — indefinitamente forse — Qualcuno, gli si rivela come un richiamo intimo, *un appello di salvezza*.

Come l'esistenza nel suo complesso, così anche tutte le nostre fondamentali esperienze della vita noetica, etica, estetica possono assumere tale ruolo di simboli, di transmediazioni dell'assoluto in senso integralmente religioso e non soltanto nel senso puramente filosofico: l'Assoluto Valore (la Prima Verità, la Bellezza Infinita, il Bene Sommo) vi appare investire tutti noi stessi con appello di salvezza, come relazione al divino. Anche in questo piano però distinguimo le qualità spirituali che la portano e simboleggiano e la qualità religiosa che attraverso esse si transmedia e in esse si manifesta.

b. *La religione non è nè la filosofia, nè l'arte, nè la morale*, anche se nell'esperienza umana concretamente data c'è o può esserci sempre nelle esperienze che a tali vie corrispondono un aspetto religioso. « La religione ha il suo aspetto noetico, etico e estetico, senza però essere ridotta a uno di questi. Mettendo in rilievo il momento proprio di ciascun aspetto e sviluppandolo in tutta la sua profondità, appare che essa rimane legata a tutti, e contemporaneamente è superiore ad ognuno di essi. D'altra parte in questi aspetti c'è essenzialmente qualcosa di religioso, senza che uno di loro oppure tutti insieme riescano ad esaurirlo »[9].

Mentre *la filosofia sottolinea nell'esperienza il sapere, la religione*, al di sopra di ogni semplice sapere, *accentua proprio l'esperienza;* mentre *l'arte* allontana l'uomo dalla vita reale e lo fa vivere in un momento privilegiato, la religione apre l'uomo alla sua condizione singolare e reale tutta intera e perciò pur contenendo la esperienza estetica come uno dei suoi momenti, la sorpassa. « Al confronto

---

[9] Lotz J.B., *La filosofia della esperienza religiosa*, ivi p. 34 sg.

della *visione totalizzante e valorizzante di sè* che la esperienza religiosa apporta a ogni soggetto concreto, ogni visione su se stesso che egli va ad attingere ad altre fonti non può che apparirgli come una visione parziale e in una certa misura astratta sulla specificità del suo proprio essere » (Michel Navratil, *La phénoménologie de l'expérience esthétique dans ses rapports avec l'expérience religieuse*, ivi. pg. 85 — rimandiamo a tutto l'articolo per un approfondimento in merito —).

Mentre alla *morale* spetta la cura e la realizzazione dei valori umani — il bene morale ha il modo di essere proprio degli oggetti ideali: non è un dato, ma un compito che esige di essere realizzato —, la religione è *incontro* con Dio, *riconoscimento, adorazione*, incontro d'amore: Egli è realtà perfetta, valore infinito e in atto, non è passibile di alcuna ulteriorità. Tuttavia religione e morale sono reciprocamente coordinate, esigono di completarsi a vicenda poiché la risposta assiologica al valore divino include la risposta assiologica a tutti gli altri valori e, d'altro canto, l'atteggiamento genuinamente morale esige sempre anche l'adempimento dei doveri verso Dio. (Su tali rapporti e distinzioni e insieme convergenze tra filosofia, arte, morale e religione si veda specialmente Lang, cit,) [10].

4. Colle riflessioni precedenti noi toccavamo già il *piano del giudizio* (e del concetto): poiché la religione è sempre *problema di verità*, nella esperienza religiosa è sempre presente sin dall'inizio uno sforzo di giudicare che suppone una concettualizzazione, una traduzione per quanto imperfetta della esperienza religiosa fondamentale sul piano della intelligenza; all'intuizione transmediata dell'Assoluto fa sempre riscontro un giudizio e una idea dell'Assoluto: anzi nella realtà della esperienza umana è solo in una idea e attraverso ad essa che noi abbiamo, sembra, la possibilità di prendere

---

[10] Per il momento indichiamo come bibliografia utile (oltre le opere indicate nella parte fenomenologica): Cassirer E., *Filosofia delle forme simboliche*, vol. II, Firenze 1967; Gusdorf G., *Mythe et métaphysique. Introduction à la philosophie,* Paris 1953; Knevels W., *Dio è realtà,* Brescia 1966; Looff Hans, *Der Symbolbegriffe in der neueren Religionsphilosophie und Theologie,* Kantstudien n. 69, Köln 1955; Lotz J. B., *Mythos Logos Mysterion,* in: Kerygma und Mythos, VI/1, Hamburg 1963; *Mito e fede,* Padova 1966; *Pensiero mitico, metafisica, analisi della esperienza,* Brescia 1969; Van Riet G., *Mythe et verité,* in: Revue Philosophique de Louvain, 1950 (58), pp. 15-87. Per un aggiornamento cfr. Bibliografia n.13.

coscienza piena della intuizione stessa su cui il concetto fiorisce e a cui rimanda.

Ma *la religione* non è solo un vago coadunarsi di giudizi con concetti estemporanei, essa tende a una visione coordinata, ad una spiegazione completa della vita e dell'universo in relazione all'Assoluto Valore: ecco allora un movimento (che, per la natura essenzialmente dinamica della esperienza religiosa è senza soste) di tradurre in verità teologiche la esperienza religiosa, *in dogmi coordinati* (prescindiamo qui dalla accezione pregnante di una teologia della Rivelazione divina). Ma tale sforzo di intelligenza e sistematizzazione ha *vari gradi* nell'uomo: noi li chiameremo *mito, analogia, mistero*. Mito, lo diciamo subito, è la imperfetta traduzione fantastica e intellettuale insieme dell'originario intuíto; è richiamo allusivo della esperienza originaria su cui è sorto; non è lo stesso che favola, è una realtà esistenziale carica di profondo significato rivelatrice nei suoi simboli di una realtà che trascende l'uomo. Erra profondamente l'illuminismo se crede di poter identificare fantasia irrazionalmente creatrice e mito, specie al livello del mito religioso. Abbiamo altrove distinti simboli e miti *teistici*, in cui il trascendente è assoluto e simboli e miti *cosmo-biologici* che concernono la integrazione dell'uomo nel mondo. Ma sul simbolo e mito, sulla analogia, sulla partecipazione e sul mistero ci intratteniamo diffusamente in altri scritti e lezioni.

§ 3. Conclusione.

1. L'oggetto iniziale della esperienza religiosa è il Divino, la Potenza, il Valore Assoluto trascendente e immanente insieme, ma inafferrabile, Mistero sublime e affascinante: ad un primo livello di esperienza è difficile poter dire di esso di più. Tuttavia l'atto religioso è, da tale primo contatto transmediato col suo termine, dinamicizzato, tende alla ricerca e contatto ulteriore con Esso, ad aprirsi sempre più ad un dialogo mettendo in rilievo l'elemento personale in un primo momento piuttosto implicito, ad esplicitarlo aprendosi al suo dono, cercando una sua progressiva rivelazione, ispirata dal fatto che è apparso come Valore e come Fonte assoluta dell'Essere di cui continuamente partecipiamo:

appare sempre più definitivamente all'uomo religioso come ciò che solo è in senso pieno, pienezza beatificante e come ciò che solo vale per l'uomo affinché sia più pienamente se stesso, trovi il suo fondamento ultimo, la sua vocazione autentica, esca dall'angoscia e dalla disperazione totale.

Poiché allora nel proseguire della ricerca sempre più chiaramente appare, anche per l'intervento dei portatori e *mediatori* del valore religioso, come Soggetto Infinito Trascendente (Trascendente anche nel suo rivelarsi come Intimo) la totalità del mondo e dell'io, non può essere *oggetto* della esperienza umana come gli altri oggetti, ma entra in rapporto con il soggetto umano come Soggetto, Persona, in una relazione personale specifica, che è una esperienza vitale totalizzante [11].

Abbiamo visto come la fenomenologia descrive tale esperienza, che non è legata per sè ad una particolare religione, ma è un fatto universale dello spirito, in quanto appartiene alla struttura intima e profonda dello stesso naturale atteggiamento religioso dell'uomo [12], ma che per la sua analogicità si realizza nella storia in modi strutturalmente diversi.

2. Ci è pertanto apparsa chiara la sua irreducibile *originalità* [13].

I *caratteri specifici* della esperienza religiosa nella sua originalità possono pertanto essere così riassunti:

1) nella esperienza religiosa l'uomo è recettivo-accogliente di fronte alla potenza dell'Assoluto Valore che a lui si manifesta come fondamento ultimo trascendente nel suo stesso farsi presente;

2) la esperienza religiosa tocca l'Io profondo dell'uomo (ben distinto dal profondo dell'inconscio), il nucleo più intimo della sua esistenza, la mens, la radice ultima del suo essere uomo, di essere libertà aperta sul Valore. Non riguarda la periferia della vita, ma il centro;

---

[11] Brugger W., *Religion*, Freiburg in B., 1956; Hessen J., *Religionsphilosophie*, Band II: System der Religionsphilosophie, München-Basel, 1955, p. 80-155.

[12] Van der Leeuw, *Fenomenologia della religione*, Torino, 1960, p. 529 s.

[13] cfr. ancora: Miegge M., *Religione*, in: Storia antologica dei problemi filosofici, Firenze 1965, p. 1109 sg.; Abernethy G. — Lanford Th., *Philosophy of Religion*, New York, 1966.

3) tutto l'uomo è implicato nella accoglienza e nella risposta: intelligenza, volontà, sentimento, passione. L'uomo che raggiunge *la passione di Dio,* è certamente il più favorito a comprendere, ricevere, vivere non solo il dono che Dio di sè fà a tutti, ma anche quello che Dio nella sua libertà insondabile ulteriormente può e vuole fargli. Il silenzio di Dio quando è sentito, come valore assente è in realtà già una presenza e, per l'uomo che sa comprendere, un invito a cercarlo;

4) l'esperienza religiosa ha carattere obiettivo nel senso che l'uomo si trova davanti a Dio come una realtà distinta e indipendente dall'uomo e da qualsiasi altra realtà: l'Assoluto, il Valore e Essere assoluto. È una esperienza vitale e nelle esperienze vitali l'atto del soggetto (e qui la complessità degli atti che costituiscono tale esperienza) è normato dall'oggetto ed è adeguato a quell'oggetto. La *fenomenologia* riprende la antica tesi della filosofia cristiana dell'apertura intenzionale dell'atto umano sugli altri, sull'universo, sull'Assoluto. *La filosofia del valore* lo conferma; l'analisi della struttura metafisica dell'atto umano in ciò che lo fa umano (libertà, pensiero, volere, sentire superiore) conferma la *verità e il valore ultimo di tale atto.* La conoscenza sensibile dipende dagli oggetti sensibili, quella metafisica dai valori spirituali, quella religiosa da Dio.

Il ridurre l'atto religioso a illusione o fantasia o protezione dei desideri umani significa non aver compreso nulla della sua specificità, significa partire nella sua considerazione da un previo rifiuto di serio esame di ciò che esso è nella sua realtà presentata nella storia delle religioni, significa ripudiare a priori per preconcetti filosofici o per una mentalità di fede scientista la realtà.

5) L'oggetto della esperienza religiosa è dunque non un valore ideale (la morale) ma reale, *appartieneall'ordine della esistenza;* Dio non è l'ideale morale della umanità, è il suo fondamento reale, il fondamento della sua esistenza non solo come data ma come data per farsi nella libertà. Dio rispetta con infinita serietà tale libertà, il suo nel profondo è un appello misterioso che si manifesta come invito affinché col concorso dell'uomo questi lo scopra come « vocazione » alla Vita, alla Gioia, al di là della visione del mondo, nel mondo ma oltre il mondo. In tale dinamica è implicita l'apertura dell'uomo alla possibilità di atti di liberalità ulteriore di Dio verso

di lui, l'anelito e il desiderio di una comunicazione ulteriore: così l'uomo dalla adorazione passa alla *invocazione,* alla *preghiera,* caratteristica universale dell'atto religioso. La preghiera autentica, demitizzata da ogni residuo di magia che è il tentativo di appropriazione egoistica del sacro, dispone sempre più l'uomo non a cercare sè ma *ad entrare nel flusso dell'amore divino,* ad accettarne il mistero, a comunicare con lui insieme agli altri uomini religiosi in « comunità » di ricerca di lui e di fede in lui.

6) *La Trascendenza divina* non appare allora come una realtà alienante *l'uomo,* ma come la *condizione della sua pienezza,* del suo farsi: come la Realtà e il Valore per il quale l'uomo si scopre fatto e del quale tutto riceve perché sempre più « sia ». E questo è possibile perché tale realtà è radicalmente trascendente (nella sua intimissima e attiva presenza) il mondo: ciò distingue l'atteggiamento religioso dal sentimento di trascendenza della natura (Schleiermacher) o della umanità (come « genere »: Feuerbach) e dalla trascendenza relativa ad altre persone: tutte realtà appartenenti all'ordine del finito, del non-definitivo, del perituro. Il fondamento ultimo del valore d'eternità delle persone sta nella loro partecipazione al Valore fondante Assoluto, senza di esso ricadono nel nulla, non sono più « esseri per il Valore » (Le Senne), ma « esseri per la morte » (Heidegger); la stessa fondazione ultima della società è minacciata (Berger).

7) Il sentimento religioso, nella sua espressione perfetta, cioè congiunta colla intuizione intelligibile che le dà forma, è *esperienza di valore:* Dio appare come il Sommo Bene, Luce, Vita, Amore, ultimamente Padre, anche se il pieno rilievo della Paternità divina si ha solo, per il cristiano nell'aspetto di Abbà (Padre caro) della rivelazione di Cristo. Questo Divino-Persona è il *Sublime* che come Potenza infinita senza imposizioni esteriori ma per la forza della verità appresa, fa sì che l'uomo non sofisticato o alienato nel mito della autosufficienza o, peggio negli altri miti della moderna cultura e civiltà, spontaneamente e liberamente *si pone in ginocchio* (ma non è questo o quel modo materiale di farli che conta) *e adora.* Ma nello stesso tempo si butta, l'uomo autenticamente religioso, a *cercarlo con passione,* Lui che solo vale e noi in lui: Bene infinito, Gioia che perfeziona nel disinteresse sommo,

forza reale che ci attira verso l'infinità della sua Perfezione: la vocazione dell'uomo alla santità. Il sentimento del proprio nulla significa solo: proprio nulla per sè, cioè la persuasione che la più tremenda illusione dell'uomo è quella della autosufficienza assoluta; in Lui invece l'uomo si riacquista nella pienezza della propria realtà data e da farsi nella libertà e scopre che non potrà mai essere e diventare più pienamente se stesso che riscoprendosi e vivendo in Lui.

8) *Nessun schema intellettualistico o scientifico potrà mai esaurire la pienezza della esperienza religiosa autentica, matura* (o meglio sempre in cammino di maturazione), adulta, e pertanto, nonostante le sue pretese non sarà mai veramente *rigoroso* cioè *adeguato alla verità* del suo oggetto. Per farla bisogna desiderarla, decidersi, mettercisi dentro con tutte le forze: vivere nella fede piena che è luce e amore, vita. Per questo nessuna scienza umana può esaurire la sua ricchezza sia riguardo al Soggetto-Oggetto suo, sia riguardo alla pienezza del suo riverbero nel fondo dello spirito. Le scienze religiose, per natura del loro metodo, nonostante la pretesa di profondità della psicoanalisi o della psicologia analitica o di qualsivoglia altro indirizzo più recente, si fermano necessariamente all'esteriore della esperienza religiosa, sfugge loro il suo nucleo più profondo. La fenomenologia si avvicina di più alla rivelazione della sua originalità irreducibile, la filosofia giudica del suo fondamento di verità e valore, ma *solo la religione, fede e amore, pone l'atto religioso, al di fuori e al di sopra di tutti gli schemi.*

Il primum è la ricerca e l'esperienza di Dio: perciò anche la filosofia della religione, diventa alla fin fine un'*altra* filosofia: non può più essere solo mediazione concettuale, ma continuamente deve essere « amor sapientiae », un modo di volgersi verso la Verità colta in un atto che, senza escludere in sè una metafisica implicita, trascende ogni filosofia. Anche la filosofia riconoscendo i suoi limiti rimanda a quel primum; non più ostacolo, diventa elemento di quella ricerca totale che tende alla adorazione amorosa della Sapienza che si rivela.

CAPITOLO SESTO

Appendice

Esperienza religiosa e esperienza cristiana

1. La conclusione ultima è una rivalutazione della esperienza religiosa originaria: in essa ciascuno può rivivere, se ce l'ha, la esperienza della sua religione con nuovo spirito. Solo la religione è Vita. Qui si pone il problema della *Rivelazione*, dono gratuito di Dio, in rapporto alla esperienza e alle scienze comprese quelle religiose. Già la critica filosofica ha mostrato i loro limiti intrinseci: sfugge ad esse la Sapienza, il nucleo esistenziale intimo della esperienza religiosa. Ma è la Rivelazione cristiana a porre radicalmente il superamento di ogni proposizione di verità che restano astratte, senza vita, presentandosi come annuncio di salvezza attuata in Cristo ed offerta per vie diverse, ad ogni uomo: inizialmente nell'albore della ricerca e incontro col Valore Infinito in ogni esperienza umana autentica, poi nelle religioni tutte, più concretamente in quelle religioni dove il Valore appare come Dio e Padre, più pienamente infine nella religione filiale specifica della Rivelazione del Padre in Cristo. I rapporti tra religione, esperienza religiosa e scienza umana trovano una nuova dimensione, quella concreta, solo all'interno dell'atto religioso, della vita e esperienza religiosa globale: tenendo presente che la rivelazione è azione libera e imprevedibile e indeducibile di Dio nella storia della umanità e nella vita del singolo, conoscenza di verità, comunione personale con Cristo Risorto, risurrezione continua per noi, speranza definitiva e stabile, noi possiamo avvicinarci ulteriormente a intendere i rapporti tra la fede che accetta la Rivela-

zione e la scienza. Ciascuno di questi elementi della Rivelazione implicano una distinzione tra una realtà obiettiva, trascendente l'uomo e la storia, una realtà che si presenta come Libertà, e la esperienza soggettiva dell'uomo; ogni riduzione dell'oggettivo al soggetto, alla esistenza umana è radicale annullamento della Rivelazione di Cristo, che è la manifestazione libera di un dono gratuito, che Dio fa alla umanità.

2. Per questo c'è un aspetto di verità nella posizione di Barth, che respinge qualsiasi collusione tra fede e filosofia o scienza, poichè queste rischiano di ridurla ad una esperienza soggettiva (polemica con Schleiermacher) o ad una interpretazione storico-filosofica della realtà (contro il protestantesimo liberale e con la teologia esistenziale di Bultmann). Tuttavia Barth trascende l'elemento di incontro tra l'uomo e Dio come iscritto nell'uomo stesso al momento creatore: se l'uomo non è già in se stesso apertura al dono di Dio, trascendentalmente a Lui ordinato, la fede diventa solo un salto nell'assurdo.

Pertanto l'esperienza religiosa, come l'esperienza metafisica, sono radicalmente trascesi dalla Rivelazione di Dio in Cristo, ma non estinte, bensì assunte in una superiore armonia; trascese insieme tuttavia in una nuova manifestazione della Potenza che è Amore; trasfigurante in una realtà nuova, quella della comunicazione di un fatto obiettivo in Cristo, indipendente da qualsiasi esperienza soggettiva: Dio che liberamente si dona in Cristo alla umanità.

3. Qualsiasi indagine sulla esperienza religiosa della umanità, qualsiasi analisi della esperienza ed esistenza umana, anche se aperta alla dimensione religiosa, non potrà mai esaurirne la ricchezza, il contenuto della azione storica di Dio, il contenuto della Rivelazione soprannaturale di Cristo, che non può venir appreso con una comune o generica esperienza religiosa, ma con quel particolare rapporto con Dio Rivelatore e Padre che è l'atto di *fede,* dono di Dio e attesa dell'uomo, distinto da ogni altro dono creato. Per la fede il cristiano è fatto partecipe della Risurrezione di Cristo, nella fede vissuta che è amore e speranza entra in comunione personale con Cristo, accettando in lui l'autorivelazione di

Dio, in un rapporto colla realtà storica della Salvezza, che diventa un avvenimento presente al credente.

Nella storia si innesta una *metastoria* [1] che dà «significato» a tutta la storia religiosa della umanità, le dà unità e ne indica lo sviluppo verso la pienezza futura. Il Paradiso non è un altro mondo(non esiste un altro mondo, se per altro si intende l'esistenza di un universo diverso dal nostro) ma è il nostro universo giunto alla sua perfezione finale: il Regno di Dio che è già qui, ma che insieme deve divenire quello che non è ancora, come un seme che porta già in sè la presenza e la dimensione dinamica dello sviluppo futuro; il Paradiso è Dio presente, Dio che comincia a donarsi e ad essere colla umanità nell'eone presente, intimo ad essa alla sua storia alle sue aspirazioni, ma che insieme radicalmente le trascende colla sua pienezza e che ci fa conoscere di volersi più pienamente comunicare in un'altra dimensione futura della umanità, oltre la attuale segnata dal tempo e dalla morte. Dio è Vita, la Resurrezione è Vita comunicata a noi per ora come caparra, nella dimensione futura come pienezza definitiva.

4. Accettare questo con quell'atto libero di tutto l'uomo che è fede, in cui la intelligenza ha parte fondamentale, elevata dalla grazia di Cristo, è certamente trascendere ogni esperienza sensibile, metafisica, morale e religiosa, in una dimensione sovrarazionale che svela ciò che nessuna mente può cogliere colle sue forze: il dono di Dio in Cristo alla umanità, la forza della Risurrezione, la partecipazione alla vita intima di Dio, il miracolo della incarnazione.

Tuttavia ciò significa anche includere *una capacità dell'uomo* di esistere in una apertura all'Infinita Vita di Dio, che postula determinate posizioni circa l'esperienza religiosa, metafisica e scientifica. Cogliere la fede come esperienza della comunione personale di Dio coll'uomo, distinta ma conglobata cogli altri aspetti della esperienza umana è aprirsi la via a cogliere gli esatti rapporti tra fede e intelligenza, tra fede e scienza.

---

[1] cfr. le lezioni del nostro corso: *Introduzione alla Cristologia fondamentale* (relativa bibliografia.), P.U.G., Roma 1976.

5. La conoscenza della Rivelazione di Dio, in quanto partecipazione personale della Verità che è Cristo donatosi agli uomini, non esclude ma include *la verità,* che esiste in ogni religione e quindi esperienza religiosa, la valorizza e la dinamizza verso la sua perfezione. Il cristianesimo stesso non è mai perfetto come religione: esso consiste nel tendere a diventare sempre più perfetto avendo una meta di ispirazione, che sempre più può far mutare, in quanto è irraggiungibile: «siate perfetti come il Padre vostro celeste è perfetto» (Mt. 5,48). La conoscenza della rivelazione di Dio, in quanto partecipazione a Cristo, verità che viene dal Padre e che è data agli uomini, non esclude ma anzi include la verità, che esiste in ogni religione e esperienza religiosa, e esprime un rapporto della natura umana con Dio. Si deve insistere sui suoi principi basilari: Cristo Parola di Dio è già presente nella Rivelazione generale offerta ad ogni uomo da Adamo in poi e non solo nella Rivelazione specifica ebraico-cristiana; inoltre come per la Rivelazione specifica si richiede una specifica capacità apprensiva da parte dell'uomo, così anche nella Rivelazione generale che Cristo offre ad Adamo e ad ogni uomo, corrisponde una specifica capacità apprensiva che è la *esperienza religiosa* basata su una almeno confusa apprensione di Dio [2].

6. Questa specifica esperienza religiosa *universale* è legata alla capacità metafisica di ogni uomo, cioè alla originaria apertura al Valore Assoluto, che trascende la totalità del mondo: l'esperienza dello stato di creatura, della dipendenza assoluta dal Tutt'Altro, fondamento e fonte di vita. È una *apertura ontologica* [3], appartiene all'uomo in quanto uomo e viene inglobata nella apertura che per attrattiva di Dio ci porta a Crsto: anzi è essa che permette di riconoscere come da lei distinta soprannaturale quindi e metastorica la Rivelazione di Cristo. Nella ipotesi contraria teorizzata da Barth, ma cara a gran parte della tradizione protestantica basata sulla concezione dell'intellectus totaliter corruptus di Lutero, la conoscenza di Dio si ottiene solo in Cristo e vengono respinte

---

[2] cfr. anche: *Metafisica e esperienza religiosa,* Milano 1956.
[3] De Finance, *Connaissance de l'être,* Paris p. 495 sg.; cfr. anche dello stesso: *Être et agir,* Roma 1960.

quindi le religioni non cristiane, nè si vede in esse il Verbo di Dio in azione di elevamento progressivo: la storia delle religioni invece ci mostra, e il Vaticano II lo recepisce, che la rivelazione universale è sempre all'opera e l'uomo religioso può acquistare ovunque e sempre un rapporto con Dio [4]. La rivelazione biblica contiene la capacità dell'uomo di giungere a Dio (Sap. 13, 1-9; Rom. 1, 18-32; Atti 14, 14-17) e comprende quindi la affermazione della capacità metafisica dell'uomo a ciò: sarebbe incomprensibile l'accusa ivi rivolta agli empi e a coloro che ricusano Dio se così non fosse.

7. La conoscenza *metafisica* diviene così *mediatrice tra la conoscenza religiosa e la conoscenza scientifica* e chiarisce il rapporto della distinzione nella complementarietà, di autonomia nella collaborazione, tra fede e scienza e più in generale tra azione di Dio e azione dell'uomo. La metafisica o ontologia è apertura a Dio trascendente il mondo e pertanto da un lato dice rapporto con le verità religiose dall'altro colla scienza della natura e colla storia. Queste ultime sono autonome quanto a metodo e contenuti, analisi della esperienza sensibile e una conoscenza autonoma dell'uomo, ma il loro significato generale nell'ambito della esistenza umana è legato alla metafisica: da essa assumono un valore d'esistenza per l'uomo, a suo servizio, perchè essa scopre all'uomo che non è servo delle forze nel mondo nè totalmente chiuso nei fenomeni soggettivi; da parte loro le scienze possono dare all'uomo religioso una visione più chiara della sua stessa realtà in quegli aspetti che esse considerano e chiarire col lavoro di purificazione che esse contengono, ciò che in lui appartiene alla fede e ciò che non le appartiene o è solo preparazione di essa o sua deformazione. Lo stesso discorso facciamo in altro contesto per le scienze storiche. È compito della *teologia* lo sforzo di distinguere tra verità di fede e

---

[4] VATICANO II, *Declaratio de Ecclesiae habitudine ad Religiones non-christianas*, spec. nn. 1 e 2; cfr. anche: Ohm Th., *L'amore a Dio nelle religioni non cristiane*, Alba 1956; Congar J., *La foit et la Théologie*, Tournai 1962, p. 69 sg.; per una sintesi dei temi si qui trattati: Pellegrino U., *Rivelazione di Dio e Umanesimo cristiano*, Milano 1967; R. Latourelle (a cura di), *Vaticano II. Bilancio e Prospettive venticinque anni dopo 1962-1982*, 2 vl. Città Nuova, Assisi, 1987.

l'involucro espressivo e sociologico legato a visioni scientifiche o storiche superate: essa coglie la verità analogica [5], il contenuto affermato da Dio al di là del simbolo e del segno.

È il problema del linguaggio religioso di cui parleremo ove tratteremo della analogia, collegato col problema della verità e se si vuole, entro certi limiti, anche della verificabilità della fede religiosa. Ma la Rivelazione resta in ultima analisi legata soprattutto al Mistero che trascende l'uomo, cui non rimane che abbandonarsi nella speranza.

8. Non possiamo qui fare altro che indicare indicare i temi particolari della *esperienza cristiana*: essi costituiranno l'oggetto di tutti gli altri nostri corsi. Il Mouroux li enumera a partire dai testi biblici. Nei Vangeli sono i temi della chiamata, della conversione, della interiorità, dell'omaggio o ossequio a Dio, della agape o amoroso servizio del prossimo, della gioia, della escatologia: su tutti sovrasta il tema della esperienza di Cristo risorto e dello Spirito. S. Paolo li riprende e approfondisce attorno ad alcuni elementi strutturali fondamentali: l'autore citato mette in risalto quello della esperienza dello Spirito, ma altri temi come quello della morte e resurrezione, del battesimo e della fede, del corpo mistico, della carità e speranza potrebbe ugualmente essere messi in rilievo. E ugualmente per gli altri scritti del Nuovo Testamento.

Come linee di struttura generale si deve poi insistere sul tema della esperienza cristiana come esperienza di Chiesa e esperienza di fede, in una parola esperienza di comunità di fede.

---

[5] Della analogia tratteremo altrove; per una bibliografia essenziale scelta rimandiamo al nostro: *Itinerario al valore,* Roma 1971, p. 247 sg. Circa la nozione di partecipazione e la distinzione tra « essere parte di » e « avere parte a » (la dottrina della partecipazione è strettamente connessa a quella della analogia) cfr. ivi, p. 235, nota; bibliografia a p. 236 e 249 (con accenno al rapporto col problema della causalità). Per un approfondimento, cfr. Bibliografia nn. 7-8-9.

BIBLIOGRAFIA

1 SCELTA DI OPERE COLLETTIVE E RACCOLTE DI SAGGI E LORO SIGLA.

AnaLT   *L'analisi del linguaggio teologico. Il nome di Dio*, Roma, Ist. di Studi Filos., 1969.

AspCuN   *Aspects de la culture noire*, Paris, Fayard, 1958.

AtOCT   *Atti dell'VIII Congresso Tomistico Internazionale*, Studi Tomistici, 10 - 13, Città del Vaticano, Editrice Vaticana, 4 voll., 1981.

BilEmp   *Bilancio dell'empirismo contemporaneo* (Atti XXIV Congresso Nazion. di Filosofia), Roma, Società Filosofica Italiana, 3 voll., 1973-74.

BilTeol *Bilanz der Theologie im 20. Jahrhundert*, Hrsg. H. VORGLIMMER, R. V. GUCHT, Freiburg, Herder, Bd 4, 1969-70; cit. ed. it.: Roma Città Nuova, 4 voll. 1972.

ClassApp *Classical approaches to the study of religion*, The Hague-Paris, Mouton: v. I *Introduction and anthology*, 1973; v. II *Bibliography*, 1974.

CISU   Centro Internazionale di Studi Umanistici, dir. E. CASTELLI: i *Convegni Romani sulla Demitizzazione e l'Ermeneutica* han sigla a parte.

CONVER   *Convergences*, Groupe Lyonnais d'études médicales, philosophiquese et biologiques, 24 voll., Lyon 1946-1967.

CorrTeol *Correnti teologiche postconciliari*, a cura di A. MARRANZINI, Roma, Città Nuova, 1974.

DIAGN   *Diagnosi dell'ateismo contemporaneo*, Roma: Urbaniana; Brescia: Paideia, 1980.

ENGS   *Entretiens sur les notions de « genèse » et de « structure »*, Paris — La Haye, Mouton, 1965.

ERE   *Encyclopaedia of religion and ethics*, ed. by J. HASTING, Edinburgh, Clark, 13 voll., 1908-1926.

ErmFil   *L'ermeneutica della filosofia della religione*, CISU, Roma, Ist. di Studi Filos. 1977.

ErmSec   *Ermeneutica della secolarizzazione*, CISU, Roma, Ist. di Studi Filos., 1976.

EsiMit   *Esistenza, mito, ermeneutica. Scritti per E. Castelli*, Padova, Cedam Milani, 2 voll., 1980.

ExDi   *L'existence de Dieu (Rencontres doctrinales...)*, Tournai, Casterman, 1961.

FoRP   *Foi et réflexion philosophique. Mélanges F. Grégoire*, A. VAN WEEYENBERGH, ed., Louvain: Publ. Universit.; Gembloux: Duculot, 1961.

GoIW   *Gott in Welt. Festgabe für K. Rahner*, hrsg. H. VORGLIMLER, Freiburg, Herder, 2 voll., 1964.

141

GoMU	*Gott, Mensch, Universum. Die Stellung der Christen...*, Köln, Graz, Styria 1963.
HanPhG	*Handbuch philosphischer Grungbegriffe*, München, Kösel, 6 voll., 1973-74; ed. it. *Concetti fondamentali di filosofia*, Brescia, Queriniana, 2 voll., 1981.
HiRE	*The History of Religions. Essays in Methodology*, by M. ELIADE e J. M. KITAGAWA, Chicago, University of Chicago Press, 1962; ed. 1967: HiRE 1967.
IndRel	*L'indifferenza religiosa*, Segretariato per i non credenti, Roma, Città Nuova, 1978.
Mensch.	*Der Mensch im Sein. Versuche zur Geschichte und Sache der Philosophie*, v. J. B. LOTZ sj. Freiburg, Herder, 1967.
MetHSU	*Méthodologie de l'histoire et sciences humaines. Mélanges en l'honneur de F. Braudel*, Toulouse, Privat, 1973.
MiMO	*Mistica e misticismo oggi. Settimana di Studi, Lucca 8-13 sett. 1978*, Roma, Passionisti — CIPI, 1979.
MytMU	*Mythe, Mensch und Umwelt. Beiträge zur Religion, Mythologie und Kulturgeschicthe*, hrsg. v. A. E. JENSEN, Bamberg, Meisenbach, 1950.
MytSy	*Myth and Symbols. Studies in honor of M. Eliade*, ed. by J. M. KITAGAWA e CH. H. LONG, Chicago — London, University of Chicago Press, 1969.
PhilCT	*Philosophy and Christian Theology*, Proceeding ACPA, G. F. MC LEAN and J. P. DOUGHERTY, edd., Washington, 1970.
PouNTA	*Pour une nouvelle théologie africaine*, Yaoundé (Camerun), CLE, 1968; tr. it.: *Per una nuova teologia africana*, Milano, Jaca Boock, 1973.
ProbER	*Il problema dell'esperienza religiosa*, Brescia, Morcelliana, 1961.
ProbMet	*Problems and Methods of the History of Religions*, ed. by U. Bianchi, C. J. Bleeker and B. Bausani, Leiden, Brill, 1972.
Proceeding ACPA	*Proceeding of the American Catholic Philosophical Association*, Washington.
ProsSacro	*Prospettive sul sacro*, CISU, Roma, Istituto di Studi Filosofici, 1974.
Quest	*The Quest. History and Meaning in Religion*, by M. Eliade, Chicago and London, University of Chicago Press, 1969.
Raimb	*The Raimbow. A collection of studies in the science of religion*, by C. J. Bleeker, Leiden, Brill, 1975.
RéchTh	*Récherche interdisciplinaire et théologie*, F. Houtart (ed), Paris, Cerf, 1974.
RelFil	*Religione e filosofia* (XI Congresso Nazionale di Filosofia), Milano, Vita e Pensiero, 1936.

RelHB	*Religion and human behavior,* ed. by S. Doniger, New York, Association P., 1954.
RelRel	*Religion and Religionen, Gedanken zu ihrer Grundlegung,* v. W. Keilbach, München, Padeborn, Wien, F. Schöningh, 1976.
RelTief	*Religion und Tiefenpsychologie,* G. Rombold (Hrsg.), Linz, Oberösterreicher Landesverlag, 1975.
RelsAfr	*Religions Africaines et Christianisme.* Colloque Internat. de Kinshasa 9-14 janvier 1978, Kinshasa, CERA, 2 voll., 1979.
RelsMotiv	*Religions motivation; biografical and sociological problems for the Church historien,* Oxford, Basil Blackwell, 1978.
RelsW	*Der Religionswandel unserer Zeit im Spiegel der Religionswissenschaft,* G. Stephenson (Hrsg.), Darmstadt, Wissenschaftliche Buchgesellschaft, 1976.
RelsSit	*The religious situation,* Boston, Beacon Press, D. R. Cutler (ed.) 1: 1968; 2: 1969.
ResReD	*Research on Religion Development,* N.P. Strommen ed., New York, Hawthorn 1971.
RevPM	*Revelación y pensar mitico.* XXVIII Semana Biblica Espanola, 1967, Madrid, C.S.I.C., 1970.
RGG [3]	*Die Religion in Geschichte und Gegenwart. Handworterbuch für Theologie und Religionswissenschaft,* 3 Aufl., Tübingen, Mohr, 7 voll., 1957-64.
SacrMun	*Sacramentum Mundi. Theologisches Lexicon für die Praxis,* Freiburg, Herder, voll. 4, 1967—69; ed. it.: *Sacramentum Mundi. Enciclopedia Teologica,* Brescia, Morcelliana, 8 voll., 1974-77.
« Sacro »	*Il sacro. Studi e ricerche,* Padova, Cedam-Milani, 1974.
SanAg	*Sanctus Augustinus, Vitae Spritualis Magister.* Settimana Internazionale di Spiritualità Agostiniana,..., Roma Analecta Augustiniana, 2 voll. 1958-59.
SanBo	*San Bonaventura, maestro di vita francescana e di speranza cristiana,* a cura di A. Pompei, Roma, Pont. Facoltà Teologica « San Bonaventura », 3 voll., 1976.
SanTom	*San Tommaso. Fonti e riflessi del suo pensiero. Saggi,* Roma, Città Nuova 1974.
SelbId	*Religion: Selbsbewusstsein = Identität,* München, Kaiser, 1974.
SeWR	*Selbstveständnis und Wesen der Religionswissenschaft,* Darmstadt, Wissenschaftliche Buchgesellschaft, 1974.
SocR	*Sociologia della religione. Testi e documenti,* a cura di D. Zadra, Milano, Hoepli, 1969.

SozId	*Sozialisation — Identitätsfindung — Glaubenserfahrung,* G. Stachel u. A. (Hrsg.), Zürich, 1979.
StuAP	*Studi in onore di A. Pincherle,* Roma, Edizioni dell'Ateneo, 2 voll., 1967.
Stud.Miss	*Studia Missionalia,* PUG, Roma; Citati i voll. da 11, 1961—.
StuT	*Studi Tomistici* (Collezione di 12 voll.), Pontificia Accademia di S. Tommaso, Roma, Città del Vaticano, Libreria Editrice Vaticana.
TheolRen	*Theology of Renewal,* L. K. Shook, ed., v. I: *Renewal of Religious Thought,* New York, Herder, 1968.
TomBo	*Thomas and Bonaventura. A Septicentenary Commemoration,* Proceedings ACPA, 48, 1974.
TomInt	*Thomas von Aquino. Interpretation und Rezeption,* W. P. Eckert op, Hrsg., Mainz, Matthias-Grünewald, 1974.
TomPen	*S. Tommaso e il pensiero moderno. Saggi,* Roma, Città Nuova, 1974.
TomPr	*Tommaso d'Aquino nel primo centenario dell'Enciclica « Aeterni Patris »,* (Atti, Convegno di Roma 15-17 nov. 1979), Roma, Società Internazionale Tommaso d'Aquino, 1981.
TomSC	*Tommaso d'Aquino nel suo settimo Centenario. Atti del Congresso Internazionale (Roma-Napoli 17-24 aprile 1974),* Napoli, Edizioni Domenicane, 9 voll., 1975-78.
TraT	*Transistions and Transformations in the History of Religions. Essays in Honor of J.M. Kitagawa.* Leiden, Brill, 1980.
TRE	*Theologische Realenzyclopädie,* Berlin, New York, de Gruyter, 1977.
UnBe	*Understanding and Believing,* J. M. Kitagawa ed., Essays by J. Wach, New York, Harper, 1968.
UrAb	*Urbild un Abbild. Der Mensch und die mythische Welt,* Gesammelte Eranos-Beiträge, Leiden, Brill, 1974.
Urteil	*Das Urteil und das Sein. Eine Grundlegung der Metaphysik,* v. J. B. Lotz, Pullach b. München, Berkmanskolleg, 1957.

N.B. Ulteriori referenze circa la bibliografia collettiva verranno date all'inizio delle altre parti psico-sociologica e fenomenologico-storica del corso.

2 REPERTORI BIBLIOGRAFICI SPECIFICI O PIU' UTILI PER LA FILOSOFIA DELLA RELIGIONE

BRIE G. A. DE, *Bibliographia Philosophica 1934-1945*, Bruxelles, Spectrum, 2 voll. 1950.
GELDESETZER L., *In Honorem. Eine Bibliographie philosophischer Festschriften und ihre Beiträge*, Düsseldorf, Philosophia Verlag, 1975, 226 p.
GUERRY H., *A Bibliography of Philosophical Bibliographies*, London, England 1977, 332.
HENRICHS N., *Bibliographie der Hermeneutik und ihrer Anwendungsbereiche seit Schleiermacher*, Düsseldorf, Philosophia Verlag, 1972^2 492 col.
HOGREBE W., KAMP R., KOENIG G., *Periodica Philosophica. Eine internationale Bibliographie philosophischer Zeitschriften von den Anfängen bis zur Gegenwart*, Düsseldorf, Philosophia Verlag, 1972 12-728 col.
IOB, *Internationale Oekumenische Bibliographie*, Kaiser; München 1962—.
LURKER M. (Hrsg), *Bibliographie zur Symbolkunde*, Baden-Baden, Heitz, 3 voll. 1964-68.
MCLEAN G. F., *Philosophy in the 20th Century: Catholic and Cristian*, New York, Ungar, 2 voll., 1967.
MEISSNER W. W. SJ, *Annotated Bibliography in Religion and Psychology*, New York, The Academy of Religion and Mental Health, 1961, 11-235 p.
MITROS J. F., *Religions. A select, classifies bibliography*, Nauwelaerts, Paris 1973, 19-435 p.
PLOTT G. P. & MAYS P. D., *Sarva-Darsana-Sangraha. A Bibliographical Guide to the Global History of Philosophy*, Leiden, Brill, 1969, 22-305 p.
Répertoire bibliographique de la Philosophie, Louvain, Institut supérieur de philosophie, 1934-48, e 1949—.
THILS G., *Theologia e Miscellaneis*, Warny, 1960, p. 434.
VALENZIANI E., *Indici degli Atti dei Convegni Romani sulla demitizzazione e l'ermeneutica* (1961-1977), CISU, Roma, Istituto di Studi Filosofici, 1979, 30-296.
VARET G., *Manuel de Bibliographie Philosophique*, Paris, PUF, 2 voll., 1956.
WAARDENBURG J., *Classical Approaches to the Study of Religion*, v II *Bibliography*, Paris, Mouton, 1974, 8-332 p.

3. TRATTATI E MANUALI DI FILOSOFIA DELLA RELIGIONE

ABBAGNANO N., *Filosofia, religione, scienza*, Torino, Taylor 1947, 200 p.
ANTWEILER A., *Mensch-sein ohne Religion?*, Münster, Ascendorf, 1977, 112 p.
BERGSON H., *Les deux sources de la morale et de la religion*, Paris, PUF, 1942, 340 p.
BLONDEL M., *La philosophie et l'esprit chrétien*, Paris, PUF, 2 voll., 1944-46.
——, *La problème de la philosophie catholique*, Paris, Bloud & Gay, 1931.
BOCHENSKI J. M., *The logic of Religion*, New York, University Press, 1965; tr. it.: *La logica della religione*, Roma, Ubaldini, 1967, 142 p.
BRUNNER A., *Die Religion. Eine philosophische Untersuchung auf geschichtlicher Grundlage*, Herder, Freiburg, 1956, 390 p.
BRUNNER E., *Religionsphilosophie evangelischer Theologie*, München-Berlin, Oldenbourg, 1927, 99 p.

BUBER M., *L'eclissi di Dio. Considerazioni sul rapporto tra religione e filosofia*, Milano, Ed. di Comunità, 1961, 141 p.; *Eclypse of God. Studies in the relation between religion and philosophy*, New York, Harper, 1952, 152 p.

BURKE T. P., *Erste Schritte in der Religionsphilosophie*, München, Kösel, 1979, 99 p.

CHRISTIAN W. A., *Meaning and Truth in Religion*, Princeton, Princeton Univ. P., 1964, 266.

COPLESTON F. C., *Religion and philosophy*, Dublin, Gill-Macmillan, 1974, 195 p.; tr. it.: *Religione e filosofia*, Brescia, La Scuola, 1977, 224 p.

CRISTALDI J. M., *Prolegomeni. alla filosofia della religione*, in: *La religione oggi*, Zürich, PAS-Verlag, 1974, pp. 33-45.

——, *Prospettive di filosofia della religione*, Milano, Vita e Pensiero, 1980, 113 p.

DALFERT J. U., *Religiöse Rede von Gott*, München, Kaiser, 1981, 745 p.

DIAMOND M. L., *Contemporary Philosophy and Religious Thought*, New York, McGraw Hill, 1974, 450 p.

DONOVAN P., *Interpreting Religious Experience*, London, Sheldon Press, 1979, 120 p.

DUMERY H., *Philosophie de la religion. Essai sur la signification du Christianisme*, Paris, PUF, 2 voll., 1957.

DUPRÉ L., *The Other Dimension. A search for the Meaning of Religious Attitudes*, Doubleday & Cie, New York, 1972, 565 p; tr. fr.: *L'autre dimension. Essai de philosophie de la religion*, Paris, Cerf, 1977, 316 p.

EDWARDS R. B., *Reason and Religion. An Introduction to the Philosophy of Religion*, New York, Harcourt Brace Jovanovich, 1972, 14-386 p.

EWING A. C., *Value and Reality. The Philosophical Case for Theism*, London, Allen & Unwin, 1973. 292 p.

FAGGIOTTO A., *Religione e filosofia, presupposti alla filosofia della religione*, Università di Padova, Padova, 1951-52, p. 69.

FERRARINI A. L. SJ, *Philosophiae religionis intitutiones*, Romae, Collegio Romano, 1839-1840, 399 p. (manoscritto litografato).

FERRETTI G., *Filosofia della religione*, in: *Diz. Teol. Interd.*, Torino, Marietti, v. I, 151-181.

FERRIÈRE A., *L'essentiel. Introduction au symbolisme universel des religions dans ses rapports avec la philosophie de l'un et du multiple*, Lausanne, Held, 1952, 262 p.

GOMEZ CAFFARENA J. E MARTIN VELASCO J., *Filosofia de la religion*, Madrid, Edic. de la Revista de Occidente, 1973, 501 p.

GRISEZ G., *Beyond the New Theism; A Philosophy of Religion*, Notre Dame — London, University of Notre Dame Press, 1975, 13-418 p.

GUARDINI R., *Religion und Offenbarung*, Würzburg, Werkbund, 1958; trad. it.: *Fenomenologia e teoria della religione*, in: *Scritti filosofici*, v. II, Milano, Fabbri, 1964, 193-329.

GUZZO A., *La religione. Fenomenologia e filosofia dell'esperienza religiosa*, Accademia delle Scienze, Torino, 1964, 170 p.

HAUGHT J., *Religion and self-acceptance*, New York, Paulist Press, 1976, 189 p.

HESCHEL A. J., *God in Search of Man. A Philosophy of Judaism*, New York, Farrar, Straus, Giroux, 1955; tr. it.: *Dio alla ricerca dell'uomo. Una filosofia dell'ebraismo* (Pref. E. ZOLLA[7], Torino, Borla, 1969.

HESSEN J., *Religionsphilosophie*. v. I *Methoden und Gestalten der Religionsphilosophie*, 1955, 306 p.; v. II *System der Religionsphilosophie*, 1955, 338

——, *Die Werte des Heiligen. Eine neue Religionsphilosophie*, Regensburg, Pustet, 1938, 282 p.

HICK J. H., *Philosophy of Religion*, Englewwod Cliffs, Prentice-Hall, 1973, 9-133.

HILDEBRAND A. VON, *Introduction to a philosophy of religion*, Chicago (Ill), Franciscan Herald Press, 1970.
HOLL A., *Positionsbestimmung einer katholischer Religionsphilosophie*, « Kairos », 6 (1964), 95-117.
HUDSON W. D., *A Philosophical Approach to Religion*, London, Macmillan, 1974, 13-200 p.
KIMPEL B., *The Symbols of Religious Faith (A Preface to an Understanding of the Nature of Religion)*, New York, Philosophical Library, 1954, 11-198 p.
LABARRIÈRE P. J., *Dieu aujourd'hui. Cheminement rationnel, décision de libertè*, Paris, Desclée de Br., 1977, 250 p.
LANG A., *Wesen und Wahrheit der Religion*, München, Hueber V., 1957, 265 p.; tr. it.: *Introduzione alla filosofia della religione;* Brescia, Morcelliana, 1959, 310 p.
LEWIS H. D., *Philosophy of Religion*, London, English University Press, 1965, 338 p.
——, *Our Experience of God*, London: Allen & Unwin; New York: Macmillan, 1959, 301 p.
LIVERZIANI F., *Esperienza del sacro e filosofia*, Roma, Ed. Liber, 1970, 305 p.
LUBAC H. DE, *Sur les chemins de Dieu*, Paris, Foi vivante, 1966²; tr. it.: *Sulle vie di Dio*, Milano, Paoline, 1959², 316 p.
MANCINI I., *Filosofia della religione*, Roma, Abete, 1979², 388 p.
MANN U., *Einfürung in die Religionsphilosophie*, Darmstadt, Wissenschaftliche Buchgesellschaft, 1970, 145 p.
MCCLENDON J. W. & SMITH J. M., *Understanding religious convictions*, Notre Dame — London, University of Notre Dame Press, 1975, 230 p.
MIANO V., *Filosofia della religione*, in: C. CANTONE, *Le scienze della religione oggi*, Roma, Las, 1981, pp. 189-231.
MORGAN W. S., *The Phylosophy of Religion. A Consideration of the More Profound Aspects of Religious Thought*, New York, Philosophical Library, 1950, 15-413 p.
ORTEGAT P., *Philosophie de la religion. Synthèse critique des systhèmes contemporaines en fonction d'un réalisme personnaliste et communautaire*, Gembloux, Duculot, 1948, 2 vol.
——, *Intuition et religion. Le problème existentialiste*, Louvain: Ed. de l'Institut Sup. de Philosophie; Paris: Vrin, 1947, 248 p.
ORRO R., *The philosophy of religion*, based on Kant and Fries (tr. by E. B. Dicker, For. by W. T. Jones), London, Williams & Norgate, 1931, 230 p.
OWEN H. P., *The christian knowledge of God*, London, Athlone Press, 1969, 341 p.
PADOVANI U. A., *La filosofia della religione e il problema della vita*, Milano, Vita e Pensiero, 1937, 264 p.
PHILLIPS D. Z., *Religion and understanding*, Oxford, Blackwell, 1967, 215 p.
PRZYWARA E. SJ, *Religionsphilosophie Katholischer Theologie*, München — Berlin, Oldenburg, 1927, 104 p.
RAHNER K., *Hörer des Wortes. Zur Grundlegung einer Religionsphilosophie*, Freiburg, Herder, 1971³, p. 191; tr. it.: *Uditori della parola*, Torino, Borla, 1967, 231 p.
RIET G. VAN, *Philosophie et religion*, Louvain, Public. Univers., 1970, 298 p.
ROSENMOELLER B., *Religionsphilosophie*, Münster, Aschendorffschen V., 1932, 168 p.
SCHOLZ H., *Religionsphilosophie*, Berlin, Reuther & Richard (rip. fot.) 1974, (1922), 11-332.
SCIACCA M. F., *Il problema di Dio e della religione nella filosofia attuale*, Brescia, Morcelliana, 1946, 379 p.
SENNE R. LE, *La découverte de Dieu*, Paris, Aubier-Montaigne, 1955, 286.
SMART N., *The Philosophy of Religion*, New York, Random Hause, 1970, 197 p.
SPRANGER E., *Philosophie und Psychologie der Religion*, Tübingen, Niemeyer, 1974, Ges. Schr. IX, 441.

STEFFES J. P., *Glaubens Begründung. I. Methodische und geschichtliche Einführung. Anthropologische Grundlegung Religionsphilosophie*, Mainz, Matthias-Grunewald, 1958, 24-639 p.
STRAUBINGER H., *Einführung in die Religionsphilosophie*, Freiburg i. Br., Herder, 1929, 129 p.
STRENG F. J., *Understanding Religious Life*, Belmont (Cal.), Wadsworth P. Co. 1976, 207 p.
TENNANT F. R., *Philosophical Theology*, London, Cambridge University Press 1928, 2 voll., reprinted 1968.
TILLICH PAUL, *Religionsphilosophie*, pp. 295-304 e: *Die Ueberwindung des Religionsbegriff in der Religionsphilosophie*, pp. 365-388, Ges. Werke, I, Stuttgart, Evangelisches Verlagswerk, 1959².
——, *Korrelationen. Die Antworten der Religion auf Fragen der Zeit*, Ges. Werke, id., id., Bd. II, 1975, 36-70.
——, *Die Frage nach dem Unbedingten. Schriften zur Religionsphilosophie*, Ges. Werke, Bd. V°, 1964, 268 p.
TINELLO F., *Filosofia, religione, religioni*, Torino, SEI, 1967, 356 p.
TODOLÍ J. OP, *Filosofia de la religion*, Madrid, Editorial Gredos, 1955, 570 p.
TOINET P., *Existence chrétienne et philosophie. Essai sur les fondements de la philosophie chrétienne*, Paris, Aubier-Montaigne, 1965, 413 p.
TRETHOVAN I. OSB, *An Essay in Christian Philosophy*, London — New York, Longmans — Green and Co., 1954, 186 p.
TRILLHAAS W., *Religionsphilosophie*, Berlin — New York, W. de Gruyter, 1972, 10-278.
TRUEBLOOD D. E., *Philosophy of Religion*, New York, Harper & Brothers, 1957.
VANNI ROVIGHI S., *Il problema teologico come filosofia*, Milano, Vita e Pensiero, 1977, 141 p.
WAGNER H., *Existenz, Analogie und Dialectik. Religio pura seu transcendentalis*, München Basel, Reinhardt, 1953, 226 p.
WELTE B., *Religionsphilosophie*, Freiburg-Basel-Wien, Herder, 1978, 268.
YANDELL K. E., *Basic Issues in the Phylosophy of Religion*, Boston; Allyn & Bacon, 1971

4. STORIA DELLA DISCIPLINA — READERS — CONVEGNI D'INTERESSE GENERALE

ALBERNETHY G. & LANFORD TH. (edd), *Philosophy of Religion. A Book of Readings*, New York — London, Mcmillan, 1968.
——, *Atti dell'VIII Congresso Tomistico Internazionale* (Studi Tomistici, 10,-13), Città del Vaticano, Libreria Vaticana, 4 voll., 1981.
BETTIS J. B. (ed), *Phenomenology of religion; eight modern descriptions of the essence of religion*, New York, Harper & Row, 1969, 11-245.
BURREL D. B., *Exercices in religious understanding*, Notre Dame — London, University of Notre Dame Press. 1974, 243 p.
CHARLESWORTH M. J., *Philosophy of religion: the historic approaches*, London, Macmillan, 1972, 14-216.
COLLINS J., *The emergence of philosophy of religion*, New Haven, Yale University Press, 1967, 15-517 p.
DALFERTH J.U., (Hrsg) *Sprachlogik des Glaubens. Texte analytischen Religionsphilosophie und Theologie zur religiösen Sprache*, München, Kaiser, 1976, 309 p.
DESPLAND M., *La religion en Occident. Evolution des idées et du vécu*. Preface de Cl. Geffré, Paris Cerf, 1979, 579 p.
DONNELLY J., (ed) *Logical analysis and Contemporary Theism*, New York, Fordham University Press, 1972, 335 p.

Dupré L., *A dubious heritage. Studies in the philosophy of religion after Kant*, New York, Paulist Press, 1977, 177 p.

L'ermeneutica della filosofia della religione, CISU, Roma, Istituto di Studi Filosofici, 1977, 24-486.

Esistenza, mito, ermeneutica. Scritti per E. Castelli, Padova, Cedam-Milani 2 voll., 1980.

Etges P. J., *Kritik der analtischen Theologie. Die Sprache als Problem der Theologie und einige Neuinterpretation der religiösen Sprache*, Hamburg, Hoffmann und Campe, 1973, 117 p.

Filosofia e religione (Atti del XXV Congresso del Centro Studi Filosofici), Brescia, Morcelliana, 1971, 434 p.

Foi et réflexions philosophique. Mélanges F. Grégoire, Louvain, Publ. Univers., 1961, 596 p.

Foy W., *Man's Religious Quest. A Reader*, London, Helm & Open Univ. P., 1978, 725 p.

Fries H., *Die katholische Religionsphilosophie der Gegenwart. Der Einfluss Max Schelers auf ihre Formen und Gestalten. Eine problemgeschichtliche Studie*, Heidelberg, Kerle, 1949, 398 p.

Frischeisen-Koeler M., *Weltanschauung, Philosophie und Religion in Darstellungen*, Reichl & Co., Berlin, 1911, 484 p.

Herin J., *Phénoménologie et philosophie religieuse. Etudes sur la théorie de la connaissance religieuse*, Paris, Alcan, 1926, 12-148.

Hick J., *Faith and the philosophers*, London, Macmillan, 1964, 225 p.

——, *God and the universe of faiths; essays in the philosophy of religion*. New York, St. Martin's Press, 1973, 12-201.

Macquarrie J., *Twentieth-Century Religious Thought. The Frontiers of Philosophy and Theology 1900-1980*, London, SCM, 1981, 429 p.

Miegge M., *Religione*, in: *Storia antologica dei problemi filosofici*, Firenze, Sansoni, 1965, p. 1309 ssg.

Mitchell B. (ed) *Faith and Logic, Oxford Essays in Philosophical Theology*, London, Allen & Unwin, 1968, 222 p.

——, *The Philosophy of Religion*, Oxford University P., London 1971, 200 p.

Nygren A., *Meaning and Method: Prolegomena to a Scientific Philosophy of Religion and a Scientific Theology*, Philadelphia, Fortress Press, 1972; tr. ted, 1979, p. 473.

Olivetti M. M., *Filosofia della religione come problema storico*, Padova, Cedam-Milani, 1974, 326 p.

Outka G. & J. P. Reder jr., *Religion and morality. A collection of essays*, Garden City (N. Y.), Anchor Press, Doubleday, 1973, 8-448.

Paton H. J., *The modern predicament. A study in the philosophy of religion*, London, Allen, 1955, 405 p.

Pleiderer O., *Geschichte der Religionsphilosophie von Spinoza bis auf die Gegenwart*, Berlin, G. Renner, 1893.

Ramsey J. T. (ed), *Words About God. The Philosophy of Religion*, London, SCM, 1971, 244 p.

Religion in: *Encyclopédie Française*, vol. XIX, 1957, p. II.

Religion in: Encyclopaedia Universalis, Paris, v. XIV, 1968, 27-40.

Smart N., *Philosophers and Religious Truth*, London, SCM Press, 1964, 200 p.

Smith J. E., *Reason and God. Encounter of philosophy with religion*, New Haven, Yale University Press, 1961, 15-274.

Stace W. T., *Religion and the modern mind*, Philadelphia, Lippicot, 1952

STEWART D., *Exploring the Philosophy of Religion*, Englewood Cliffs, Prentice-Hall, 1980, x — 404 p.
THOMAS G. F., *Religious Philosophies of the West. A Critical Analysis of the Major Figures from Plato to Tillich*, New York, Scribner's Sons, New York, 1965, 454 p.
TIMM H., *Gott und die Freiheit. Studien zur Religionsphilosophie der Goethezeit*, Frankfurt a. M., Klostermann, 1974.
TRETHOVAN I., *The Basis of Belief*, New York, Hawthorn, 1961; tr. fr.: *L'homme et la connaissance de Dieu* (Préf. M. Nedoncelle), Paris, Vrin, 1969.
WAARDENBOURG J., *Classical Approaches to the Study of Religion*, The Hage — Paris, Mouton, v. I. *Introduction and Anthology*, 1973, 14-742.

5. PROBLEMI DI METODO E DI FONDAZIONE

BABOLIN A., (cur) *Il metodo della filosofia della religione (Convegno 23-25 ott. 1974 Università di Parma)*, La Garangola, 2 vol., Padova, 1974.
BENEDIKT M., *Gedanken zu Methode der Religionsphilosophie*, «Kairos», 1964, pp. 103-117.
BENZ E., *Uber die Schwirigkeit des Verstehens fremder Religionen. Erfahrungen und Betrachtungen*, UrAb, 1974, 269-290.
BIASUTTI F., *Problemi di metodo nella filosofia della religione*, Padova, Liviana, 1976, 122 p.
CASTELLI E. — MATHIEU V., *L'ermeneutica della filosofia della religione. Introduzione*, pp. 1-5, e: *Tematiche introduttive a un dibattito*, pp. 7-9, in ErmFil, 1977.
COLPE C., *Theologie, Ideologie, Religionswissenschaft, Demonstrationen ihrer Unterscheidung*, München, Kaiser, 1980.
COUSIN E. H., *Models and the Future of Theology*, «Continuum», 7 (1969), 78-92.
DUMÉRY H., *Critique et Religion. Problémes de Méthode en Philosophie de la Religion*, Paris, Société d'Edition d'Einsegnement Sup., Paris, 1957, 358 p.
GRASSI E., *Preminenza del linguaggio razionale o del linguaggio metaforico? La tradizione umanistica*, ErmFil, 1977, 67-94.
HOUTART F. (dir), *Recherche interdisciplinaire et théologie*, Paris, Cerf, 1970 (P. III).
KEILBACH W., *Zur Krise der Religionsphilosophie*, RelRel, 1976, 22-39.
—, *Religion und Religionen als philosophische Frage*, RelRel, 1976, 40-48.
—, *Religionsphilosophie und «naturliche Religion»*, RelRel, 1976, 49-59.
LEWIS H. D., *Clarity is not Enough. Essays in Criticism of Linguistic Philosophy*, London, Allen & Unwin; New York, Umanities Press, 1969, 447 p.
LONERGAN B., *Insight. A Study of Human Understanding*, New York, Philosophical Library, 1958; tr. it.: *L'intelligenza*, Alba, Paoline, 1961, (cfr. spec. capp. XIX-XX).
LOTZ J. B., *Zum Problem des apriori*, Mensch..., 1967, 110-123.
MASNOVO A., *La filosofia verso la religione*, RelFil, 1936, 1-30.
MAYR F., *Prolegomena zur Philosophie und Theologie der Sprache*, GoIV, 1964, v I, 39-84.
MCCOOL G. A., *Philosophy and Religious Wisdom*, PhilCT, 1970, 195-204.
MCLEAN G. E. & DOUGHERTY J. P., *Philosophy and Christian Theology*, Proc. ACPA, 1970.
MICHELETTI M., *Il problema teologico nella filosofia analitica*, Padova, La Garangola, 1971, 2 voll.
MICHELS TH. & A. PAUS, (Hrsg) *Sprache und Sprachverständnis in religiöser Rede. Zum Verhältnis von Theologie und Linguistik*, Salzburg — München, Universitätsverlag, Pustet, 1973, 223 p.
MUCK O. sj, *A priori. Evidenz und Erfahrung*, GoIV, 1964, v. I 85-96.

——, *Die transzendentale Methode und der scholastichen Philosophie der Gegenwart*, Innbruck, Rauch, 1964, 328 p.
NYGREN A., *Sinn und Methode. Prolegomena zu einer wissenschaftlichen Religionsphilosophie und einer wissenschaftlichen Theologie*, Göttingen, Vandenhoeck & Ruprecht, 1979, 474 p.
OLIVETTI M. M., *Filosofia della religione e significato della storia in prospettiva ermeneutica*, ErmFil, 1977, 37-54.
PANIKKAR R., *La philosophie de la religion devant le pluralisme philosophique et la pluralité des religions*, ErmFil, 1977, 193-201.
——, *Pensiero mitico, metafisica, analisi dell'esperienza* (XXIII Convegno, Gallarate 1968), Brescia, (edd) Morcelliana, 1969.
ROSSANO P., *Pluralismo religioso e Filosofia della religione*, ErmFil, 1977, 1977, 203-04.
RUPP A., *Religion, Phänomen und Geschichte*, Saarbrücken, FAR V., 1978, 210 p.
SCHEDER R., *Philosophieren im Horizont des Glaubens*, GoIW, 1964, v. II, 531-555.
TOEDT H. E., *La méthodologie de la comparation interdisciplinaire*, RechITh, 1970, 15-30.
UHDE B., *Katholische Theologie und Neuen Philosophie. Zum Verhältnis zweier Wissenschaften*, RelsW, 1976, pp. 247-261.
VERGOTE A., *La religion comme épreuve paradoxale pour la philosophie*, ErmFil, 1977, 21-35.

6. CONFRONTI

AGAZZI E., *Il messaggio di Tommaso d'Aquino e la razionalità scientifica del nostro tempo*, TomSC 9, 1978, 60-67.
Aspects de la culture noire, Paris, Fayard, 1958, 218 p.
BARTHOLMESS C., *Histoire critique des doctrines religieuses de la philosophie moderne*, Paris, Meyrneis, 1855, 2 voll.
BIRKNER H. J., *Theologie und Philosophie. Einführung in Probleme der Scheiermacher-Interpretation*, München, Kaiser, 1974, p. 44.
BOGLIOLO L., *Fede e ragione in S. Bonaventura e S. Tommaso*, SanBo, 1976, v I, 471-479.
CARGAS H. J. & B. LEE, (edd), *Religious experience and process theology. The pastoral implications of a major modern movement*, New York, Paulist Press, 1976, 14-438.
CHARLESWORTH M., *St. Thomas Aquinas and the Decline of the kantian-kierkegaardian Philosophy of Religion*, TomSC 6, 1977, 50-60.
CRUBELLIER M., *Sens de l'histoire et religion. A. Comte, Northrop, Sorokin, A. Toymbee*, Bruges, Desclée de Br., 1957, 214 p.
DANIÉLOU J., *Phenomenology of Religion and Philosophy of Religion*, HiRE, 1962, 67-85.
DI ROSA L., *La sintesi a priori di S. Tommaso e Kant*, Roma, Belardetti, 1950, 346 p.
ELORDUY E. SJ, *El plan de Dios en San Augustin y Suarez*, Madrid, Lib. Ed. Augustinus, Madrid, 1969, 241 p.
GEYSER J., *Intellekt oder Gemüt? Eine philosophische Studie über Rudolf Ottos Buch « Das Heilige »*, Freiburg i. B., Herder, 1922, 50 p.
GILSON E., *La philosophie et la théologie*, Paris, Fayard, 1960, 259 p.
JEFFNER A., *The Relationship Between English and German Ways of Doing Philosophy of Religion*, « Rel Stud », 15, june 1979, 245-256.
LADRIÈRE J., *La situation actuelle de la philosophie et la pensée de saint Thomas*, TomPr, 1981, 71-100.
LIVI A., *Il cristianesimo nella filosofia*, l'Aquila, Japatore, 1969, 190 p.
LONERGAN B., *Philosophy and Theology*, PhilCT, 1970, 19-30.
LOTZ J. B., *Hegel und Thomas von Aquin. Eine Begegnung*, Mensch..., 1967, 141-173.
——, *Kant und die Scholastik heute*, Pullach b. München, Berkmanskolleg, 1955, 279 p.

—, *Martin Heidegger und Thomas von Aquin. Mensch, Zeit, Sein,* Pfullingen, Neske, 1975, 224 p.
—, *Das Sein nach Heidegger und Thomas von Aquin,* TomSC 6, 1977, 35-49.
—, *Verstand und Vernunft bei Thomas von Aquin, Kant und Hegel,* Mensch..., 1967, 76-98.
—, *Die Wahrheit und ihre Relativierung. Fr. Nietzsche und C. G. Jung,* Mensch..., 1967, 212-250.
LUBAC H. DE SJ, *Augustinisme et théologie moderne,* Paris, Aubier, 1965, 338; tr. it.: *Agostinismo e teologia moderna,* Milano, Jaca Book, 1979, 18-338.
MAGNANI G., *Il fenomeno religioso,* Roma, PUG, 2 voll. 1971-72, 263 e 231 p.
MARTIN-VELASCO J. DE D., *Hacia una filosofia de la religion cristiana. La obra de H. Duméry,* Madrid, Instituto Superior de Pastoral, 1970, 206 p.
PELLETIER G., *Anthropologie thomiste et psychologie des profondeurs,* TomSC 7, 1978, 136-143.
RIET G. VAN, *Réalisme thomiste et phénoménologie husserlienne,* in : id., *Problèmes d'épistémologie,* Louvain-Paris, Neauwelaerts, 1960, pp. 170-206.
RONDET H. SJ, *Hegelianisme et Christianisme. Introduction théologique à l'étude du système hégélien,* Paris, Lethielleux, 1950, 160 p.
ROTH R. J. (ed), *God Knowable and unknowable,* New York, Fordham University Press, 1973, 11-269 p.
RUSSO R., *Riduzione bonaventuriana e riduzione husserliana,* SanBo, 1976, v I, 733-744.
San Tommaso e l'odierna problematica teologica. Saggi. (Pont. Accademia di S. Tommaso), Roma, Città Nuova, 1974, 346 p.
SCHAEFFLER R., *Die wehselbeziungen zwischen Philosophie and katholiscer Theologie,* Darmstadt, Wissenschaftliche Buchgesellschaft, 1980, 14-390.
TRILLHAAS W., *Religionsphilosophie oder philosophische Theologie? Eine Kontroverse zwiscen W. Trillhaas und W. Weischedel,* « NZSTh », 15 (1973), 87-101.
WEHR G., *C. G. Jung und das Christentum,* Olten, Walter, 1979, 220 p.
WEISCHEDEL W., *Die frage nach Gott in skeptiscen Denken,* Berlin — New York, W. de Gruyter, 1976, p. 39.
—, *Der Gott der Philosophen. Grundlegung einer philosophischen Theologie im Zeitalter des Nihilismus,* Darmstadt, Wissenschaftliche Buchgesellschaft, 2 voll., 1971.
—, *Religionsphilosophie oder Philosophische Theologie? Eine Kontroverse zwischen W. Trilhaas und W. Weischedel,* « NZSTh », 15 (973), 119-131.
WINCKEL E. VAN DE, *De l'inconscient à Dieu; ascèse chrétienne et psychologie de C. G. Jung,* Paris, Aubier-Montaigne, 1959, 221 p.
WISDOM J., *Philosophy and Psychoanalysis,* Oxford, B. Blackwell, 1964.

7. TEMI SPECIFICI INTERESSANTI LA FILOSOFIA DELLA RELIGIONE

7,1 l'amore

BALTHASAR H. U., *L'amour seul est digne de foi,* Paris, Aubier-Montaigne, 1966, 203 p. (tr. it.: *Solo l'amore è credibile,* Torino, Borla, 1965, 148 p.).
BORI P. C., *Koinonia. L'idea della comunione nella ecclesiologia recente e nel N.T.,* Brescia, Paideia, 1972, 134 p.
BORNKAMM G., *Das Doppelgebot der Liebe, Gesamm. Aufsätze,* Bd. III, München, Kaiser, 1968, 37-45. Trad. it.: *Il duplice comandamento dell'amore,* in: *Storia e fede,* Bologna, Dehoniane, 1970, 63-76.

CASTER M. VAN sj, *Aimer Dieu en aimant les hommes*, « LumVit » 1973, 292-316.
CIPRIANI S., *Dio è amore. Il comandamento nuovo*, in T. Cioli e A.,*Catechesi con S. Giovanni*, Brescia, Paideia, 1965, 189-212.
——, *Dio è amore, la dottrina della carità in S. Giovanni*, « Sc. Catt », 94 (1966), 214-231.
COMBES G., *La charité d'après saint Augustin*, Paris, Desclée de Br., 1934, 14-321.
COPPENS J., *La doctrine biblique de l'amour de Dieu et du prochain*, « EThl », 40 (1954) 252-299.
COWBURN J., *Love and the person. A philosophical theory and theological essay*, London, Chapman, 1967, 11-442.
CUTTAZ F., *L'amore del prossimo*, Roma, Paoline, 1963².
——, *L'amore di Dio*, Roma, Paoline, 1963².
——, *Mistica e pratica dell'amore di Dio*, Roma, Paoline, 1961, 473 p.
DHAVAMONY M., *Love and God According to Saiva Siddhanta. A Study in the Mysticism and Theology of Saivism;* Oxford, Claredon, 1971, 402 p.
DUFRESNE E., *Amour, amitié, charité dans les « Confessions » de St. Augustin*, Mémoire, Paris, 1950.
DIDEBERG D., *Saint Augustin et la première épître de saint Jean. Une théologie de l'agapè*, Paris, Beauchesne, 1975, 254.
ESNOUL A. M., *La courant affectif à l'intérieur du Brahmanisme ancien*, « Bull. de l'Ecole franç. d'extr. Orient », 48 (1956), 141-207.
——, *La Bhakti*, in: *L'Inde classique*, v. I, 1947, 1343-57.
FEDERICI T., *Letture bibliche sulla carità*, Roma, AVE, 1970, 379 p.
GALLAY J., *La charité fraternelle selon le Tractatus in primam Johannis de saint Augustin*, Lyon (cicl.), 1953, p. 169 (tesi).
——, *La conscience de la charité fraternelle d'après le Tractatus in Iam Johannis de s. Augustin*, « Rev Et. August », 1 (1955), 1-20.
——, *Dilige et quod vis fac. Notes d'exégèse augustinienne*, « Rech Sc. Relig », 43 (1955), 545-555.
GUENTHER W. & LINK H. G., *Amore*, Dizion. Concetti Biblici N.T., Bologna Dehoniane, 1976, pp. 91-105.
HICK J., *Evil and the God of Love*, London, Macmillan, 1966, 15-404.
HOFFMAN P., *Der Feind als « Nächsten »*, in: id. & V. EID (Hrsg), *Jesus von Nazareth und eine christliche Moral*, Freiburg, Herder, 1975, 147-155.
GUITTON J., *L'amour humain*, Paris, Aubier, 1955, 299 p.
JANKELEVITCH V., *Le vertus et l'amour*, in: *Traité des vertus*, Paris, Bordes, 1970, 227-1023.
LAZURE N., *Les valeurs morales de la théologie johannique*, Paris, Gabalda, 1965, spec. pp. 207-251.
LOTZ J. B., *Der Stufen der Liebe. Eros, Filia, Agape*, Frankfurt a.M., Knecht, 1971, 241 p.
MAIO FRAMIS R., *Psicologia y metafisica del amor*, Madrid, 1962.
MATANIC A. G., *« Beatitudo est in unione ». La felicità dell'uomo alla luce del magistero bonaventuriano*, SanBo, 1976, v. III, 269-280.
MORETTI - COSTANZI T., *Amore, morte, eternità*, Bologna, Parma, 1974, 278 p.
MORALDI L., *Dio è amore. Saggio sul concetto di amore in S. Giovanni. Una introduzione al IV Vangelo*, Paoline, 1954, 217 p.
NEDONCELLE M., *Vers une philosophie de l'amour*, Paris, Aubier-Montaigne, 1957, 272 tr. it: *Verso una filosofia dell'amore e della persona*, Roma, 1959.
NYGREN A., *Eros und Agape*, Berlin, Evangelische Verlagsanstalt, 1955; tr. it: *Eros e Agape; la nozione cristiana dell'amore e le sue trasformazioni*, Bologna, Il Mulino, 1971, 49-790.
OHM TH., *Die Liebe zu Gott in den nichtchristlichen Religionen*, Freiburg, Wewel, 1950, 16-544. Trad. it: *L'amore a Dio nelle religioni non cristiane*, Roma, Paoline, 1956, 633 p.

OVERSTREET B. W., *The Unlowing Personality and the Religion of Love*, RelHB, 1954, 73-87.
PANIKULAM G., *Koinonia in the New Testament. A Dynamic Expression of Christian Life*, Rome, Biblical Institute Press, 1979, 161 p.
PIEPER J., *Ueber die Liebe*, München, Kösel, 1972, 206 p.; trad. it.: *Sull'amore*, Brescia, Morcelliana, 1974, 215 p.
RAHNER K., *Amore*, in: SacrMun, I (it.), 1974, 61-82.
RATZINGHER J., *Fraternité*, DS, 5 (1962), 1147-1167.
ROUGEMONT D. DE, *Les mythes de l'amour*, Paris, Gallimard, 1971, 317 p.
——, *L'Amour et l'Occident*, Paris, Union génér. d'Editions, 1962, 315 p.
SADLER W. A., *Existence and Love. A New Approach in Existential Phenomenology*, New York, Schribner's Sons, 1969, 14-427 p.
SCHLIER H., *Sull'amore (1 Cor 13)*, in: *Il tempo della Chiesa*, Bologna, Il Mulino, 1966, 298-309.
VACA C., *La doctrina agostiniana del amor y los postulados de la psicologia moderna*, SanAg, 1954, v I, 169-193.
TRAPÉ A., *Il principio fondamentale della spiritualità agostiniana e la vita monastica*, SanAg, 1958, 1-41.
SILBURN L., *La Bhakti*, Paris, Inst. de civilis. indienne, 1964, 160 p.
SPICQ C., *Agapé dans le N. T.*, Paris, Gabalda, 3 voll., 1958-1959.
——, *Agapé: prolegomènes à une étude de théologie néotestamentaire*, Louvain, Nauwelaerts; Leiden, Brill, 1955, 12-227.
——, *L'amour de Dieu révelé aux hommes dans les écrits de saint Jean*, Paris, Ed. Au Feu Nouveau, 1978, 210 p.
SCHOLZ H., *Eros und Caritas. Die platonische Liebe und die Liebe in Sinn des Christentums*, Halle, 1929.
VAJDA G., *L'amour de Dieu dans la théologie juive du moyen age*, Paris, Vrin, 1957, 307 p.
VARADACHARI K. C., *Bhakti cult in South India*, Prof. V. Sundaral Pillai Commemoration Volume, Madras, The South India Saiva Siddhanta Works, 1957, 8-139.
VAUDEVILLE CH., *Evolution of love-symbolism in Bhagavatism*, « J. Amer. Orient. Soc. », 82 (1962), 31-40.
VIDAL M., *Morale dell'amore e della sessualità*, Assisi, Cittadella, 1973, 391 p.
ZANETTI C., *Dinamismo dell'amore nella relazione di servizio*, Milano, Il Pio Samaritano, 1969, 227 p.

7.2 analogia

ALBERGHI S., *Moderne risonanze del principio tomistico di analogia*, TomSC 6 (1977), 75-80.
ALLIEAU R., *Les origines expérimentales du processus analogique;* e: *La logique de l'analogie*, cap. III in: id., *La science des symboles*, Paris, Payot, 1977, 65-114.
BOUILLARD H. sj, *L'analogie*, in: *Karl Barth*, vol. II, 2e partie: *Parole de Dieu et existence humaine*, Paris, Aubier-Montaigne, 1957, pp. 190-217.
BURREL D., *Analogy and Philosophical Language*, New Haven & London, Yale University Press, 1973, 278 p.
CERIANI G., *Teologia e dottrina dell'analogia nel tomismo*, RelFil, 1936, 61-72.
CHAVANNES H., *L'analogie entre Dieu et le monde selon saint Thomas d'Aquin et selon Karl Barth*, Cerf, Paris, 1969, 330 p.

CORETH E. sj, *Dialectik und Analogie des Seins. Zum Seinsproblem bei Hegel und der Scholastik*, Freiburg, Herder, 1951, p. 40.
GRENET P., *Les origines de l'analogie philosophique dans les Dialogue de Platon*, Paris, Boivin, 1948, 299 p.
HELLIN J. sj, *La analogia del ser y el conocimiento de Dios en Suarez*, Madrid, s.e., 1946, 446 p.
HOEFFDING H., *Le concept d'analogie* (tr. R. Perrin), Paris, Vrin, 1931, 154 p.
KRINES H., *Wie ist Analogie möglich?*, GolW, 1964, v I, 97-110.
LLOYD G., *Polarity and analogy. Two tupes of argumentation in early greek thought*, Cambridge, University Press, 1966, 5-501.
MASCALL E. L., *Existence and analogy*, London, Longmans, 1949, 19-188.
McINERNY R., *Studien in Analogy*, The Hague, Nijhoff, 1968, 10-137 p.
MONTAGNES B., *La doctrine de l'analogie de l'être d'aprés S. Thomas d'Aquin*, Paris, Nauwelaerts, 1963, 212 p.
PENIDO M. T. L., *Le rôle de l'analogie en théologie dogmatique*, Paris, Vrin, 1931, 478 p.
PHILIPPE M. D., *Analyse de l'être chez saint Thomas*, TomSC 6, 1977, 9-28.
PRZYWARA E. sj, *Analogia Entis. Metaphysik, in: id., Schriften*, vol III, Einsideln, Johannes V., 1962.
RAMIREZ S. M., *De analogia*, Madrid, Vives, 4 voll., 1970-72.
ROSS J. F., *A New Theory of Analogy*, PhilCT, 1970, 70-85.
SIEWERT G., *Die Analogie des Seienden*, Einsideln, Johannes V., 1965, 114 p.
——, *Die Analogie des Seienden*, GolW, 1964, v. I, 111-135.
SOLAGES B. DE, *Dialogue sur l'analogie*, Paris, Aubier, 1946, 174 p.
TRACK J., *Analogie*, TRE v 2, 1978, 625-650.
WAGNER DE REYNA A., *Analogia y evocación*, Madrid, Gredos, 1976, 158 p.

7.3 anima, morte, immortalità

L'action de l'homme sur le psychisme humain, Conver, 19, 1963, 237 p.
ALQUIÉ F., *Le désir d'éternité*, Paris, PUF, 1966⁵, p. 148.
BOROS L., *Mysterium mortis. Der Mensch in der letzten Entscheidung*, Olten, Walter, 1962, 207 p.; tr. it.: *Mysterium mortis, L'uomo nella decisione ultima*, Brescia, Queriniana, 1969, 245 p.
DURANDEAUX J., *L'éternité dans la vie quotidienne*, Bruges, Desclée de Br., 1964, 231 p.
FABRO C., *L'anima. Introduzione al problema dell'uomo*, Roma, Studium, 1955, 348 p.
FOREST A., *L'avénement de l'âme*, Paris, Beauchesne, 1973, p. 191.
LAHAYE R., *Qu'est-ce-que l'âme? Réponse à Claude Tresmontant*, Paris, Téqui, 1971, 93 p.
LEWIS H. P., *The self and immortality*, London, Macmillan, 1973, 8-228.
LUYTEN N. A. op, *Conception de la mort et conception de l'homme. La conception de la mort chez K. Rahner et L. Boros*, « Nova et Vet. », 56, juillet-sept. 1981, 195-213.
McLEHAN G. F. (ed), *Immateriality*. Proceeding of ACPA, vol. 52, 1978.
MARITAIN J., *Quatre essais sur l'esprit dans sa condition charnelle*, Desclée de Br., Tournai, 1939, 266 p.
La mort et l'homme du XXe siècle, CONVER, 22, 1965.
Il problema dell'immortalità, Archivio di Filosofia, Roma, Partenia, 1946, 181 p.
Psychisme animal et âme humaine, CONVER, 10, 1954, 223 p.
RAHNER K., *Das Leben der Toten*, in: *Schriften zur Theologie* IV, Einsideln, Benzinger, 1961², pp. 29-37; tr. it.: *La vita dei morti*, in: *Saggi sui sacramenti e l'escatologia*, Roma, Paoline, 1969², pp. 441-454.

Ruiz de la Peña, J. L., *El hombre y su muerte; anthropologia teologica actual*, Burgos, Ed. Aldecon, 1971, 7-411.
Strasse S., *Le problème de L'âme. Etudes sur l'objet respectif de la psychologie métaphysique et de la psychologie empirique*, Louvain: Publications Universitaires; Paris: Desclée de Br., 1953, 14-257; tr. ingl.: *The Soul in metaphysical and empirical psychology*, Pittsburg, Duquesne University, 1957, 10-275.
Tresmontant C., *Le problème de l'âme*, Paris, Seuil, 1971, 219 p.; tr. it.: *Il problema dell'anima*, Roma, Paoline, 1972, 241 p.
Sciacca M. F., *Morte e immortalità*, Milano, Marzorati, 1959, 7-383 p.
Troisfontaines R., *Je ne meurs pas*, Paris, Ed. Universitaires, 1960 249 p.; tr. it.: *Non morrò*, Roma, Paoline, 1963, 251 p.

7.4 causalità e finalità

Bunge M., *Causality. The Place of the Causal Principle in Modern Science*, Cambridge (Mass), Harvard Univ. P., 1959, 20-380 p.; *La causalità*, Boringhieri, Torino, 1970, 472 p.
Dubarle D., *Causalité et finalité chez saint Thomas et au niveau des sciences modernes de la nature*, TomSC, 9, 1978, 9-25.
Fabro C., *Partecipazione e causalità secondo S. Tommaso d'Aquino*, Torino, SEI, 1960, 693 p.
Finance de J., *La finalité de l'être et le sens de l'univers*, in: *Mélanges* Joseph Maréchal, v II, Paris Desclée de Br, 1956, 141-158.
Garrigou-Lagrange R., op *Le réalisme du principe de finalité*, Paris, Desclée de Br., 1932, p. 366.
Giacon C., *La causalità nel razionalismo moderno. Cartesio, Spinoza, Malebranche, Leibniz*, Milano - Roma, Bocca, 1954, p. 400.
——, *La causalità del motore immobile*, Padova, Antenore, 1969, 182 p.
——, *Verità, esistenza, causa*, Bologna, Zanichelli, 1973, p. 304.
Keilbach W., *Das Kausalitätsprinzip der klassischen Metaphysik und der physikalische Indeterminismus*, RelRel, 1976, 192-202.
Laverdière R., *Le principe de causalité. Recherches thomistes récentes*, Paris, Vrin, 1969, 270 p.
Lernen M. P., *La notion de finalité chez Aristote*, Paris, PUF, 1969.
Marcozzi V., *Caso e finalità*, Milano, Massimo, 1976, 239 p.
Piaget J. e R. Garcia, *Les explicationes causales* Paris, PUF, 1971; tr. it.: *Esperienza e teoria della causalità*, Ed. Laterza, Bari, 1973, 12-212 p.
Régnon Th de sj, *La métaphysique des causes d'après S. Thomas et Albert Le Grand*, Paris, V. Retaux, 1906[2], 663 p.
Selvaggi F., *Causalità e indeterminismo*, Roma, PUG, 1964, 453 p.
Dal Verme M. E., *Di alcuni equivoci in tema di causalità circa la esistenza di Dio*, RelFil, 1936, 49-60.
Wallace W. A., *Causality and Scientific Explanation*, Ann Arbor, The University of Michigan Press, v. I *Medieval and Early Classical Science*, 1978, 288 p.; v. II *Classical and Contemporary Science*, 1974, 422 p.
——, *Causality, Analogy and the Growth of scientific knowledge*, TomSC 9, 1978, 26-40.

7.5 comprendere, verstehen (filos.)

S. Agostino, *De videndo Deo*, Ep. 147, Migne PL, 33 spec. col. 603.
Andres W., *Die Lehre des Aristoteles vom Noùs*, Gross-Stehlitz, 1906.
Bollnow O. F., *Ueber das kritische Verstehens*, DVLG, 1944 (22), 1-29.
Dambska I., *Sur le concept de la compréhension*, « Atti XII Congr. inter. Filos », V, Firenze, 1960, 131-35.
De Corte M., *La doctrine de l'intelligence chez Aristote. Essai d'exégèse*, Paris, Vrin, 1934, 12-309 p.
Dahl A., *Augustin und Plotin. Philosophische Untersuchungen zum Trinitätsproblem und zur Nuslehre*, Lund, Lindstedts Univ. Bokhandel, 1945, 117 p.
Derisi O. N., *La doctrina de la inteligencia de Aristoteles a santo Tomas*, Buenos Aires, Cursos de Cultura Cattolica, 1945, 301 p.
—, *Ser, entender y Acto*, AOSC 1 (1981), 291-306.
D'Izzalini L., *Il principio intellettivo della ragione umana nelle opere di S. Tommaso d'Aquino. Studio storico-speculativo*, (Anal. Gregor.), Romae, Univ., Gregoriana, 1943, 15-184 p.
Dorosz J., *Le problème de l'Einfülung*, ArchPh, 1937 (26), 198-203.
Ehrlech W., *Das Verstehen*, Zurich, Rascher, 1939, p. 174 (e 1947).
Fritz K. von, *Nous, noein and their derivates in Pre-scocratic Philosophy (excluding Anaxagoras)*, « Class. Philol. », 1945 223-42 e 1946, 12-34.
Gadamer H. G., *Le problème de la conscience historique*, Louvain, Publ. Univers., 1963, 87 p.; tr. it.: *Il problema della coscienza storica*, Napoli, Guida, 1969, 93 p.
—, *Wahrheit und Methode. Grundzüge einer philosophische Hermeneutik*, Tübingen, Mohr, 1960, 17-486; tr. it.: *Verità e metodo* (a cura di G. Vattimo), Milano, Fabbri, 1972, 48-582.
Grabmann M., *Interpretazioni medievali del nous poietikòs* (a cura di C. Giacon), Padova, Antenore, 1965, 122 p.
Guildorf J. P., *The nature of human intelligence*, New York, McGraw-Hill, 1967, 538 p. (cfr. spec. « insight or intuition », pp. 321-24).
Hamelin O., *La théorie de l'intellect d'aprés Aristote et ses commentateurs*, Paris, Vrin, 1953, 27-93.
Hich J., *Faith and Knowledge. A Modern Introduction to the Problem of Religious Knowledge*, Ithaca NY, Cornell University Press, 1957, 19-221.
Jacques E., *Introduction au problème de la connaissance*, Louvain, Public. Univers. 1953, 344.
Linke P. F., *Verstehen, Erkennen und Geist*, Leipzig, Akademische Verlagsgesellschaft, m. b. H. 1936, 44 p., e « AGP », 1936 (97), 3-46.
Mancini I., *Comprendere*, Enc. Fil., v. 2, 1979, 366-67.
Marum O., *Analyse des Verstehens und seine Bedingungen*, « NTP », 1935 (3), 268-89, e in: « AGP », 1936 (95), 99-119.
McSweeney B., *Meaning, context and situation*, « Archiv. europ. Sociol », 14 (1973), 137-73.
Michel A., *Intuitive (vision)*, DThC, VII, coll. 2351-94.
Mokrizycki E., *The Operation of 'Verstehen'*, « Quality and Quantity », 5 (1971), 339-352.
Naus J. E., *The Nature of the Practical Intellect according to St. Thomas Aquinas*, (Analecta Gregor.), Romae (Pug), 1959, 220 p.
Nuyens F., *L'evolution de la psychologie d'Aristote*, Louvain, Ed. de l'Institut Supérieur de Philosophie, 1948, 15-553.
Oehler K., *Die Lehre von noetischen und dianoetischen Denken bei Platon und Aristoteles.*

Ein Beitrag zur Erforschung der Geschichte des Bewusstseinsproblems in der Antike, München, Beck, 1962, 10-294.
Owens J., *The Intelligibility of Being*, « Greg. », 1955, 169-93.
Pannenberg W., *Wissenschaftstheorie und Theologie*, Suhrkamp, Frankfurt a. M., 1973; tr. it.: *Epistemologia e teologia*, Brescia, Queriniana, 1975 (spec. P. I, cc 1-3).
Polanyi M. & H. Prosch, *Meaning*, Chicago & London, Univ. of Chicago p., 1975, 14-246.
Polanyi M., *The tacit dimension*, Garden City, NY, Anchor B. - Doubleday, 1967, 108 p.: tr. it.: *La conoscenza inespressa*, Roma, Armando, 1979, 120 p.
Rickman H. P., *Understanding and the Human Studies*, London, Heinemann, 1967, 140 p.
Ramirez M., *Valoracion del entendimiento agente en la gnoseologia de Santo Tomas*, « Est. fil », 6 (1957), 97-135.
——, *La supremacia del entendimiento agente en Santo Tomas y sus dificultades*, 6 (1957), 203-230.
Ricoeur P., *Expliquer et comprendre*, « Rev Phil Louv », 75 (1977), 126-146.
Roland-Gosselin M. D., *Essai d'une étude critique de la connaissance*, Paris, Vrin, 1932, 165 p.
Santeler J., *Der Platonismus in der Erkentnislehre des heiligen Thomas von Aquin* (Phil. u. Grenzwiss., 7, 2/4), Innsbruck, Rauch, 1939, 273 p.
Scholz H., *Zur Erhellung des Verstehens in geistige Gestalten und Probleme*, (Fest. E. Spranger), Leipzig, Quelle & Mayer, 1942, 291-310.
Soleri G., *Il nous aristotelico e le sue interpretazioni*, « Soph », 1955, 281-88.
Spranger E., *Psycologie und Verstehen* (1909), 157-62; *Verstehen und Erklären*, (1927), 197-205, in: *Ges. Schr.*, IV, *Psychologie und Menschenbildung*, Tübingen, Niemeyer, 1974.
——, *Zur Theorie des Verstehens und zur geisteswissenscaftlischen Psychologie* (1918), 1-42; *Ueber Kategorien des Verstehens*, 74-90; *Ideologisches und Verstehen*, 278-287, in : *Ges. Schr.*, IV, *Grundlagen der Geisteswissenschaften*, Tübingen, Niemeyer, 1980.
Strasser S., *La problematique du comprendre:* IV *l'intuition préscientifique*, 163-179; VII *Hypothèse et interpretation*, 180-186; VIII *La vision globale*, 187-195, in: id, *Phénoménologie et Sciences de l'homme*, Paris, Nauwelaerts, 1967.
Vardeke G., *Comment Aristote conçoit-il l'immatériel?*, « Rev Phil Louv », 44 (1946), 205-236.
Wellek A., *Verstehen, Begreifen, Erklären*, « J. Psych Psychoth », 1 (1953). 393-409.

7.6 *creazione e partecipazione*

Angerstorfer A., *Der Schöpfergott des Alten Testaments. Herkunft und Bedeutungsentwicklung des hebräischen Terminus 'bara', schaffen*, Frankfurt a. M., P. Lang, 1979, 255 p.
Artola J. M. op, *Creacion y partecipacion. La partecipacion de la naturaleza divina en las criaturas segun la filosofia de santo Thomas de Aquino*, Madrid, Institucion Aquinas, 1963, 342 p.
Auer J., *Die Welt Gottes Schöpfung*, v. III, in: J. Auer & J. Ratzinger, *Kleine Katholische Dogmatik*, Regensburg, Pustet, 1975; tr. esp.: *El mundo creacion de Dios*, Barcellona, Herder, 1979, 664 p.
Colomber E. sj, *La critica marxista de la idea de creacion y santo Thomas de Aquino*, AtOCT 4, 1981, 60-72.
Donnelly J., *Creación Ex Nihilo*, PhilCT, 1970, 172-184.

EDMONDS R. W., *In his image; a philosophy of creation*, London, Skeffington, 1958, 276 p.
FABRO C., *La nozione metafisica di partecipazione secondo S. Tommaso d'Aquino*, Torino, SEI, 1962², 383 p.
——, *Partecipazione e causalità secondo S. Tommaso d'Aquino*, Torino, SEI, 1960, 693.
FINANCE J. DE, *La liberté créée et la liberté créatrice*, ExDI, 1961, 229-244.
GANOCZY A., *Des schöpferische Mensch und die Schöpfung Gottes*, Mainz, Grünewald, 1976; tr. fr.: *Homme créateur, Dieu créateur*, Paris, Cerf, 1979, 215 p.
GEIGER L. B. op, *La participation dans la philosophie de S. Thomas d'Aquin*, Paris, Vrin, 1942, 494 p.
GONZALES A. L., *Notas sobre creacion y cuarta via*, AtOCT 4, 1981, 47-59.
MAZZANTINI C., *Il concetto filosofico della realtà creaturale e il suo significato religioso*, Rel-Fil, 1936, 43-48.
The origin of cosmos and man. Naissance du monde et de l'homme, StudMiss, 18, 1969, 326 p.
PIEPER J., *The concept of «Createdness» and its implications*, TomSC 5, 1977, 20-27.
——, *La Creaturalidad. Observaciones sobre los elementos de un concepto fundamental*, «Philosophica» (Valparaiso), II-III, 1979-8O, 35-54.
ROESER T. P., *Emanation and creation, The Doctrines of Plotinus and Augustine on the Radical Origin of the Universe*, «The New Schol.», 19 (1945), 85-116.
SCHEFFCZYK L., *Einführung in die Schöpfungslehre*, Darmstad, 1975, 131.
SERTILLANGES A. D., *L'idée de création et ses retentissements en philosophie*, Paris, Aubier, 1945, 229 p.
STEENBERGER F. VAN, *Le mythe d'un monde éternel*, «RevPhil Louv», 76 (1978), 157-179.
VERGES S., *Dios y el hombre. La creación*, Madrid, B.A.C., 1980.
WOELFEL E., *Welt als Schöpfung*, München, Kaiser, 1981, 82 p.
ZATTI M., *Evoluzione e creazione*, Bologna, Patron, 1968.

7.7 male e morte

AGOSTINO A. SAN, *De Ordine, De libero Arbitrio, Confessiones, De Civitate Dei*.
BAUMBACH G., *Das Verständnis des Bösen in den Synoptischen Evangelien*, Berlin, Evangelische Verlagsanstalt, 1963, p. 326.
BILLICSICH F., *Das Problem des Uebels in der Philosophie des Abelandes*, Wien, Sexl, 3 voll., 1955-1959.
BORNE E., *Mal*, DS, 1980, 122-136.
——, *Mal*, Enc. Univ., v. 10, 1967, 345-47.
——, *Le problème du mal*, Paris, PUF, 1973³, 117 p.
BOYD J. M., *Satan und Mara. Christian and Buddhist Symbols of Evil*, Leiden, Brill, 1975, 9-188 p.
BRO B., *Le pouvoir du mal*, Paris, Cert,1976, 341 p.
BRUN J., *Le démoniaque*, EsiMit, v. I, 1980, 15-28.
CONGAR Y. M. J. op, *Das Problem des Uebels*, GoMU, 1963, 714.
DEMAN TH., *Le mal et Dieu*, Paris, Aubier-Montaigne, 1948, 190 p.
——, *Le mal est parmi nous*, Paris, Aubier-Montaigne, 1948.
——, *Demoniaco e problema del male*, EsiMit, v. I, 1980, 3-180.
DREWERMANN E., *Strukturen des Bösen. Die jahwistische Urgeschichte in exegetischer, psychoanalytischer und philosophischer Sicht. Teil I Die jahwistische Urgeschichte in exegetischer Sicht*, München-Wien, Scöningh 1977, 355 p.
GALOT J., *Dieu souffre-t-il?*, Paris, Lethielleux, 1976, 222 p.

GEIGER L. B., *L'expérience humaine du mal*, Paris, Cerf, 1969, 213 p.
HAGER F. P., *Die Vernunft und das Problem des Bösen im Psalmen der platonischen Ethik und Metaphysik*, Bern-Stuttgart, Haupt, 1963.
HICK J., *Death and eternal life*, London, Collins, 1976, 495 p.
JERPHAGNON L., *Le mal et l'existence*, Paris, Ed. Ouvrières, 1966, 124 p.
JOLIVET R., *Le problème du mal d'aprés saint Augustin*, Paris, Beauchesne, 1936, 167 p.
——, *Le mal, essai théologique*, Paris, Desclée de Br., 1961, 334 p.
KANT I., *Die Religion innerhalb der Grenzen der blossen Vernunft (1793)*, Stuttgart, Reclam, 1974, p. 302; tr. it.: *La Religione entro i limiti della sola ragione*, Roma-Bari, Laterza, 1980, 44-240.
LACROIX J., *Philosophie de la culpabilité*, Paris, PUF, 1977, p. 175.
LAVELLE L., *Le mal et la souffrance*, Paris, Plon, 1940, p. 230.
LAZZARINI R., *Il male nel pensiero moderno*, Napoli, 1936.
LEIBNIZ G. W., *Essai de theodicée sur la bonté de Dieu, la bonté de l'homme et l'origine du mal*, in: *Die philosophischen Schriften* (Hrsg. C. I. Gerhardt), Berlin, Weidmann, vol. VI, 21—436; tr. it.: *Teodicea* (a cura di V. Mathieu), Bologna, Zanichelli, 1973, 504 p.
——, *Confessio philosophi. La profession de foi du philosophe* (Texte, traductions et notes par Y. Belaval), Paris, Vrin, 1961
LEWIS C.S., *The Problem of Pain*, Fontana B., London, Collins, 1957, 9-148.
LUETHI K., *Gott und das Böse*, Zürich, Zwingli, 1961, 269 p.
MARITAIN J., *S. Tommaso d'Aquino e il problema del male*, c. II in: id., *Da Bergson a Tommaso d'Aquino. Saggi di metafisica e di morale* (trad.), Milano, Vita e Pensiero, 1980, 208-233.
——, *Dieu et la permission du mal*, Paris, Desclée de Br., 1963; tr. it.: *Dio e la permissione del male*, Brescia, Morcelliana, 1965.
MARTELET G., *Victoire sur la mort. Elements d'anthropologie chrétienne*, Paris, Chronique Sociale de France, 1962, 154 p.
NABERT J., *Essai sur le mal*, Paris, PUF, 1955, p. 165.
RUIZ DE LA PEÑA J. L., *Muerte y marxismo humanista. Approximación teológica*, Salamanca, Sigueme, 1978, 209 p.
PETIT F., *Le problème du mal*, Paris, Fayard, 1961, 121 p.
PETREMENT S., *Le dualisme chez Platon, les gnostiques et les manichéens*, Paris, PUF, 354 p.
PORTMANN P., *Die Böse. Die Ohnmacht der Vernunft*, Meisenheim a. Glan, Hain, 1966, 10-168.
RABUT O., *Le mal, question sur Dieu*, Tournai, 1971; tr. it.: *Il male, interrogativo su Dio*, Roma, Coines, 1972, 123 p.
REBOUL O., *Kant et le problème du mal*, Paris, PUF, 1971, 18-272.
RICOEUR P., *Philosophie de la volonté*, Paris, Aubier, I *Le volontaire et l'involontaire*, 1949, 464 p., II *Finitude et culpabilité*, 1960: 1 *L'homme faillible*, 164 p., 2 *La symbolique du mal*, 333 p.
SERTILLANGE A. D., *Le problème du mal*, Paris, Aubier-Montaigne, I *l'Histoire*, 1949, 414 p., II *La solution*, 1951, 142 p.; tr. it.: *Il problema del male*, Brescia, Morcelliana, 2 voll., 1951-54.
STEMBERGER G., *La symbolique du bien et du mal selon saint Jean*, Paris, Seuil, 1970, 273 p.; tr. it.: *La simbolica del bene e del male in S. Giovanni*, Milano, Paoline, 1972, 350 p.
TOMMASO D'AQUINO, *Quaestiones disputatae: De Malo*.
——, *Summa Theologica*, I, q. 48-49.
VARILLON F., *L'humilité de Dieu*, Paris, Le Centurion, 1974, 160 p.
VERNEAUX R., *Problème et mystères du mal*, Paris, La Colombe, 1970, 202 p.

7,8 *presenza, trascendenza, immanenza*

BELLAH R. N., *Transcendence in contemporary piety*, in « RelSit, 1969, 896-909. »
CASSIDY L. L. sj, *Existence and Presence. The Dialectics of Divinity*, University Press of America, Washington, 1981, 137 p.
CASTILLO CABALLERO D., *Trascendencia e immanencia de Dios en S. Bonaventura*, Salamanca, Naturaleza y Gracia, 1974, 308 p.
CAYRÉ A. A., *Dieu présent dans la vie de l'esprit*, Paris, Desclée de Br, 1951, 240 p.
COCCIA A., *Immanenza e trascendenza di Dio nel pensiero di S. Tommaso e G. Gentile*, TomSC 2, 1974, 205-215.
DUPRÉ L., *Transcendance et objectivisme*, ErmFil, 1977, 265-272.
GIACON C., *Il problema della trascendenza. Saggi e studi di filosofia contemporanea*, Bocca, Milano, 1942.
GIANNINI G., *La tematica della trascendenza. Lineamenti di una fondazione metafisica del finito*, Roma-Parigi, Desclée (Coll. Phil. Later.), 1964, 264.
GIANNINI G., *I presupposti della trascendenza. Note critiche sul pensiero contemporaneo*, Milano, Marzorati, 1959, 402 p.
GRÉGOIRE A. sj *Immanence et Transcendence. Questions de théodicée*, Bruxelles: L'Edit. Universelle, Paris: Desclée de Br., 1939, 229 p.
HEINRICHS M., *Transcandance et immanence divines*, cap. IV in : *Théologie catholique et pensée asiatique*, Tournai-Paris, Casterman, 1965, pp. 161-195.
KEILBACH W., *Transcendenz, Archetypus, Mysterium*, RelRel, 1976, 121-138.
KORVIN-KRASINSKI V. VON osb, *Die west östliche Transzendenz- und immanenzfrage in die religiöse Krise der Gegenwart*, RelsW, 1976, 188-200.
LEFEBURE H., *La présence et l'absence. Contribution à la théorie des représentations*, Paris, Casterman, 1980, 244 p.
MEHL R., *Vie intérieure et transcendance de Dieu*, Paris, Cerf, 1980, 236 p.
MOONEY C. F. sj, *The presence and absence of God*, New York, Fordham University Press, 1969, 11-178.
NICOLAS J. H., *Transcendance et immanence de Dieu*, 1981, 337-349.
PENZO G., *Trascendenza metafisica e trascendenza ontologica*, TomSC 6, 1977, 320-377.
PICLIN M., *La notion de transcendance*, Paris, Colin, 1969, 344 p.
RICHTER L., *Immanenz und Trancendenz im nachreformatorischen Gottesbild*, Gottingen, Vandenhoeck und Ruprecht, 1955, p. 128.
SENNE LE R., *Immanence et transcendance*, in id., *La découverte de Dieu*, Paris, Paris, Aubier-Montaigne. 1955, 205-248.

8. - ERMENEUTICA, INTENZIONALITÀ, LINGUAGGIO RELIGIOSO

8,1 *Ermeneutica*

ARNOU R., *L'homme a-t-il le pouvoir de connaître la vérité?*, Rome, Presses de l'Université Gregorienne, 1970, 255 p.
BALTHASAR H. U. VON, *Phénoménologie de la vérité. La vérité du monde*, Paris, Beauchesne, 1952, 262 p.; orig.: *Wahrheit. Ein Versuch*. I *Wahrheit der Welt*, Einsideln-Zürich, Benziger, 1947.
CASTELLI E. e V. MATHIEU, *« L'ermeneutica della filosofia della religione ». Introduzione:* E. CASTELLI, 1-5; *Tematiche introduttive a un dibattito:* V. MATHIEU, 7-9, in: ErmFil 1977, Roma.

Coreth E., *Grundfragen der Hermeneutik. Ein Philosophischer Beitrag*, Freiburg, Herder, 1969; tr. sp.: *Cuestiones fundamentales de hermenéutica*, Barcelona, Herder, 1972, 263 p.
Cousins E. H., *La pluralisation de l'herméneutique. La métamorphose de la philosophie de la religion*, ErmFil 1977, 205-217.
——, *Interreligions Dialogue and the Future of Hermeneutics*, EsiMit, 1980, v. II, 93-102.
Demitizzazione e immagine, CISU, Roma, Istituto di Studi Filosofici, 1962, 352 p.
Dolch H., *Glauben und Wissen*, GoMu, 1963, 646-670.
L'ermeneutica della filosofia della religione, CISU, Roma, Istituto di Studi Filosofici, 1977, 24-486 p. (ErmFil).
L'ermeneutica della libertà religiosa, CISU, Roma, Istituto di Studi Filofosici, 1968, 646 p.
Ermeneutica e demitizzazione, in EsiMit, v. II, 1980 3-168.
Ermeneutica della secolarizzazione, Roma, Istituto di Studi Filosofici, 1976, 503.
Fausti S., *Ermeneutica teologica. Fenomenologia del linguaggio per una ermenueneutica teologica*, Bologna, EDB,1973.
Gadamer H. G., *Kleine Schriften*, Tübingen, Mohr, 1967: I *Philosophie: Hermeneutik*, 230 p., II *Interpretationen*, 234 p., III *Idee und Sprache: Platon, Husserl, Heidegger,;* tr. it.: *Ermeneutica e metodica universale* (tr. U. Margiutta), Torino, Marietti, 1973, 287 p.; *Hegel e l'ermeneutica* (intr. V. Verra), Napoli, Bibliopolis, 1980, p. 69.
——, *Le problème de la conscience historique*, Louvain, Publ. Univers. 1963, p. 87; tr. it.: *Il problema della coscienza storica*, Napoli, Guida, 1969, p.93.
——, *Wahrheit und Metode*, Tubingen, Mohr, 1979, 51-559; tr. ingl.: *Truth and Method*, London, Sheed & Ward, 1975, 26-551; tr. it.: *Verità e Metodo* (a cura di G. Vattimo), Milano, Fabbri, 1972, 48-582.
Geffré G., *Le déplacement actuel de l'herméneutique et ses conséquences actuelles pour une théologie de la révelation*, EsiMit, v. II, 1980, 37-48.
Levinas E., *Herméneutique et Au-delà*, ErmFil, 1977, 11-20.
Marlé R., *Ermeneutica e teologia*, CorrTeol, 1974, 253-264.
Miegge M., *Sull'interpretazione del linguaggio religioso*, BilEmp, v. II t. II, 1974, 112-118.
Nygren A., *Meaning and Method: Prolegomena to a Scientific Philosophy of Religion and Scientific Theology*, Philadelphia, Fortress 1972.
Palmer R. E., *Hermeneutics, Interpretation, Theory in Schleiermacher, Dilthey, Heidegger, and Gadamer*, Evanston, Northwestern University Press, 1969, 18-283.
Pannenberg W., *Ermeneutica come metodologia della comprensione del senso*, c. III in: id., *Epistemologia e teologia*, Brescia, Queriniana, 1975, 149-212.
Pareyson L., *Verità e interpretazione*, Milano, Mursia, 1971.
Pye M., *Comparative Hermeneutics in Religion*, in: M. Pye & R. Morgan (edd) *The Cardinal Meaning. Essays in Comparative Hermeneutics: Buddhism and Christianity*, The Hague - Paris, Mouton, 1973, pp. 9-58.
Ricoeur P., *Le conflict des interprétations. Essais d'herméneutique*, Paris, Seuil, 1969.
——, *Ermeneutica filosofica ed ermeneutica biblica*, Brescia, Paideia, 1977.
——, *Événement et sens dans le discours*, in: M. Philibert, *Ricoeur*, (Philosopohes de tous le Temps), Paris, Seghers, 1971, pp. 177-187.
——, *La métaphore et le problème central de l'herméneutique*, Riv Phil Louv, 70 (1972), 93-112.
——, *La métaphore vive*, Paris, Seuil, 1975.
——, *The Problem of the Double-Sense as Hermeneutic Problem and as Semantic Problem*, in: MytSy, 1969, pp. 63-79.

Ricoeur P. e E. Juengel, *Metapher. Zur Hermeneutik religiöser Sprache*, Kaiser, München, 1974; cfr. *Dire Dio. Per un'ermeneutica del linguaggio religioso* (Ed. G. Grampa), Brescia, Queriniana, 1978, 180 p.
Riedel M., *Verstehen oder Erklären? Zur Theorie und Geschichte der Hermeneutics der Wissenschaften*, Stuttgart, Klett - Cotta, 1978.
Wach J., *Das Verstehen: Grundzüge einer Geschichte der hermeneutischen Theorie im 19. Jahrhundert*, Tübingen, Mohr, 3 voll., 1926-1933.

8, 2 *Intenzionalità, intuizione, astrazione, giudizio*

Aliotta, A., *Le origini dell'irrazionalismo contemporaneo*, Napoli - Città di Castello, Perrella, 1928, 101 p.
Bergson H., *La filosofia dell'intuizione. Introduzione alla metafisica ed estratti di altre opere* (a cura di G. Papini), Lanciano, Carabba, 1920, 126 p.
Beth E. W., *Cogito ergo sum: raisonnement ou intuition?*, « Dialectica », 12 (1958), 223-235.
Bjelke J. F., *Das Problem der intuition im Rationalismus und Empirismus*, « Z. philos. Forsch » 26 (1972), 546-62.
Bohm D., *On Insight and its significance for science, education, and values*, « Epistemologica » III (1980) 153-74.
Boler J., *Ockham on intuitive cognition*, « J. Hist. Philos », 11 (1973), 95-106.
Boyer C. sj, *La philosophie augustinienne ignore-t-elle l'astraction?*, « NRevTh », 1930, 817-830.
Brentano F., *Die Psychologie von Aristoteles, insebesondere seine Lehre von noûs poietikós*, Magonza, 1897.
Bréton S., *Réflexions sur l'intentionnalité*, « Euntes Docete », 1950, 40-74.
Bullinger A., *Aristotele's Nus-Lehre*, Dilingen, 1882.
Cenacchi G., *L'argomento intuitivo di S. Anselmo in S. Bonaventura*, SanBo, 1976, v. II, 11-125.
Cerri S., *Per una fenomenologia dell'intenzionalità in S. Tommaso*, « RivFilosNeoscol », 1966, 395-426.
——, *La nozione di intenzionalità in Husserl e S. Tommaso. Appunti*, ib., 1967, 700-725.
Colombo A., *Intenzionalità*, in: EncFil 4, 1979, 669-673.
Day S. ofm, *Intuitive cognition. A Key to the significance af the later Scholastics*, New York, The Franciscan Institute, 1947, 216 p.
Eley L., *Intuition*, in: *Hb philos. Grundbegriffe* (Krings etc.), v. 3, 1973, 748-760.
——, *Die Krise des Apriori in der traszendentalen Phänomenologie Edmund Husserls*, Den Haag, Nijhoff, 1962, 7-146.
Franz E. Q., *The Thomistic Doctrine of the Possible Intellect*, Washington, Catholic University of America Press, 1950, 12-189.
Frey Ch., *Zwischen Intuition und Goldener Regel*, « Z. Evang. Ethik », 19 (1975), 215-233.
Garceau B., *Iudicium: vocabulaire, sources, doctrine de saint Thomas d'Aquin*, Paris, Vrin, 1968, 286 p.
Geiger S., *Der Intuitionbegriff in der Katholischen Religions-Philosophie der Gegenwart*, Freiburg, Herder, 1926, 111 p.
Grasset B., *Comprendre et inventer. Essai sur la connaissance*, Paris, 1953, 181 p.
Grabmann M., *Der Göttliche Grund menschlicher Wahrheitserkenntnis nach Augustinus und Thomas von Aquin*, Munster i. W., 1924.
Grégoire F., *Notes sur les termes intuition et experience*, « Rev Phil Louv », 1946, 401, 415.
Hayen A., *L'intentionnel selon St. Thomas*, Desclée de Br., Paris-Bruges, 1954 [2], 286 p.
Hintikka J., *Intuitions and Philosophical Method*, « Rev. Int. Phil. », 35 (1981), 74-90.

HOENEN P., *La réflexion précédant le jugement,* cap. V in: id., *La théorie du jugement d'apès St. Thomas d'Aquin,* Romae, PUG, 1953, pp. 153-188 (cfr. anche capp. VI-VII, pp. 189-245).

HOENIGSWALD R., *Abstraction und Analysis,* Stuttgrat, Kohlhammer, 1961, 273 p.

IVANKA A. DE, *L'intuition chez Kant et chez Aristote,* « Rev. neoschol Phil », 1931, 381-390.

JOLIVET R., *L'intuition intellectuelle et le problème de la métaphysique selon Descartes,* « Archiv Phil. », 2 (1934), 1-111.

KOBUSCH TH., *Intuition,* in: RITTER J. - GRUENDER K., *Historisches Wörterbuch der Philosophie,* Basel-Stuttgart, Schwabe, Bd. IV, 1976, 524-540.

LAZZARINI R., *Intenzionalità e istanza metafisica,* Milano, Bocca, 1955.

——, *C'è una intenzionalità della conoscenza secondo la gnoseologia agostiniana?,* « Augustinus », 1958, 205-13.

——, *Le forme del sapere e il messaggio dell'intenzione,* Padova, La Garangola, 1972, 314 p.

LE ROY E., *La pensée intuitive,* Paris, Boivin 2 voll., 1929-30.

LEVINAS E., *La théorie de l'intuition dans la phénomenologie de Husserl,* Paris, Alcan, 1930, 224 p.

LONERGAN B., *Cognitional Structure,* in: *Collection,* New York, Herder, 1967, 221-229.

——, *Reflective Understanding,* e: *Self-Affirmation of the Knower,* capp. X e XI di: id., *Insight,* London-New York, Longmans, Green, 1958, pp. 279-316 e 319-347.

LOSSKIJ N. O., *Die Grundelegung der Intuitivismus. Eine propädeutische Erkenntnistheorie,* Halle a. S., Niemeyer, 1908, 350 p.

——, *L'Intuition, la Matière et la Vie,* Paris, Alcan, 1928, 178 p.

——, *Intuitivism,* Praha, 1935, 32 p. (Sect, des Sciences philos. etc., n. 12).

——, *Intellectual Intuition and Ideal Being,* Praha, 53 p. (id. n. 1).

MARÉCHAL J., *Le dynamisme intellectuel dans la connaissance objective,* in: *Mélanges J. Maréchal,* Bruxelles-Paris, Desclée de Br., t. I, 1950, 75-101.

——, *Au seuil de la métaphysique: abstraction ou intuition,* in: *Mélanges J. Maréchal,* Paris, id., v. I, 1950, pp. 102-180.

MARITAIN J., *Pour une épistémologie existentielle (IV). Pas de savoir sans intuitivité,* in: id., *Approaches sans entraves,* Paris, Fayard, 1973, 372-420.

MOREAU J., *The Problem of Intentionality and Classical Thought,* « Intern. Phil. Quart. », 1961, pp. 215-234.

MURALT A. DE, *« L'élaboration husserlienne de la notion d'intentionnalité. Esquisse d'une confrontation de la phénoménologie avec ses origines scholastiques,* "Th Phil" », 10 (1960), 265-284.

OESER E., *Begriff und Systematik der Abstraction. Die Aristoteles interpretation bei Thomas von Aquin, Hegel und Schelling als grundlegung der philosophischen Erkenntnislehre,* Wien-München, Oldenburg, 1969, 508 p.

OLGIATI F., *L'intenzionalità della conoscenza,* « Riv Filos neoscol », 1943, 5-23.

PALIARD J., *Intuition et réflexion, esquisse d'une dialectique de la conscience,* Alcan, Paris, 1925, 464, p.

PATOCKA J., *Der Geist und die Grundschichten der Intentionalität,* in « Philos », (Belgrado), 1936, 67-76.

PFLUG G., KUNNEL S. e HEYTING A., *Intuitionismus,* in: RITTER J. e GRUENDER K., *Historisches Wörterbuch der Philosophie,* Basel-Stuttgart, Schwabe, Bd. 4, 1976, 540-544

REITER J., *Intuition und Transcendenz. Die ontologische Struktur des Gotteslehre bei*

Jacques Maritain, München, Pustet, 1967, 230 p.
RIVERA J. E., *El conocimiento por connaturalidad en Santo Tomás de Aquino*, «Philos» (Valparaiso), II-III, 1979-80, 87-99.
SANTELER J., *Intuition und Wharheitserkenntnis* (Philos. u. Grenzwiss., 6, 1), Innsbruck, Rauch, 1934, 8-107 p.
SIMONIN H. D. op, *La notion d'« intentio » dans l'oeuvre de saint Thomas d'Aquin*, «Rev. de sc. phil. et théol.», 1930, 445-463.
SOMOGYI J., *Das Problem der intuitiven Erkenntnis*, in: *Philosophia Perennis*, v. II, Regensburg, Habbel, 1930, 695-708.
SPIEGELBERG H., *Der Begriff der Intentionalität in der Scholastik, bei Brentano und bei Husserl*, in: «Philos. Hefte» 5 (1936), 75-91.
STEENBERGEN A., *Henri Bergsons intuitive Philosophie*, Jena, Diederichs, 1909, 109.
TEICHMUELLER G., *Neue Studien zur Geschichte des Begriffe*, III: *Die praktische Vernunft bei Aristoteles*, (Gotha 1879), repr. Hildesheim 1965.
VANNI ROVIGHI S., *Una fonte remota della teoria husserliana dell'intenzionalità*, in: PACI E. (cur), *Omaggio a Husserl*, 1960, 49-65.
——, *Problema della conoscenza, fenomenologia della conoscenza e problemi del conosciuto*, «Riv. Fil. neoscol.», 1966, 163-175.
VERDÚ A., *Abstraction und Intuition als Wege zur Wahrheit in Yoga und Zen*, München, Pustet, 1965, 309 p.
VRIES J. DE, *Denken und Sein. Ein Aufbau der Erkenntnistheorie*, Freiburg i. B. Herder, 1937, 10-304, spec. c. 3.; tr. fr.: *La pensée et l'être*, Louvain, Paris, Nauwelaerts, 1962, 478 p.
WAARDENBURG J. D. J., *Gründsätzliches zur Religionsphänomenologie*, «Neue Zeitsch, STh», 14 (1972), 3, 315-355.
WEHIER F., *Die Lehre des Thomas von Aquin über den Intellectus Possibilis*, Münster i. W., 1921.
WINDISCER H., *Franz Brentano und die Scholastik*, Innsbruch, Rauch, 1936, 64 p.

8,3 *linguaggio religioso*

L'analisi del linguaggio teologico: il nome di Dio, CISU, Roma, Istituto di Studi Filosofici, 1969, 550 p. (AnaLT).
ANTISERI D., *La teologia come grammatica*, BilEmp, v. II, t. II 1974, 66-72.
BOGLIOLO L., *Sulla fondazione del linguaggio religioso*, BilEmp, v. II t. II, 1974, 97-102.
CARACCIOLO A., *Esperienza e linguaggio religioso*, in BilEmp, 1973, v. I, 129-158; *Conclusione del relatore*, v. II t. II, 1974, 140-154.
CHARLESWORTH M. J., *Philosophy and Linguistic Analysis*, Pitesburg, Nauwelaerts, 1959, 13-234.
CRISTALDI G., *Sulla problematica del linguaggio religioso*, in BilEmp, v. II t. II, 1974, 119-126.
Dibattiti sul linguaggio teologico, CISU, Roma, Istituto di Studi Filosofici, 1969, 220 p.
DUMAS A., *Nommer Dieu*, Paris, Cerf, 1980, 329.
FAWCETT TH., *The Symbolic Language of Religion*, Minneapolis (Miss), Augsburg P. House, 1971, 288 p.
CAMPBELL J., *The secularisation of the sacred*, in RelSit, 1968, 601-637.
GEERTZ CL., *Religion as a Cultural System*, in: RelSit, 1968, 639-688, *Commentary* by Talcott Parsons, 688-694.

GILSON E., *Linguistique and philosophie. Essai sur les constants philosophiques du langage*, Paris, Vrin, 1969, 309 p.
KERÉNYI K., *Il linguaggio della teologia e la teologia della lingua*, in AnaLT, 1969, 23-32.
KUHNS W. & R. STANLEY, *Coexpression and Religious Language*, in: RelSit, 1969, 869-895.
LADRIÈRE J., *L'articulation du sens. Discours scientitique et parole de la foi*, Bruges, Desclée de Br., 1970, 242 p.
Il linguaggio dell'uomo religioso, Torino, Marietti, 1979, 112 p.
LUCIER P., *Empirisme logique et language religieux, trois approaches anglosaxones contemporaines: R. B. Braithwaite, R. M. Hare, I. T. Ramsey*, Tournai, Desclée; Montréal: Bellarmin, 1976, 461 p.
MICHELETTI M., *Agnosticisme e analisi logica*, BilEmp, V. II t. II, 1974, 73-82.
MICHELS T., & A. PAUS, *Sprache und Sprachverständnis in religiöser Rede. Zum Verhältnis von Theologie und Linguistik*, Salzburg-Munchen, Pustet, 1973, 223 p.
MOULOUD N. (ed), *Le languages, le sens, l'histoire. Colloque international de l'Université de Lille III, janvier-mai 1972*, Lille, Publications de l'Université, 1972.
RICOEUR P., *La métaphore vive*, Paris, Seuil, 1975, 413, (cfr. 8,1 sopra).
SANTONI R. H. (ed), *Religious Language and the Problem of Religious Knowledge*, Bloomington & London, Indiana University Press, 1968.
VERGOTE A., *L'interprétation du language religieux*, Paris, Seuil, 1974, 220 p.
WHEELWRIGHT P., *Metaphor and Reality*, Bloomington, Indiana University P., 1962, 192 p.

9 ESPERIENZA RELIGIOSA, RELIGIONE

9,1 *esperienza religiosa in generale (filosoficam. considerata)*

ALBRECHT C., *Probleme der Erkenntnis in der übersinnlichen Erfahrung*, «Kairos» IV (1962), 18-29.
BEINERT W., *Die Erfahrbarkeit der Glaubenswirklickeit*, in: H. ROSSMANN E J. RATZINGER, *Mysterium der Gnade*. Festschrift für J. Auer, Regensburg, Pustet, 1975, 463 p.
BENZ E., *Ergriffenheit und Besessenheit als Grundform Religiöser Erfahrung* in: J. ZUTT, *Ergriffenheit und Besessenheit. Ein interdisziplinäres Gespräch über transculturell-anthropologische und-psychiatrische Fragen*, Bern, München, 1972.
BENZ O. (Hrsg), *Zugänge zur religiösen Ehrfahrung*, Düsseldorf, Patmos, 1980, 118 p.
BOECKLE F. u. a., *Christlischer Glaube und moderne Gesellschaft*, Freiburg, 1980 (cfr. B. CASPER, *Altagserfahrung und Frömmigkeit, 39-72* e: E. SCHILLEBEECKX, *Erfahrung und Glaube*, 73-116).
BRAGUE R., *Was heisst christliche Erfahrung?*, «Int. Kathol. Zeit» (1976), 481-496.
BOUQUET A. C., *Religious experience, its nature, types, and validity*, Cambridge Heffer & Sons, 1933, 133 p.
BRETON J., *L'expérience transcendantale*, «Le Suppl», n. 123, nov. 1977, 513-521.
BRUNNER E., *Erlebnis, Erkenntnis und Glaube*, Tübingen, Mohr, 1923, 8-132.
CLARK W. H., *Intense Religious Experience*, in: ResRed, 1971, 521-550.
CLARK W. H., MALONY H. N., DAANE J., A. R. TIPPET, *Religious Esperience: Its Nature and Function in the Human Psyche*, Sprinfield (Ill), Thomas, 1973, 11-151 p.
D'AMORE B., *Attività intellettiva e intuizione nell'esperienza religiosa*, ProbER, 1961, 244-256.
DEMAISON M. op, *Expérience de la foi*, «Lum Vie» 19 (1970), 39-57.

BOUBLIK V., *Le dimensioni fondamentali dell'esperienza religiosa,* cap. I in: id., *Teologia delle religioni,* Roma, Studium, 1973, pp. 53-93.
DUPUY, *Expérience spirituelle et Théologie comme science,* « NRTh », 1964, 1137-1162.
EGENTER R., *Erfahrung ist Leben. Ueber die Rolle der Erfahrung für das sittliche und religiöse Leben des Christen,* München, Pfeiffer, 1974, 240.
EXARCOS B., *Zur totalitären (= synthetischen) Charakter der religiösen Seelenfunktion,* « ARPs », 9 (1967), 31-41
FABRO C., *Esperienza religiosa,* Enc. Catt. V, 601-607.
AL FARUQI I. R., *The essence of religious experience in Islam,* « Numen », 20, 1973, 186-201.
FENTON J. Y., *Mystical Experience as a Bridge for Cross-Cultural Philosophy of Religion: A Critique,* « J. AmerAcadRel », 49/1, March 1981, 51-76.
FERNANDEZ A., *Sobre la naturaleza de la experiencia religiosa,* Santander, Las Caldas de Besaja, 1955, p. 84.
FUCHS E., *Glaube und Erfahrung. Zum christologischen Problem im Neuen Testament,* Tübingen, Mohr, 1965.
——, *Ueber die Möglichkeit, Gott zu erfahren,* in: *Ges. Aufsätze,* v. III, 174-192.
GEBSATTEL V. E. VON, *Numinose Ersterlebnisse,* in id., *Imago hominis,* Schweinfurt, Neues Forum, 1964, 313-328.
GIACON C., *L'esperienza religiosa: illusione o verità?* ProbER, 1961, 278-293.
GRUHEN W., *Das reine religiöse Erlebnis,* c. IV, in id., *Die Frömmigkeit der Gegenwart,* Münster, 1965, pp. 107-175.
GUARDINI R., *La fenomenologia dell'esperienza religiosa,* pp. 21-26 e: *Das Phaenomen der religiösen Erfahrung,* pp. 39-50, ProbER, 1961.
——, *La funzione della sensibilità nella coscienza religiosa,* in: *Scritti Filosofici,* Milano, Fabbri, v. II, 1964, 137-190.
GUITTON J., *La psychologie de l'expérience religieuse,* ProbER, 1961, 27-30 e 147-160.
HARDY A., *The Spiritual Nature of Man. A Study of Contemporary Religious Experience,* Oxford, Claredon Press, 1979, 162 p.
HOOD R. W., *Anticipation Set and Setting. Stress Incongruities as Elicitors of Mystical Experience in Solitary Nature Situations,* « JSSR », 17 (1978), 279-287.
HOOK S. (ed), *Religious Experience and Truth: A Symposium,* London, Oliver & Boyd, 1962.
JAMES W., *The Varieties of religious experience, a study in human nature,* New York - London, Longmans, Green & Co., 1925 (1902 c.), 11-534.
KAHLEFELD H., *Tiefenerfahrung und Kontemplation in Neuen Testament,* « Geist Leb. », 46 (1973), 16-24.
KALINOWSKI G., *L'expérience de la foi et l'existence de Dieu,* » RevPhilLouv », 70 (1972), 620-634.
KING S. B., *Concepts, anti-concepts and religious experience,* « RelStud », 14 (1978), 445-458.
KOEPF U., *Religiöse Erfahrung in der Theologie Bernhards von Clairvaux,* Tübingen, J. C. B. Mohr, 1980, 247.
LARSEN J. A., *Self-actualistion as related to frequency, range and pattern of religious experience,* « J. Psych. Theol », 7 (1979), 39-47.
LAZZARINI R., *La fenomenologia dell'esperienza metafisica in relazione alla esperienza religiosa,* ProbER, 1961, 51-73.
LÉONARD A., *Expérience spiritualle,* DS IV, 1961, 2003-2026.
LONERGAN B., *Opennes and Religious Experience,* ProbER, 1961, 460-462.
LOTZ J. B., *La filosofia dell'esperienza religiosa,* pp. 31-35; *Zur philosophischen Klärung der religiösen Erfahrung;* pp. 259-277; *Risposte e conclusioni,* pp. 473-483, ProbER, 1961.

—, *Metaphysische und religiöse Erfahrung*, pp. 404-452; *Nachtrag*, 453-466, in: id. *Mensch...*, 1967.
MANIGNE J. P., *Pour une poétique de la foi*, Paris, Cerf, 1969, 162 p.
MATHIEU V., *L'autenticità dell'esperienza religiosa*, ProbER, 1961, 203-207.
Metafisica e esperienza religiosa, Roma, Bocca, 1956.
MEYER CH. R., *A theological analysis of religious experience; the touch of God*, Staten Island, N. Y., Alba House, 197, 156 p.
MOREAU J., *« Experience » religieuse*, ProbER, 1961, 344-346.
MORRA G., *Esperienza religiosa e morale*, BilEmp, v. II t. II, 1974, 103-111.
—, *Il problema dell'esperienza religiosa nel positivismo*, ProbER, 1961, 218-228.
MOORE J. M., *Theories of Religious Experience With Special Reference to James, Otto, and Bergson*, New York, Round Table Press, 1938, 11-253.
MOUROUX J., *L'expérience chrétienne. Introduction à una théologie*, Aubier-Montaigne, Paris, 1952, 376 p.; tr. it.: *L'esperienza cristiana. Introduzione a una teologia*, Brescia, Morcelliana, 1956, 358 p.
—, *La notion d'expérience religieuse*, « Rech Sc. Rel », 1947, pp. 5-29.
—, *Sur la possibilité de l'expérience chrétienne*, in : M. REDING, H. EFFERS, F. HOFFMANN (Hrsg), *Abhandlungen über Theologie und Kirche. Festschrift für Karl Adam*, Düsseldorf, Patmos-Verlag, 1952, pp. 43-59.
MUELLER M., *Erfahrung und Geschichte. Grundzüge einer Philosophie der Freiheit als transzendentale Erfahrung*, Freiburg-München, Abber, 1971.
MUELLER - POZZI H., *Psychologie des Glaubens. Versuch einer Verhältnisbestimmung von Theologie und Psychologie*, Grünewald, Kaiser, 1975, 192 p.
MUÑOZ - ALONSO A., *Experiencia religiosa y experiencia ética*, ProbER, 1961, 74-77.
NAVRATIL M., *La phénoménologie de l'expérience esthétique dans ses rapports avec l'expérience religieuse*, ProbER, 1961, 78-92.
NÉDONCELLE M., *Expérience esthétique et Expérience religieuse*, ProbEr, 1961, 116-119.
NIEBHUR R., *Experiential Religion*, New York, Harper & Row, 1972, 143 p.
OAKES R., *Religious Experience, Sense Perception and God's Essential unobservability*, « Rel Stud », 17 (1981), pp. 357-367.
PAUS A. OSB, *Religiöser Erkenntnisgrund. Herkunft und Wesen der Aprioritheorie Rudolfs Ottos*, London, Brill, 1966, 10-238.
PAULSON J., *Zur Phänomenologie des Schamanismus*, « Zt. f. Religions - und Geistesgesch. », 13 (1964), 121-141.
Pensiero mitico, metafisica, analisi dell'esperienza, Brescia, Morcelliana, 1969.
PINARD DE LA BOULLAYE H., *La théorie de l'expérience religieuse de Luther à W. James*, « Rev d'Hist. eccl. », 1921, 63-83.
POELL W., *Das religiöse Erlebnis und seines Strukturen*, München, Kösel, 1974, 303 p.
Il problema dell'esperienza religiosa, (Atti XV Convegno, Gallarate 1960), Brescia, Morcelliana, 1961.
RABUT O., *L'expérience religieuse fondamentale*, Tournai, Casterman, 1969, 188 p..
RADIN P., *Die religiöse Erfahrung der Naturvölker*, Zürich-Stuttgart, Rhein-Verlag, 1951, 128 p.
RATZINGER J., *Erfahrung und Glaube. Theologische Bemerkungen zur katechetischen Dimension des Themas*, « Int. kath. Zeit. », 9 (1980), 58-70.
RIESENHUEBER K., *Existenzerefahrung und Religion (Unser Glaube. Christlisches Selbstverständnis heute)*, Mainz, Matthias-Grünewald, 1968, 126 p.
RIET G. VAN, *Expérience religieuse et philosophie*, ProbER, 1961, 161-167.

Rigobello A., *Sapere filosofico e strutture dell'esperienza religiosa*, ProbER, 1961, 426-434.
Rudin J., W. Schoellgen U. A. (Hrsg)., *Religion und Erlebnis, ein Weg zur Ueberwindung der Religiöser Krise*, Olten, Walter, 1963, 263 p.
Sagne J. C., *De l'expérience de l'être à l'écoute de la parole*, « Le Suppl » nov. 1977, 507-512.
Schlette H. R., *Zur Metamorphose der religiösen Erfahrung*, in: W. Strolz (Hrsg) *Religiöse Grunderfahrungen*, Freiburg, 1977.
Senne R. Le, *L'expérience de la valeur*, in: id., *La découverte de Dieu*, Paris, Aubier Montaigne, 1955, 165-204.
Siman Emmanuel Pataq, *L'expérience de l'Esprit par l'Eglise d'après la tradition syrienne d'Antioque*, Paris, Beauchesne, 1971, 352 p.
Stenger H., *Menschliche Beziungen und Transzendenzerfahrung*, RelTief, 1975, 67-82.
Timpte T., *Die religiöse Erfahrung in der Sicht heutiger Thomisten*, Salzburg, 1965 (Diss., Anselmianum).
Transcendence and religius experience. Paper read at the Conference of the Christian Philosophers' Group, Special Section, in: « Rel Stud », 15 june 1979. pp. 195-263.
Le vide, expérience spirituelle en Occident et in Orient, Hermes n. 6, Minard, Paris, 1969.
Wahl J., *L'expérience métaphysique*, Paris, Flammarion, 1965, 223 p.
Weischedel W., *Wesen und Aufgabe der metaphysischen Erfahrung*, in: Actes du XIéme Congrès International de Philosophie, 1953, v. IV, 121-127.
——, *Zum Problem der metaphysischen Erfahrung*, in: id., *Wirklichkeit und Wirklichkeiten, Aufsätze und Vorträge*, Berlin; de Gruyter, 1960, 103-113.
Zellinger E., *Wissenschaftliche Empirismus und Erfahrungwissenschaft*, GoIW, 1964, v. I, 3-38.
Zuanazzi G. F., *Esperienza religiosa e sviluppo della personalità*, « Medicina e morale », 18 (968), pp. 11-25.

9,2 esperienza mistica

Albrecht C., *Das Mystische Erkennen, Gnoseologie und Philosophische Relevanz der Mystischen Relation*, Bremen, Schünemann, 1958.
Ancilli E., (cur) *La mistica non cristiana*, Brescia, Morcelliana, 1969.
Artola A. M., « *Comprehensus a Christo Domino* » *(Fil 3,12). La struttura della esperienza di Cristo in San Paolo Apostolo*, MiMo, 1978, 202-213.
Baham V. M., *Mysticism and the Afro-American religious experience*, « J. Rel. Th. » 35, Spring-Summer 1978, 68-77.
Bastide R., *Les problèmes de la vie mystique*, Paris, Colin, 1931, 216 p.
Bharati A., *The Light at the Center: Context and Pretext of Modern Mysticism*, Santa Barbara, Ross-Erikson, 1976, 254 pp.
Benz E., *Les Sources Mystiques de la Philosophie Romantique Allemande*, Paris, Vrin, 1966, 152 p.
——, *Mensch und Mystik*, in: B. Staehylin e S. Jenny, *Das Bild vom Menschen, wie ist es heute, wie soll es werden*, Zürich, 1971, 107-120.
——, *Urbild und Abbild. Der Mensch und die mystische Welt. Gesammelte Eranos-Breiträge*, Leidenn; Brill, 1974, 598 p. (UrAb).
——, *Vision und Führung in der christlichen Mystik*, UrAb, 1974, 169-193.
Bjoerkhem Oe., *Definitionsprobleme der modernen Mystikforschung*, « Archiv Rel. psy » 14 (1980), 192-200.

BLONDEL M., *Le problème de la mystique*, in: *Qu'est-ce que la mystique? Quelques aspects historiques et philosophiques du probléme*, Paris, Bloud & Gay, 1925.
BRETON S., *Critica, rivoluzione e mistica nel linguaggio d'oggi*, MiMo, 1978, 112-129.
BUTLER C., *Il misticismo occidentale*, Bologna, Il Mulino, 1970, 420 p.
CARLOYE J. C., *The Truth of Mysticism*, « RelStud », 16 (1980), 1-13.
CARROGUES M., *L'avventura mistica della letteratura*, Roma, Abete, 1968, 488 p.
CHARI C. T. K., *The mystical horizons of personality*, pp. 558-563, in: *S. Radhakrishnan Souvenir Volume*, ATREYA (ed), Moradabad, Darshana International, 1964, p. 600.
La comunione con Dio secondo S. Giovanni della Croce, Roma, Teresianum, 1968, 236 p.
CUGNO A., *Mystique et confession de foi*, in: C. BRUAIRE (ed), *La confession de la foi*. Textes, Paris, Fayard, 1977, 117-136.
DAVY M. M., *Encyclopédie des mystiques*, Paris, Seghers, 4 voll., 1977-78.
—, *Encyclopédie des mystiques orientales*, Paris, Laffont, 1975, 22-349.
DUMOULIN H., *Oestliche Meditation und Christliche Mystik*, Freiburg, Alber, 1966, 340 pp.
FESTUGIÈRE A. J., *Hermétisme et Mystique Paienne*, Paris, Aubier-Montaigne, 1967, 335 p.
FISCHER-BARNICOL H., *Mystik und Wissenschaft*, « Kairos » IV, 1962, 174-189.
GABRIELE DI S. MARIA MADDALENA, *L'unione con Dio secondo S. Giovanni della Croce*, Roma, Monastero S. Giuseppe, 1956, 240 p.
GARDEIL A., *La structure de l'âme et l'espérience mystique*, Paris, Lecoffre, 1927, 2 voll.
GARDET L., *La connaissance mystique chez Ibn Sina et ses présupposés philosophiques*, Caire, Publ. de l'Institut Franç. d'Archéologie Orientale, 1952, 68 p.
—, *Expériences mystiques en terres non chrétiennes*, Paris, Alsatia, 1953, 181 p.
—, *La mystique*, Paris, PUF, 1970, 126 p.
—, *Thèmes et textes mystiques. Recherche de critères en mystique comparée*, Paris, Alsatia, 1958.
GRAFF H., *The Story of Mysticism*, New York, Doubleday, 1965 (tr. fr. e spagn.).
GREELEY A. M., *Ecstasy. A Way of Knowing*, Englewood Cliffs, Prentice-Hall, 1974, 150 p.
HAAS A. M., *Sermo Mysticus. Studien zur Theologie und Sprache der deutschen Mystik*, Freiburg, Universitätsverlag, 1978, 505 p.
HAY D. & A. MORISY, *Reports of Ecstatic, Paranormal, or Religious Experience in Great, Britain and the United States. A Comparison of Trends*, « JSSR », 17 (1978), 255-268.
HOOD R. W., *Religious orientation and the report of religious experience*, « JSSR », 9 (1970), 285-291.
—, *Conceptual criticism of regressive explanations of mysticism*, « Rev Rel Res » 17 (1976), 179-188.
HOUT DE LONGCHAMP M., *Lectures de Jean de la Croix. Essai d'anthropologie mystique*, Paris, Beauchesne, 1981, 428 p.
JOHNSTON W. SJ, *Defining Mysticism: Suggestions from the Christian Encounter with Zen*, « ThSt », 28 (1967), 94-110.
JUAN DE LA CRUZ, *Obras*, Madris, BAC, 1960, 39-1431.
KRISTO J., *Human Cognition and mystical knowledge: J. Maréchal's Analysis of mystical experience*, « Mel. Sc. Rel. », 37, juin 1980, 53-73.
LASKI M., *Ecstasy*, New York, Greenwood Press, 1968.
LECLERQ J., *Silenzio e parola nella mistica cristiana di ieri e di oggi*, MiMo, 1978, 61-73.
LINBLOM J., *Die Religion der Propheten und die Mystik*, in: P. A. NEUMANN (Hrsg) *Das Propheten Verständnis...*, Darmstadt, Wissensch. Buchgesellschaft, 1979, 252-264.
LING T., *Buddhist Mysticism*, « Rel Stud », 1 (1966), 163-175.

LIVERZIANI F., *Dinamismo intellettuale e esperienza mistica nel pensiero di Joseph Maréchal*, Roma, Liber, 1974, 278 p.
LUBAC H. DE, *Affrontements mystiques*, Paris, Témoignage Chrétien, 1949, 213 p.; tr. it.: *Alla ricerca di un uomo nuovo*, Torino, Borla, 1964, 125 p.
—, *Mistica e mistero cristiano*, Milano, Jaca Book, 1979, 25-304.
MARÉCHAL J. SJ, *Études sur la Psychologie des Mystiques*, Paris, Desclée de Br., 2 voll., 1937-38.
—, *Studies in the psychology of the mystics* (trad.), Albany, N. Y., Magi Books, 1964, 344.
—, *Réflexions sur l'étude comparée des mysticismes* Louvain, Centerick, 1926, p. 85.
MARTY M., *Persistenza del misticismo*, « Concilium », 1973, 49-60.
MERTON TH., *Mystique et Zen*, Paris, du Cerf, 1972, 240 p.
Mistica e misticismo oggi, (Settimana di studio di Lucca, 8-13 sett. 1978), Roma, Passanti-CIPI, 1979, 793 p. (MiMo).
Mistica non cristiana, Brescia, Morcelliana, 480 p.
MOKRI M., *Mystique musulmane*, in: M. M. DAVY (dir), *Encyclopédie des mystiques*, t. II, Paris, Seghers, 1972, 452-527.
MOLTMANN J., *Theology of Mystical Experience*, « Scott. J. of Theol », 32 (1979), 501-520
MORETTI R., *Mistica e misticismo, oggi*, MiMO, 1978, 28-41.
MOROT-SIR E., *Philosophie et mystique*, Aubier, Paris.
MUELLER W., *Mazdak and the Alphabet, Mysticism of the East*, « HR », 3, 1963, 72-82
Mystery and mysticism. A Symposium, London, Blackfriars, 1956, 137 p.
Mystique dans le Christianisme et les autres Religions, Stud Miss 26 (1977), 314.
La mystique et les mystiques, Paris, Desclée de Br., cfr. RAVIER (cur).
NICHOLSON R. A., *The mystics of Islam*, London, Routledge & Kegan P., 1963, 178 p.
—, *Studies in Islamic Mysticism*, Cambridge, C. University Press, 1979, 225 p.
OPPENHEIMER O., *Der Warheitsgehalt mystischer Erfahrung*, « Z. Phil. For. », 26 (1972), 29-41.
OTTO R., *Mystique d'orient et mystique d'occident; Distinction et unité*, Payot, Paris, 1951.
PARRINDER G. G., *Definitions of mysticism*, in: *Ex Orbe Religionum*, P. Altera, 1972, 307-317.
PEZZALI A., *Santideva. Mystique bouddhiste des VIIe et VIIe siècles*. Préf. de O. Lacombe, Bologna, Istituto per le Scienze Religiose, 1969, 18-162 p.
POHL E. K., *Der Sondercharakter jüdischer Mystik zu Gershom Scholem: Die jüdische Mystik in ihren Hauptströmungen*, « Kairos », 1961, n. 1, 16-19.
RAVIER A. SJ (cur), *La mystique et les mystiques*, Paris, Desclée de Br., 1965, p. 1122.
ROLANDETTI V., *Esperienza metafisica ed esperienza mistica in S. Bonaventura: un sapere che ama e un amore che sa*, SanBo, 1976, v. III, 387-394.
ROSEMBERG A., HAAS A. E A., *Mystische Erfahrung. Die Grenze menschlichen Erlebens*, Freiburg-Wien, Herder, 1976, 165 p.
RUSSEL B., *Misticismo e logica*, Milano, Longanesi, 1980[7], 220 p.
SCHIMMEL A., *Pain and Grace. A Study of two mystical writers of eighteenth-century Muslim India*, Leiden, Brill, 1976, 13-310 p.
STACE W. T., *Mysticism and philosophy*, London, Macmillan, 1961, 349 p.
SMART N., *Interpretation and Mystical Experience*, « Rel Stud »,1 (1965), 75-80
STANLEY G., W. K. BARTLETT & T. MOYLE, *Some Characteristics of Charismatic Experience: Glossolalia in Australia*, « JSSR », 17 (1978), 269-278.
STOLZ A., *Teologia della mistica*, Brescia, Morcelliana, 1947[2].
SUDBRACK J., *Das Mysterium und die Mystik*, Würzburg, Enchter, 1974.
SUZUKI D. T., *Mysticism: Christian and Buddhist*, New York, Harper, 1957, 18-214.
THURSTON H., *Fenomeni mistici del misticismo*, Alba, Paoline 1956, 501 p.
TRESMONTANT C., *La mystique chrétienne et l'avenir de l'homme*, Seuil, Paris, 1977; tr. sp.: *La mística cristiana y el porvenir del hombre*, Barcelona, Herder, 1979.

TRETHOVAN I., *Mysticism*, « Monastic Studies », 8, 1972, 75-88.
TRUHLAR C. SJ, *De experientia mystica*, Roma, PUG, 1951, 252.
UNDERHILL E., *The Mystics of the Curch*, Cambridge, J. Clarke & Co., 1975 (1925), 260 p.
VANNESTE J. SJ, *Le mystère de Dieu. Essai sur la structure rationnelle de la doctrine mystique du Pseudo-Denys l'Areopagite*, Paris, Desclée de Br., 1959, 264 p.
VERBLOWSKY R. J., *Mystical and Magical Contemplation: The Kabbalists in Sixteenth-Century Safed*, « HR », 1 (1961), 9-36.
——, *On the mystical rejection of mystical illuminations. A Note on St. John of the Cross*, « Rel Stud », 1 april 1966, 177-184.
WALTER G., *Phänomenologie der Mystik*, Olten u. Freiburg, Walter, 1955, 264 p.
——, *Zum Problem der Visionen*, « Phil J. der Görres-Gesell. », 66 (1958), 347-354.
WANDENBROUCKE F. osb, *Die Ursprünglichkeit des biblischen Mystik*, GoIW, 1964, v. I, 463-491.
WHITE J. (ed), *The Highstet State of Conscioussnes*, Garden City, N. Y.: Doubleday, 1972, 21-484.
WREDE G., *Unio mystica. Probleme der Erfahrung bei Johannes Tauler*, Upsala, Almquist u. Wiksell, 1974, 294 p.
ZAEHNER R. C., *Mysticism sacred and profane*, Oxford Paperbacks, London, 256 p.
ZERAFA P., *La mistica nella rivelazione biblica*, MiMo, 1978, 45-60.
ZUZEK R. SJ, *Una mistica para hoy: la vision sofianica de la realidad*, « Or. Christ. Per. », 46 (1980), 1, 161-177.

9,3 la religione

ANGELES P. A., *On the nature of western religious exploration*, « Int. J. Relig.soz. » 7 (1971), 127-138.
BARNHART J. E., *Is One's Definition of 'Religion' Always Circular?* « Int. J. Relig.soz. », 9 (1975), 122-135.
BARREAU J. C., *Du bon usage de la religion*, Paris, Stock, 1976, 223 p.
BAUM G., *La sopravvivenza del sacro*, « Concilium », 9, 1973, n. 1, 21-34.
——, *Begriff und Funktion der Religion*, « Int. J. Rel.soz » 7 (1971), 127-166 (vari art.)
BERTOCCI P. A., *Religion as creative insecurty*, Westport (Conn), Greenwood P., 1972, 182 p.
BIANCHI U., *La storia delle religioni* (Introduzione), (Estratto da: *Storia delle religioni*, IV ed. a cura di G. Castellani) Torino, UTET, 1970, 171 p.
——, *The Definition of Religion* (On the Methodology..), ProbMet, 1972, 15-34.
——, *Saggi di metodologia della storia delle religioni*, Roma, Ateneo e Bizzarri, 1979, 328 p.
——, *L'uso della parola « Religione » e « sacro »: premesse metodologiche* in: id., *Prometeo, Orfeo, Adamo. Tematiche religiose sul destino, il male, la salvezza*, Roma, Ed. dell'Ateneo e Bizzarri, 1976, 1-14.
BRUNNER A., *Technik und Religion*, « St Z. », okt. 1977, n. 10, 677-682.
CARRACCIOLO A., *La religione come struttura e come modo autonomo della coscienza*, Milano, Marzorati, 1965, 421 p.
COHN W., *On the Problem of Religion in Non-Western Cultures*, « Int. J. f. Relig.soz. », V (1969), 7-19.
DANIELOU J., *L'avenir de la religion*, Paris, Fayard, 1968, 138 p. (tr. it. Borla '69).
DHANIS E. sj, *Qu'est-ce-que la religion?*, StudMiss, 15, 1966, 21-50.
DUX G., *Ursprung, Funktion und Gehalt der Religion*, « Int. J. Rel.soz. », VIII (1973), 7-67.

EGENTER R., *Das Wesen der Religion und ihre Stellung in Tugendsystem nach dem hl. Thomas,* in: *Der Mensch vor Gott,* Düsseldorf, Patmos V., 19, pp. 55-65.
L'Eglise et les Religions, Stud Miss 15, 1966.
FEIEREIS K., *Die Vielheit der Religionen. Zur religionsphilosophischen Diskussion in der deutschen Auklärung,* in WWR, 188-211.
GEERTZ C., *La religione come sistema culturale,* SocR, 85-101.
GREELEY A., *Unsecular Man, the persistence of religion,* New York, Schocken Books, 1972; tr. it.: *L'uomo non secolare..,* Brescia, Queriniana, 1975, 349 p.
HOLM S., *Religion, Sprache, Wirklichkeit,* « NZSTh », 9 (1967), 139-152.
KEILBACH W., *Das gottesgewollte und gottesgeborgene Lebensganze. Eröterungen zum Begriff der Religion,* RelRel, 1976, 9-21.
KROETKE W., *Der Mensch und die Religion nach Karl Barth,* Zürich, Tehologischer Verlag, 1981.
LUBAC H. DE, *Der Ursprung der Religion,* GoMU, 1963, 506-538.
MANCINI I., *Filosofia della Religione,* in: *Nuovo Dizionario di Teologia,* Roma Paoline, 1979, 1263-1283.
MILTON J., *A Tentative Model for Religion,* « Anthropos », 67 (1972), 196-208.
MORRA, *Religione,* in: *Dizionario Teol. Interd.,* v. 3°, Torino, 1977, 49-55.
NEUSNER J., *The Study of Religion as the Study of Tradition: Judaism,* « HR », 14 (1975), 181-206.
NIGOSIAN S. A., *Dialoguing for differences,* « Al-Mushir », 21, Spring 1979, n 1, 4-10.
PANIKKAR R., *Religione e religioni. Concordanza funzionale, essenziale e esistenziale delle, religioni* (tr. it.), Brescia, Morcelliana, 1965, 216 p.
La persistenza della religione, « Concilium », 1973, n. 1.
PIERIS A. sj, *Toward an Asian Theology of Liberation. Some Religio-Cultural Guidlines,* « Vidyajyoti », july 1979, 261-284.
POWER D., *Prospettiva teologica della sopravvivenza della religione,* « Cocilium », 1973, n. 1, 119-135.
Religion in der Kommunistischen Presse; eure Inhaltanalyse, Köln, Ungarisches Kirchensoziologisches Institut, 1966 2 voll.
SCHNEIDER L. (ed), *Religion, Culture and Society,* New York, Wiley, 1964 (Reader), 662 p.
SMITH W. C., *Faith and Belief,* Princeton NJ, P. University Press, 1979, 9-347 p.
——, *The Meaning and End of Religion,* New York, Macmillan, 1964, 340 p.
STEPHENSON G., *Wirklichkeit, Perpsective, Teilhabe. Zum Religionsverständis in der pluralistischen Welt,* RelsW, 1976, 231-246.
TILLICH P., *Religion as Dimension in Man's Spiritual Life,* in: R. C. KIMBALL (ed), *Theology of culture,* Oxford, Oxford University Press, 1959.
WACH J., *Gli universali della religione,* SocR, 1969, 43-59.

10 NORMA, TIPI, STRUTTURE; SPAZIO E TEMPO RELIGIOSI

10,1 *norma, tipi, struttura/e*

BASTIDE R. (dir), *Sens et usages du terme structure,* La Haye, Mouton, 1962; tr. it.: *Usi e significati del termine struttura,* Milano, Bompiani 1974, 208 p.
BLANCHÉ R., *Structures intellectuelles. Essai sur l'organisation systématique des concepts,* Paris, Vrin, 1966. 40-147 p.

BLOCH E., *Processus et structure*, ENGS 1965, 207-241.
GANDILLAC M. DE, L. GOLDMANN E J. PIAGET, *Entretiens sur les notions de « genèse » et de « structure »*, Paris-Le Haye, Mouton, 1965 (ENGS).
GANDILLAC DE, *Jalons pour une conclusion*, ENGS 1965, 337-350.
HOFFMANN O., *Der Begriff der religiösen Erfahrung in seiner Bedeutung für die Prinzipienfragen der Religionsphilosophie*, Leipzig, 1921.
KAHN G., *Genèse et structures dans les systèmes philosophiques*, ENGS 1965, 181-200.
KOLAKOWSKI L., *La genèse et la structure dans l'étude des idéologies religieuses*, ENGS 1965, 307-321 .
LANG A., *Strade giuste e strade errate per la determinazione dell'essenza della religione*, in: id., *Introduzione alla filosofia della religione*, c. II, Brescia, Morcelliana, 1959, pp. 31-43.
MOULOUD N., *Réflexions sur le probléme des structures*, « Rev Phil », 55 (1965), pp. 56-70. *Notion de structure et structure de la connaissance*, Paris, Albin Michel, 1957.
RICOEUR P., *Structure et herméneutique*, « Esprit », nov. 1963, 596-627.
SMITH J. E., *The Structure of Religion*, « Rel Stud », 1 (1965), 63-73.
SPRANGER E., *Bemerkungen zum Strukturbegriff in den Geisteswissenschaften* (1934), in: *Gesammelte Schriften*, v. VI, *Grundlagen der Geistenwissenschaften*, pp. 201-215, Tübingen, Niemeyer, 1980.
——, *Die psychologisch-historische Typenbildung (1905)*, pp. 104-119, in: *Ges. Schr.* v. VI, *Grundlagen des Geisteswissenschaften*, Tübingen, Niemeyer, 1980.
TOPOLSKI J., *Marx et la méthode des modéles*, MetHSU, 1973, 435-442.

10,2 tempo e spazio religioso

BASTIDE G., J. COBOS E A., *Le temps et la mort dans la philosophie espagnole contemporaine*, Toulouse, Privat, 1972, 231 p.
DECLOUX S. sj, *Temps, Dieu, Liberté dans le commentaires aristotéliciens de Saint Thomas d'Aquin. Essai sur la pensée grecque et la pensée chrétienne*, Bruges, Desclée de Br., 1967, 262 p.
FLOSS K., *Bonaventura von Bagnoregio und die Probleme der Geschichtlicheit*, SanBo, v. I, 1976, 757-766.
——, *Thomas von Aquin und die Kategorie der Zeit*, TomSC, v. VI, 1977, 706-713.
GNEO C., *Lo storicismo di S. Bonaventura*, SanBo, v. I, 1976, 767-777.
GHISALBERTI A., *La concezione del tempo in S. Bonaventura*, SanBo, 1976, v. 1, 745-755.
LANGEVIN G., *La singularité du temps chrétien*, « Science et Esprit », 30, n. 3 (1978), 223-232.
MUNNINCK P. M., *La notion du temps*, in: *Philosophia Prerennis*, v. II, Regensburg, Hebbel, 1930, 855-868.
OKEKE D.C., *African concept of time*, « Cah. Relig. Afric », 7, n. 14, 1973, 297-302.
RATZINGER J., *Die Geschichtstheologie des heiligen Bonaventura*, München-Zürich, Schnell & Steiner, 1959, 22-166.
RICOEUR P., *La function narrative et l'expérience humaine du temps*, EsiMit, v. 1, 1980, 343-368.
SCHAEFELER R., *Die Struktur des Geschichtszseit*, Frankfurt a. M., Klostermann, 1963.
Tempo e intenzionalità. Scritti di Husserl, Paci, ecc., « Arch. Fil », Padova, Cedam, 1960, 200 p.
Tempo e temporalità, EsiNit, v. I, 1980, 315-344.
Temporalità e alienazione, CISU, Roma, Istituto di Studi Filosofici, 1975, 434.
VERGOTE A., *Pour une logique du temps chrétien*, EsiMit, v. 1, 1980, 377-392.

THEAU J., *La conscience de la durée et le concept du temps*, Toulouse, Private 1969, 311 p.
La teologia della storia. Ermeneutica e escatologia, CISU, Roma, Istituto di Studi Filosofici, 1971, 294 p.
La teologia della storia. Rivelazione e storia, CISU, Roma, Istituto di Studi Filosofici, 1971, 260 p.

11 LA « PROVA » DI DIO

11,1 *« prova » come esperienza di Dio*

BAILLIE J., *The Sens of the Presence of God*, Scribner London, 1962, 263 p.
BALTHASAR H. U.VON, *Gotteserfahrung biblisch und patristich*, « Int. Katol. Zt » 5 (1976), 497-509.
BUSH B. J., *Experience of God*, « Way », 13 (1973), 259-269.
CAYRÉ F., *Dieu présent dans la vie de l'esprit*, Paris, Desclée de Br., 19512, 236 p.
COPPENS J. (dir) *La notion biblique de Dieu. Le Dieu de la Bible et le Dieu des philosophes*, Gembloux: Duculot, Louvain: Leuven University Press, 1976, 519 p.
—, *Dio vivo o morto? Studi e testimonianze sull'esperienza mistica di Dio nella vita monastica*, Subiaco, Tip. Ed. S. Scolastica, 1973, 253 p.
DONDEYNE A., *L'expérience préphilosophique et les conditions anthropologiques de l'affirmation de Dieu*, ExDi, 1961, 147-166.
GALEAZZI U., *Conoscibilità di Dio e fattori extrateoretici in S. Bonaventura*, SanBo, v. II, 1976, 57-66.
GEACH P., *God and the Soul*, London, Routledge, 1970², 21-138 p.
KEILBACH W., *Der Proslogion. Beweis im Lichte philosophischer Gottes-erkenntnis und mystischer Gotteserfahrung*, RelRel, 1976, 160-164.
LEVINE B. A., *On the Presence of God in Biblical Religion*, in: J. NEUSNER (ed) *Religions in Antiquity*, Leiden, Brill, 1970, 71-87.
LEWIS H. D., *Our Experience of God*, London, Allen & Unwin; New York, Macmillan, 1959, 301 p.
LOHFINK N., J. JEREMIAS E A., *« Ich will eur Gott werden ». Beispiele biblischen Reden von Gott*, mit Beiträgen von.., Stuttgart, Verlag Katholischer Bibelwerk, 1981, 226 p.
LUCIEN MARIE DE ST. JOSEPH ocd, *L'expérience de Dieu. Actualité du message de St. Jean de la Croix*, Paris, Cerf, 1968, 364 p.
MADER J., *Die logische Struktur des personalen Denkens. Aus der Methode der Gotteserkenntnis bei Aurelius Augustinus;* Wien Herder, 1965, 229.
MCDONNEL K., *Catholiques charismatiques. La redécouverte d'une faim de Dieu et du sens de sa présence*, « Le Suppl. », sept. 1972, n. 102, 311-322.
MCGINLEY L., *A Search for Experimental Knowledge of God*, « Theol Stud »; 1941, 578-585.
MARÉCHAL J. sj, *La vision de Dieu au sommet de la contemplation d'après saint Augustin*, « Nuov Rev Théol », février 1930, 89-109, e 191-214.
MEYER CH. R., *A theological analysis of religious experience: the touch of God*, Staten Island, NY, Alba House, 1972, 156 p.
MOSER R., *Gottesrfahrung bei Martin Buber*, Heidelberg, Scneider, 1979, 389 p.
MUSCHALEK G., *Gott als Gott Erfahren? Glaube und Theologie in säkularen Denken*, « Frankfurt a. M., Knecht, 1974.
MYNAREK H., *Nur in der dimension des Heiligen ist Gott als Gott erfahrbar;* « Kairos », 11 (1971), 288-296.
On the Experience of God, « Monastic Studies », 9, autumn 1972 (10 artt. sul tema).

Picard G., si, *La saisie immédiate de Dieu dans les états mystiques*, Paris, Spes, 1923, 94 p.
Rahner K., *Gotteserfahrung heute*, in: *Schriften zur Theologie*, 9, Einsideln 1970, 161-176.
Rodriguez - Bachiller A., *La sintuición (contuición) en San Bonaventura y santo Tomás*, SanBo, 1976, v. II, 49-55.
Roqueplo Ph., *Experience du monde, esperience de Dieu?*, Paris, du Cerf, 1968, 409 p.
Sayes J. A., *Existencia de Dios y conocimiento humano*, Salamanca, Universidad Pontificia, 1980, 211 p.
Shepherd J. J., *Experience, inference of God*, London, Macmillan, 1975, 190 p.
Smith J. E., *Experience ad God*, London etc., Oxford University P., 1968, 209 p.
Splett J., *Gotteserfahrung im Denken. Zur philosophischen Rechtfertigung des Redens von Gott*, Freiburg-München, Alber, 1973, 296 p.
Tresmontant Cl., *Essai sur la connaissance de Dieu*, Cerf, Paris, 1959; tr. it.: *L'intelligenza di fronte a Dio*, Milano: Jaca Boock, 1966 e 1972², 112 p.
White V., *God and the Unconscious. With a foreword by C. G. Jung*, Chicago, Regnery, 1953; tr. fr.: *Dieu l'Inconnu*, Tournai-Paris, Casterman, 1958, 232 p.

11.2 « *prova* » come via a Dio

Andreoni C., *P. Ricoeur II: il superamento del Dio etico*, « Ethica », 11, 1972, 173-98.
Arnou R., *De quinque viis S. Thomae ad demonstrandum Dei existentiam apud antiquos Gaecos Arabes et Judaeos praeformatis vel adumbratis*, Romae, PUG 1949, 104 p.
Balthasar H. U. von, *Die Gottesfrage der heutigen Menschen*, Wien, Herold, 1956, 223, tr. it.: *Dieu et l'homme d'aujourd'hui*, Paris, Desclée de Br., 1966, 342. p.
——, *Spiritus Creator. Saggi teologici III* (spec. 11-48), Brescia, Morcelliana, 1972, 469 p.
——, *L'accesso alla realtà di Dio*, in: *Mysterium Salutis*, II/1, Brescia, Queriniana, 1968, pp. 19-59.
Barreau J. C., *Qui est Dieu*, Paris, du Seuil, 1971, 121 p.
Basinger D., *Human Freedom and Divine Providence; Some New Thoughts on an Old Problem*, « Rel Stud », 15 (1979), 49-510 p.
Beaujeu J., *Les constantes religieuses du scepticisme*, in: *Hommage à Marcel Renard*, Bruxelles, Latomus, v. II, 1969, 61-73.
Bertocci P. A., *The empirical argument for God in late British thought*, (For. by Fr. R. Tennant), New York, Kruas Reprint, 1969, 311 p.
Bivort de la Saudée e J. Huettenbuegel, *Gott, Mensch, Universum*, Köln-Graz, 1963.
Bruaire C., *L'affirmation de Dieu. Essai sur la logique de l'existence*, Paris Seuil, 1964, 258 p.
Charlier H., *Le cinq voies de saint Thomas. Leur structure métaphysique*, ExDi, 1961, 191-228.
Colin P., *Le théisme actuel et les preuves classiques de l'existence de Dieu*, ExDi, 1961, 139-146.
Coreth E., *Die Gottesfrage als Sinnfrage*, « Stimm. Zeit », 181 (1968), 361-372.
Corvez M. op, *La quatrième voie vers l'existénce de Dieu selon saint Thomas*, « NRTh », 1981, 375-384.
D'Arcy M. C., *No Absent God. The Relation Between God and the Self*, New York, Harper & Row, 1962.
Delanglade J., *Le problème de Dieu*, Paris, Aubier-Montaigne, 1960; tr. ted. e it.: *Dall'uomo a Dio*, Torino, Borla, 1964, 88 p.
——, *De Deo in philosophia S. Thomae et in hodierna philosophia (Acta VI Congressus Thomistici Inter.)*, Romae, Catholic Book Agency, 2 voll., 1965-66.

DONCEEL J. F., *The searching mind. An introduction to a philosophy of God,* Notre Dame London, University of Notre Dame Press, 1979, 8-231 p.
DONDEYNE A., *Die Existenz Gottes und der Zeitgenössische Materialimus,* GoMU, 1963, 53-100.
DUBARLE D., *Pensée scientifique et preuves traditionnelles de l'existence de Dieu,* in: *De la connaissance de Dieu,* Paris, Desclée de Br. 1958, pp. 35-112.
DUPRÉ L., *Negative Theology and Affirmation of the Finite,* EsiMit, v. II, 1981, 373-381.
L'existence de Dieu (Recontres doctrinales à La Satte à Huy), Tournai, Casterman, 1961, 386 p. (ExDi).
EWING A. C., *Two 'Proofs' of God's existence,* « RelStud », 1 (1965), 29-45.
FABRO C., *L'uomo e il rischio dio Dio,* Roma, Studium, 1967, 503 p.
GABORIAU F., *Dieu dans le débat des hommes,* Paris, Centurion, 1967, 255 p.
GIACON C., *L'interpretazione tomistica del motore immobile,* SanTom 1974, 13-19.
GIANNINI G., *La quarta via tomistica in prospettiva agostiniana,* SanTom, 1974, 109-118.
GLEASON R. W. sj, *The search for God,* New York, Sheed, 1964, 311 p.
GROSSI V., *Linee di ricerca per il problema di Dio nel Cristianesimo antico,* « Diagn », 1980, 143-148.
HICK J., *The existence of God. Reading selected...,* New York, Macmillan, 1964, 13-305 p.
HICK J. & A. MCGILL (edd) *The manifaced argument. Recent studies on the ontological argument for the existence of God,* New York, Macmillan, 1967, 7-373.
HILL W. J. op, *Knowing the unknouwn God,* New York, Philosophical Library, 1971, 304.
IAMMARONE L. ofm, *Il valore metafisico delle cinque vie tomistiche,* Roma, « Miscellanea Francescana », 1970, 292 p.
KAUFMAN G. D., *La question de Dieu aujourd'hui,* Paris, Cerf, 1975, 327 p. (or. ingl.)
KEILBACH W., *Neuere Kritiken der Gottesbeweise,* RelRel, 1976, 71-94.
KENNY A., *Five ways; St. Thomas Aquinas' proofs of God's existence,* New York, Schocken Books, 1969, 131 p.
KIMMERLE H. *Die Gottesfrage im Konkrete Theorie - Praxis - Zusammenhang,* Bonn, Bouvier, V. H. Grundmann, 1975, 134 p.
LETTERIO, *« Meditatio » e cultura come preparazione all'ascesa a Dio in San Bonaventura,* SanBo1976, v. III, 51-62.
LOTZ J. B. sj, *Seinsproblematik und Gottesbeweis,* GoIW, 1964, v. I, 136-157.
MARITAIN J., *Approaches de Dieu,* Paris, Alsatia 1956, 136 p.
MASCALL E.L., *He who is. A Study in traditional theism: the existence of God and his relationship to the world,* London, Libra book, 1966, 238 p.
MATERA R., *La filosofia analitica e la nozione di Dio,* « Giorn. di Metaf. », 24 (1969), 476-498.
MATSON W. I., *The existence of God,* Ithaca, Cornelly University Press, 1965, 17-254.
MATTHEWS W. R., *God in Christian Thought and Experience,* London, Nisbet, 1963.
MCLEAN G. F. omi (ed), *The existence of God,* Proceeding of ACPA, 46, 1972, 239 p.
MORÉ - PONTGIBAUD CH. DE, *Du fini à l'infini. Introduction à l'ètude de la connaissance de Dieu,* Paris, Aubier-Montaigne, 1957, 210 p.
OGIERMANN H., *Sein zu Gott. Die philosophische Gottesfrage,* München u. Salzburg, Pustet, 1974, 297 p.
OWEN H. P., *The moral argument for christian theism,* London, Allen, 1965, 127.
PATER W. DE, *Het theologisch verifikatieprobleem en de anlytische filosofie,* in: *Miscellanea A. Dondeyne,* Louvain, Duculot, 1974, 123-147.
PETTER D. DE, *Le caractère métaphysique de la preuve de l'existence de Dieu et de la pensée contemporaine,* Ex Di, 1961, 168-178.

PICHT G., *Der Gott der Philosophen und die Wissenschaft der Neuzeit*, Versusuche, 6, Stuttgrat, Klett, 1966, 106 p.
Processo all'oggettività di Dio, Torino, Borla, 1971, 324 p.
ROBERT J. D., *Approaches de Dieu en fonction des implications de la création artistique*, « Rev Phil Louv », 76 (1978), 457-476.
——, *Essai d'une preuve de Dieu comme fondement ultime de la vérité scientifique*, pp. 267-294.
SANCHEZ R., *Las pruebas de la existencia de Dios en el tomismo*, « Est Fil, 6 (1957), 53-96.
SAYES J. A., *Existencia de Dios y conocimiento humano*, Salamanca, Universidad Pont., 1980, 211 p.
SCAPIN P., *L'Itinerarium mentis in Deum e il De Primo Principio. Convergenze e divergenze nell'approccio razionale di Dio*, SanBo, 1976, v. II, 21-40.
SCHMUCKER J., *Die primären Quellen des Gottesglaubens*, Freiburg, Herder, 1967, 232.
SIEGMUND G., *Scienza ed esistenza di Dio. La prova teologica dell'esistenza di Dio alla luce della scienza moderna*, Roma, Paoline, 1967, 536 p.
——, *Dio il problema dell'uomo*, Roma, Paoline, 1967 (or. ted. 1963), 193 p.
SMITH J. E., *Reason and God. Encounters of philosophy with religion*, New Haven, Yale University Press, 1961, 15-274 p.
STEENBERGHEN F. VAN, *Dieu caché. Comment savons nous que Dieu exixte?*, Louvain, Universitaires, 1961, 371 p.
——, *Le problème de l'existence de Dieu dans les écrits de St. Thomas d'Aquin*, Louvain : Publ. Univ.; Nauwelaerts, 1980.
SUDBRACK J., *Beten ist menschlich. Aus der Erfahrung des Lebens zu Gott gehen*, Freiburg, Herder, 1972, 225 p.
TRESMONTANT C., *Comment se pose aujourd'hui problème de l'existence de Dieu*, Paris, Seuil, 1966, 410 p.; tr. it.: *L'esistenza di Dio, oggi*, Modena, Paoline, 1970, 634.
VAUGHT G. G., *Two Concepts of God*, « Rel Stud », 6 (1970), 221-228.
VERGOTE A., *L'accès à Dieu par la conscience morale*, « Ephem. Theol. Lov », 37 (1961), 481 502, e FoRP 1981, 57-118.
——, *Verticalité et horizontalité dans le langage symbolique sur Dieu*, in : *Connaissance de Dieu*, « Lum Vit », 25 (1970), 9-32.
WALD A. W., « *Meaning »; Experience and the Ontological Argument*, RelStud, 15, march 1979, 31-39.
WALGRAVE J. H., *La preuve de l'existence de Dieu par la conscience morale et l'expérience des valeurs*, ExDi, 1961, 109-132.
WALLACE W. A., *The Cosmological Argument: A Reappraisal*, Proceeding ACPA, 46 (1972), 43-57.
ZAMBONI G., *Itinerario filosofico della propria coscienza all'esistenza di Dio*, Verona, La Tipografia Veronese, 1948, 143 p.

11,3 *Dio*

BIVORT DE LA SAUDÉE E J. HUETTENBUEGEL (Hrsg), *Gott, Mensch, Universum. Die Stellung der Christen in Zeit und Welt*, Köln-Graz, Styria, 1963 (GoMU).
BRETON S., *Langage religieux, langage théologique*, AnaLT 1969, 271-304.
BUILLARD H., *Le nom de Dieu dans le Credo*, AnaLT 1969, 327-340.
BUBER M., *L'eclissi di Dio*, Milano, Comunità, 1961, 141 p.

COLLINS J., *God in modern Philosophy*, Gateway, Regnery, Chicago, 1967, 476 p.
Connaissance de Dieu, « LumVit », 25 (1970), n. 1.
CORVEZ M., *Connaître Dieu*, Desclée et Cie, Paris 1972, 184 p.
CRAIG W. L., *The cosmological argument from Plato to Leibniz*, London, Macmillan, 1980, 245 p.
CRISTALDI G., *Dio come problema dell'uomo contemporaneo*, « Studium », apr. 1970, n. 4, 277-293.
DANIÉLOU J., *Dio e noi*, Roma, Paoline 1957, 259 p.
DEROSSI G, *Il nome di Dio come lingua e come parola*, AnaLT, 1969, 33-53.
DIETZFELBINGER H. E L. MOHAUPT (Hrsg), *Gott, Geist, Materie...* Hamburg, Lutherischen Verlagshaus, 1980, 156 p.
DONDEYNE A., *L'athéisme contemporaine et le probléme des attributs de Dieu*, FoRP, 1961, 78-96.
DONNELLY J., (ed), *Logical analysis and contemporary theism*, New York, Fordham University Press, 1972, 11-337.
DURRANT M., *Theology and intelligibility. An examination of the proposition that God is the last end of rational creatures*, London: Boston, Routledge & Kegan P., 1973, 18-204.
FISCHER K., *Hinweise zur Gotteslehre Bonaventuras*, SanBo, 1976, v. I, 513-525.
GEFFRÉ C., *L'objectivité propre au Dieu révélé*, AnaLT 1969, 403-421.
GIRARDI G., *Sécolarisation et sense du problème de Dieu*, AnaLT, 1969, 441-453.
GORNALL TH. sj, *A Philosophy of God. The Elements of Thomist Natural Theology*, London, Danton-Longman & Todd, 1962, 247 p.
Gott in Welt. Festgabe für K. Rahner, Freiburg, Herder, 2 voll. 1966 (GoIW).
HEMMERLE K., *Trasformazioni dell'immagine di Dio a partire dal Vaticano II*, CorrTeol, 1974, 235-264.
HESCHEL A. J., *Dio alla ricerca dell'uomo*, préf. E. Zolla, Torino, Borla, 1969, 478 p.
HUBER C., *We can still speak about God*, « Gregor », 49 (1968), 667-693.
IAMMARONE L., *Il valore dell'argomento ontologico nella metafisica bonaventuriana*, SanBo, 1976, v. II, 67-110.
JOLIVET R., *Le dieu des philosophes et des savants*, Paris, Fayard, 1956, 126 p.
KNEVELS W., *Dio è realtà*, Brescia, Paideia, 1966, 302 p.
KOLPING A., *Fundamentaltheologie*, Bd. I: *Theorie der Glaubwürdigkeitserkenntnis der Offenbarung*, Münster, Regensberg V., 1968, 379 p.
KOERNER J., *Wirlichkeit und Aussagbarkeit Gottes*, « Theol Rund » NF 32 (1967) 43-60 e 100-117.
KUTSCHKI N., (Hrsg), *Gott hute. Fünfzehn Beiträge zur Gottesfrage*, Mainz, Kaiser, 1967, 188 p.
LABARRIÈRE P., *Dieu aujourd'hui. Cheminement rationnel, décision de liberté*, Paris, Desclée, 1977, 250 p.
LACKEI D., *The Epistemology of Omnipotence*, « Rel 'stud », 15, march 1979, 25-30.
LANDMANN G., *Die Analoge Gotteserkenntnis nach Shankara*, « Kairos », V (1963), 262-276.
LECOULTRE H., *La doctrine de Dieu d'après Aristote et Saint Thomas d'Aquin*, Lausanne, G. Bridel, 1877, 8-144.
LUYTEN N. A. (ed), *Problèmes actuels de la connaissance de Dieu*, Fribourg, Ed. Universitaires, 1968, 131 p.
LYTTKENS H., *Der ontologische Gottesbeweis in der modernenphilosophischen Diskussion*, « NZSTh », 7 (1965), 129-142.
MACQUARRIE, *Ha senso parlare di Dio?*, Torino, Borla, 1969, 262 p.

MANCINI I., *Interpretazione non religiosa di Dio,* AnaLT 1969, 440-473.
MARITAIN J., *Approches sans Entraves,* Paris, Fayard, 1973, 25-595 p.
MASCALL E., *He who is. A study in traditional theism,* London, Libra Book, 1966, 18-238.
MEURERS J., *Die Frage nach Gott und die Naturwissenschaft,* München, Pustet, 1962, 294 p.
NEDONCELLE M., *L'irruption du nom propre dans la prière et la réflexion,* AnaLT 1969, 341-354.
OWEN H. P., *Concept of Deity,* London, Macmillan, 1971, 11-164.
—, *The Christian knowledge of God,* London, Atlone P., Univ. of London, 1969, 340 p.
PANIKKAR R., *El silencio del Dios,* Madrid, Gaudiana, 1969.
—, *The Theandric Vocation,* « Monastic Studie » n. 8, 1972, 67-74.
PIKE N., *God and timelessnes,* New York, Schocken Books, 1970, 14-192.
La réalité Supreme dans les Religions non-chrétiennes, Stud Miss, v. 17, 1968, 243.
REDMOND H. A., *The omnipotence of God,* Philadelphia, Wenstminster Press, 1964, 192.
ROBERT H. D., *Connaissance et inconnaissance de Dieu au plan de la raison,* ExDi, 1961, 331-351.
RODRIGUEZ V., *Dios, Espiritu Simple,* « Philosophica » (Valparaiso), II - III, 1979-80, 19-34.
ROLFES E., *Die Gottesbeweise bei Thomas von Aquin und Aristoteles. Erklärt und verteidigt von..,* Luiburg a. d. Lahm, Steffen, 1927, 191 p.
SCHLIER H., *Die Erkenntnis Gottes nach den Briefen der Apostel Paulus,* GoIW, 1964, v. I, 515-535.
SCIACCA M. F. (cur), *Con Dio e contro Dio. Raccolta sistematica degli argomenti pro e contro l'esistenza di Dio,* Milano, Marzorati, 2 voll., 1972-73.
SIEGMUND G., *Gott. Die Frage der Menschen nach dem Letzten,* Bern, Francke, 1967, 193 p.
STEIN E., *L'être fini et l'être eternel. Essai d'une attente du sens de l'être,* Paris, Nauwelaerts, 1972, p. 521.
TRETHOVAN I., *The basis of belief,* Glen Rock, Deus-Century B., Paulist P., 1964, 11, tr. fr.: *L'homme et la connaissance de Dieu,* Paris, Epi, 1961.
WELTE B., *La foi philosophique chez Jaspers et S. Thomas d'Aquin;* Paris, Desclée de Br., 1958, 282 p.

11,4 *il divino*

BARREAU A., *L'absolu en philosophie bouddhique: évolution de la notion d'asamskrta,* Paris, 1951.
Dio o l'assoluto nelle religioni, P. III, in: *Religioni. Temi fondamentali per una conoscenza dialogica,* Fossano (Cuneo), Ed. Esperienze, s. d., 199-359; ed. ingl. e franc., Rome, Ancora, 1970, pp. 227-403.
DUMOULIN H., *Theistic tendencies in Japanese Buddhism,* Ex Orbe Relig., v. II, 1972, 52-62.
DURAND G., *Structure et fonction récurrentes de la figure de Dieu ou la Conversion herméneutique,* « Eranos » 37 (1968), 449-521.
GRANT R. M., *Le Dieu des premiers chrétiens,* Paris, Seuil, 1971, 158 p.
HERNANDEZ CATALA V., *La expresión de lo divino en las religiones no cristianas,* Madrid, BAC, 1972, 14-331.
HIDDING K. A. H., *Ueber Gott in der Religionsgeschichte,* in: *Ex Orbe Relig.,* P. II, 1972, 286-96.
HORNUNG E., *Der Eine und die vielen. Aegyptische Gottesvorstellungen,* Wissensch. Buchgesellschaft, Darmstadt 1971, 280 p.

Kumoi S., *Der Nirvana Begriff in den kanonischen Texten der Frühbuddhismus*, in: « Wiener Zeitschrift für die Kunde Süd - und Ostens.. », 1968-69, 205-213.
Lubac De H., *Amida*, Paris, du Seuil, 1955, 355 p.
Glasenapp H. von, *The Absolute*, cap. V, in: id., *Buddhism. A non-theistic Religion*, London, Allen & Unwin, 1970, pp. 102-121.
Panikkar R., *Das Brahman der Upanishaden und der Gott der Philosophen*, « Kairos 1961, 182-188.
Perez-Remon J., *Self and Non-Self in Early Buddhism*, The Hague-Paris-New York, 1980, 12-412.
Raguin Y., *Divine call and human respons. Seeking God in Taoism*, « The Way », 21, oct. 1981, 303-312.
La Réalité Suprême dans les Religions non-chrétiennes, Stud Miss n. 17, 1968.
Rowe C., *One and Many in Greek Religion*, « Eranos », 45 (1976), 37-67.
Saggs H. W. F., *The Encounter with the Divine in Mesopotamia and Israel*, London, University of London, The Athlone Press, 1978.
Simon M., *Theos Hypsistos*, in: *Ex orbe Relig.*, v. I, 1972, 372-385.
Schipflinger T., *Der fraulich-mütterliche Aspeckt im Göttlichen. Eine religionswissenschaftliche Studie*, « Kairos », 1967, 277-295.
Smith W. C., *Religious atheism? Early Buddhist and Recent American*, in: Bowmann J. (ed), *Comparative Religion*, Leiden, Brill, 1972, 53-81.
Welbon G. R., *The Buddhist Nirvana and Its Western Interpreters*, Chicago and London, The University of Chicago Press, 1968, 320.
Young F. M., *The God of the Greeks and the Nature of Religious Language*, in: W. R. Schoedel & R. L. Wilken, *Early Christian Literature and the Classical Intellectual Tradition*, Paris, Beauchesne, 1979, 45-74.
Zago M., *L'équivalent de « Dieu » dans le bouddhisme*, I, « Eglise et Theol. », 1975, 25-49; 153-74; 297-317.

12 SACRO E SALVEZZA

12,1 il sacro

Audet J. P., *Le sacré et le profane: leur situation en Christianisme*, « NRTh », 19 (1957), 33-61.
Baetke W., *Das Heilige in Germanischen*, Tübingen, Mohr, 1942.
Bartsch H. W., *La secolarità del Regno di Dio*, ErmSec, 1976, 193-201.
Bellet M., *Le sens actuel du Christianisme in exercice initial*, Paris, Desclée de Br., 1969, 223 p.
Benveniste E., *Le sacré*, in: id., *Le vocabulaire des institutions indo-européennes*, v. II, *Pouvoir, droit, religion*, Paris, Ed. de Minuit, 1969; 179-209.
Bertola E., *Il sacro nei più antichi libri della Bibbia*, « Sacro », 197, 221-224.
——, *La secolarizzazione del sacro in una lezione della storia*, ErmSec, 1976, 203-212.
Bianchi U., *Osservazioni riguardanti l'uso delle parole « Religione » e « sacro »*, in: « Sacro », 1974, 87-98.
Bouillard H., *La categoria del sacro nella scienza delle religioni*, in: « Sacro », 1974, 33-56 p.
Boutin M., *L'espace de sécularité*, in: *Prospettive sulla secolarizzazione*, CISU, Roma, 1976, 43-68.
Breton S., *Le sacré dans le langage philosophique*, ProsSacro, 1974, 15-26.

Brien A., *L'expèrience du sacrè*, « Bull du Cercle S. Jean Baptiste », 8 (1965), 355-62.
Caillois R., *L'homme et le sacré*, Paris, Gallimard, 1972 (1950), 246 p.
——, *Le mythe et l'homme*, Paris, Gallimard, 1972 (1938), 183 p.
Chelhod J., *Les structures du sacré chez les Arabes*, Paris, Maisonneuve et Larose, 1964.
Colpe C., *Die Diskussion um das « Heilige »*, Darmstadt, Wissenschaftliche Buchgesellschaft, 1977, 25-500.
——, *Theoretische Moglichkeiten der Identifizierung von Heiligtümern und interpretation von Opfern in ur- und parahistorischen Epochen* (1971), in: id., *Theologie, Ideologie, Religgionswissenschaft*, München; Kaiser, 1980, pp. 138-162.
Corbin H. e R. de Chauteaubriant, *La foi prophétique et le sacré* (Cahiers de l'Université Saint Jean de Jérusalem, 3), Paris, Berg International, 1977, 219 p.
Cortese E., *La sfera del sacro attorno alla gloria di Jahweh in P*, in: *Quaerere Deum*, Atti della 25a Settimana Biblica, Brescia, Paideia, 1980, 45-65.
Courtas R. e F. A. Isambert, *La notion du « sacré ». Bibliographie thématique*, « Arch. Sc. soc. Rel », 44/1, 1977, 119-138.
Delehaye H., *Sanctus. Essai sur le culte des saints dans l'antiquité*, Bruxelles, Ed. Bollandistes, (1927) 1954², 266 p.
Di Nola A., *Sacro e profano*, in: *Enciclopedia delle Religioni*, Firenze, Vallecchi, 1969, v. V, 678-710.
Doncoeur P. sj, *Péguy, la révolution et le sacré*, Paris, l'Orante, 1942, 153 p.
Dupré L., *Idées sur la formulation du sacré et sa dégénération*, « Sacro », (1974), 369-376.
Durkheim E., *Les formes élémentaires de la vie religieuse. Le systéme totémique en Australie*, Paris, Alcan, (1912) 1925², 647 p.; tr. it.: *Le forme elementari della vita religiosa*, Milano, Comunità, 1971, 45-503 p.
Eliade M., *Le sacré et le profane*, Paris, Gallimard, 1965, 186 p.; tr. ingl.: *The Sacred and the Profane. The Nature of Religion*, New York, Harcourt, Brace & Co., 1959, 256 p.; tr. it.: *Il sacro e il profano*, Torino, Boringhieri, 1973, 139 p.
L'expression du sacré dans les grandes Religions. Vol I: J. Ries, H. Sauren et A., *Proche-Orient ancien et Traditions bibliques*, Centre d'Histoire des Religions, Louvain-la Neuve, 1978, 325 p.
Festugière A. J. op, *L'idéal religieux des grecs et l'Evangile*, Paris, Lecoffre, 1932, 340 p.
——, *Personal religion among the Greecks*, Berkley, University of California Press, 1954, 8-186 p.
——, *La sainteté*, Paris, PUF, 1949, 12-125.
Fugier H., *Recherches sur l'expression du sacré dans la langue latine*, Paris, Belle Lettres, 1963, 450 p.
Gardet L., *Notion et sens du sacré en Islam*, « Sacro », 1974, 317-331.
Geffre C., *Le christianisme et les métamorphoses du sacré*, « Sacro », 1974, 133-150.
Girard R., *Des choses cachées depuis la fondation du monde*. Recherches avec J. M. Oughourlian et G. Lefort, Paris, Grasset, 1978, 492 p.
——, *La violence et le sacré*, Paris, Grasset, 1972, 451 p. (cfr. Maldonado, Manent 1974...).
Grand' Maison J., *Le monde et le sacré*. Paris, Ed. Ouvrières, t. I: *Le sacré*, 1966, 221 p.; t. II: *Consécration et sécularisation*, 1968; tr. it.: *Il mondo e il sacro*, Roma, Cinque Lune, 2 voll., 1969-71.
——, *Le sacré dans la consécration du monde*, Montréal, Université de Montréal, 1965, 89 p.
Harrison G., *Culturologia del sacro e del profano*, Milano, Feltrinelli, 1966.
Haering B., *Le sacré et le bien. Religion et moralité dans leur rapport mutuel*, Paris, Fleurus, 1963, 291 p. (trad.); *Das Heilige und das Gute. Religion und Sittlichkeit in ihren gegenseitigen Bezug*, Kreilling v. München, Wewel, 1950, 318 p.

JONES O. R., *The Concept of Holines*, London, Allen & Unwin, 1961, 200 p.
KAGAME A., *Le sacré paien et le sacré chrétien*, AspCuN, 1958, 126-145.
KING TH. M., *Sartre and the sacred*, Chicago-London, The University of Chicago Press, 1974, 12-200 p.
KOLAKOWSKI L., *La revance du sacré*, « Contr », 1974, n. 13, 47-60.
LAUM B., *Heiliges Geld. Eine historische Untersuchung über den sacralen Ursprung des Goldes*, Tübingen, 1924
LAVOINNE Y., *La presse et le sacré ou la sacralisation métaphorique*, in : *Le retour du sacré*, Paris, Beauchesne, 1977, pp. 27-38.
LEENHARDT F. J., *La notion de sainteté dans l'Ancien Testament: étude sur la Racine Qd'sh*, Paris, Fischbacher, 1929, 240 p.
LEUBA J. L., *Le Saint et le Sacré selon la foi chrétienne*, ProsSacro, 1974, 27-42.
LÉVY - BRUHL L., *Le surnaturel et la nature humaine dans la mentalité primitive*, Paris, Alcan, 1931, 40-526 p.
LIVERZIANI F., *Esperienza del sacro, falsificazione e demitizzazione*, BilEmp, v. II t. II, 1974, 127-134.
MALDONADO L., *La violencia de lo sagrado. Crueldad « versus » oblatividad o el ritual del sacrificio*, Ediciones Sígueme, Salamanca, 1974, 318 p.
MANENT P., *René Girard, la violence et le sacré*, « Contr », 1947, n. 44, 157-170.
MARQUET J. F., *Sacré et profanation*, « Sacro », 1974, 121-131.
MARTIMORT A. C., *Le sens du sacré*, « Maison-Dieu », 25 (1951), 47-74.
MENESSIER I., *L'idée du sacré et le culte d'aprés saint Thomas*, « Rev Sc. phil. théol », 19 (1950), 63-69.
MESLIN M., *Le merveilleux comme théophanie et expression humaine du sacré*, « Sacro », 1974, 169-177.
MICHELETTI M., *Criteri di adeguatezza e problemi di validità nella giustificazione dell'esperienza religiosa*, ProsSacro, 1974, 115-132.
MOLINARO F., *Il sacro e il profano nell'era della secolarizzazione*, Rassegna di Scienze Religiose, « Studium », marzo 1973, 238-250.
MORANI M., *Lat. « sacer » e il rapporto uomo-Dio nel lessico religioso latino*, « Aevum », 55 (1981), n. 1, 30-46.
MORRA G., *La riscoperta del sacro. Studi per una antropologia integrale*, Bologna, Patron, 1964, 549 p.
MYNAREK H., *Nur in dimension des Heiligen ist Gott als Gott Erfahren*, « Kairos 13 (1971), 228-296.
NACPIL P. & D. J. ELWOOD (edd) *The Human and the Holy. Asian perpsectives in Christian Theology*, Maryknoll (NY), Orbis Books, 1978, 10-367.
NÉDONCELLE M., *Le sacré et la profanation*, ProsSacro, 1974, 43-55.
OTTO R., *Das Heilige. Ueber das Irrationale in der Idee der göttlichen und sein Verhältnis zum Rationalen*, München, Beck, 1979, 229; tr. it.: *Il sacro*, Milano, Feltrinelli, 1966, 191 p.
——, *Aufsätze das Numinose betreffend. Ergänzungsband zu R. Otto: Das Heilige*, Gotha, Klotz Verlag, 1923.
——, *Das Gefühl des Ueberweltlichen (Sensus Numinis)*, München, Beckschen, 1932.
POTTERIE I. DE LA, *Consécration ou sanctification du chrétien d'après Jean 17* « Sacro », 1974, 333-349.
Le pouvoir et le sacré, Bruxelles, Université (Annales du Centre d'études des religions, 1), 1962, 186 p.

Prini P., *Il sacro come evento demistificante*, « Sacro », 1974, 407-414.
Prospettive del sacro, a cura di E. Castelli, Archivio di Filosofia, Padova, Cedam-Milani, 1975, 234 p. (ProsSacro).
Rabut O., *Valeur spirituelle du profane. Les energies du monde et l'exigence religieuse,* Paris, du Cerf, 1963, 140 p.
Ramsey I. T., *Sacred und secular,* London, 1965; tr. it.: *Sacro e secolare,* Torino-Leumann, LDC, 1969, 119 p.
Ravenna A., *Sacro e profano nel pensiero di Israele,* « Sacro », 1974, 221-24.
La regalità sacra (VIII Congresso Internaz. di Storia delle Religioni, Roma, aprile 1955), Leiden, Brill, 1959, 15-741 p.
Il sacro. Studi e ricerche, CISU, Padova, Cedam—Milani, 1974, 492 p.
Simon M., H. B. Vergote e A., *Le retour du sacré,* Univ. des Sciences humaines de Strasbourg, Paris, Beauchesne, 1977, 143 p.
Le sens actuel du sacré, « Maison-Dieu », 1949, n. 17.
Sperna-Weiland J., *Analisi della parola « qadosh »,* in : « Sacro », 1974, 225-241.
Splett J., *Manifestation du sacré: « Dei Majestas ». Sur une parole fondamentale philosophique-religieuse,* ProsSacro, 1974, 133-151.
——, *Rede vom Heiligen. Ueber ein religionsphilosophisches Grundwort,* Freiburg-München, Alber, 1971, 369 p.
——, *Le sacré - la profane - le sacré au sens strict,* in : « Concilium », 62 (1971), 105-113.
Taylor M. J., sj, *The sacred and the secular,* Englewood Cliffs, Prentice-Hall, 1968, 239 p.
Thiel J. F. e A. Doutreloux, *Heil und Macht. Approches du sacré,* Studia Instituti Anthropos, 222, St. Augustin, Bonn, 1979, 215 p.
Tiliander B., *The Conception of the Holy,* in : id., *Christian and Hindu Terminology. A Study in Their Mutual Relations with Special Reference to the Tamil Area,* Uppsala, Almqvist & Wiksel, 1974, pp. 140-150.
Tillich P., *Das Heilige: Das Absolute und das Relative in der Religion,* in : id, *Korrelationen. Die Antworten der Religion auf Fragen der Zeit* in: *Ges. Werke,* Stuttgart, Evangelische Verlagswerk, v. II, 1975; 59-70.
Vergote A., *Equivoques et articulation du sacré,* « Sacro », 1974, 471-492.
——, *Retour du sacré? A propos du Colloque organisé les 3, 4, 5 et 6 décembre 1974 par l'Université de Sciences humaines de Strasbourg...* in « Revue d'hist. Phil Rel », Strasbourg, 1975/2, pp. 273-287.
La violence et le sacré. Discussion avec René Girard, « Esprit », 41, nov. 1973, 513-581.
Waelhens A. De, *Vrai et fausse sacré,* « Sacro », 1974, 461-469.
Yelle G., *Le sens actuel du sacré,* « Maison-Dieu », 17, 1949.

12,2 la salvezza (in generale)

À la recontre du bouddhisme (Secretariatus pro non christianis), Roma, Ancora, 2 voll., 1970.
Abel A., *L'Islam, religion de salut,* in : *Religions de salut,* Bruxelles, Université libre, 1962, 99-111.
Acharuparambil D., *The destiny of man in the evolutionary thought of Sri Aurobindo,* Roma, (Ex Dissert. Angelicum), 1978, 73 p.
Anawati G. C. e Gardet L., *La mystique musulmane. Aspects et tendances, expériences et techniques,* Paris, Vrin, 1961, 310 p.; tr. it.: *Mistica islamica,* Torino, Sei, 1960, 12-325 p.

ARULAPPA A., *The role of grace in salvation according to Śaiva-Siddhānta*, Stud Miss, 29, 1980, 273-306.
ASENSIO F., *La salvación en el A. Testamento*, Stud Miss 29, 1980, 1-56.
AUROBINDO Sri, *The Life Divine*, Pondicherry, Sri Aurobindo Ashram, 1970, 2 voll. (spec. V. II c. 20: *The Philosophy of Rebirth*, e c. 26: *The Ascent towards Supermind*).
——, *The Problem of Rebirth*, Pondicherry, S. Aurobindo Ashram, 1952, 194 p.
——, *The synthesis of Yoga*, id., 1971, 12-872.
BAMUNOBA Y. K. E B. DAOUKONOU, *La mort dans la vie africaine*, Paris, 1979.
BAREAU A., *Recherches sur la biographie du Buddha: dans les Sùutrapiṭaka et les Vinayapiṭaka anciens*, Paris, École franç d'Extrême-Orient, 2 voll. in 3 t., 1963-1970-1971.
——, *L'absolu dans le Bouddhisme*, in: *Entretiens* (Inst. franç. de Pondichery), 1955, 37-43.
——, *Le Bouddisme*, (Religions de l'Inde, v. III), Paris, Payot, 1966.
BARNY F. J., *The Koran Doctrine of Redemption*, « Muslim World », 2 (1912), 60-65.
BELL R., *The Origin of Islam in its Christian Environment*, London, Macmillan, 1926, 224.
BELLINGEN R. VAN, *The Concept of mokṣa in the philosophy of Rāmānuja*, « Orient. Lovan. Period. », 5 (1974), 139-152.
BENZ E., *Gebet und Heilung in brasilianischen Spiritismus*, in: RelsW, 1976 (Der Religionswandel unserer Zeit) pp. 30-56.
BLEEKER C. J. (ed), *Anthropologie Religieuse. L'homme et sa destinée à la lumière de l'histoire des religions*, Leiden, Brill, 1967, 189 p. (1955).
BIARDEAU M. E CH. MALAMOUD, *Le sacrifice dans l'Inde ancienne*, Paris, PUF. 1976, 20.
BIARDEAU M., *Théorie de la connaissance et Philosophie de la Parole dans le Brahmanisme classique*, Paris-La Haye, Mouton, 1964, 484 p.
——, *La philosophie de Maṇḍana Miśra vue à partir de la Brahmasiddhi*, Paris, École franç. d'Extrême-Orient, 1969, 345 p. (cfr. spec. P. I capp. 1,4)
BOUMAN J., *Gott und Mensch im Koran. Eine Strukturform religiöser Anthropologie anhand der Beispiels Allah und Muhammad*, Darmstadt, Wissenschaftliche Buchgesellschaft 1977, 10 -296.
——, *Das Wort von Kreuz und das Bekenntnis zu Allah. Die Grundformendes Korans als nachbiblische Religion*, Frankfurt a. M., Lembeck, 1980, 287 p. (spec. cc 5: *Der einzige Gott und das Heil*, 6... *die Sünde*, 7... *die Versönung*).
BOWER J., *Problems of suffering in Religions of the World*, London, Cambridge University Press, 1970, 12-318.
BRANDON S. G. F., *Man and his destiny in the great religions*, London, Manchester University Press, 1962, 14-442.
——, *The Saviour God. Comparative Studies in the Concept of Salvation*, Oxford, Manchester University Press, 1963, 22-242.
BRELICH A., *Politeismo e soteriologia*, in: Brandon, *The Saviour God*, Oxford, 1963, 37-50.
——, *Gli eroi greci. Un problema storico-religioso*, Roma, Edizioni dell'Ateneo, 1958, p. 410.
BSTEH A. (Hrsg), *Der Gott des Christentums und des Islams*, Mödling, Verlag St. Gabriel, 1978, 192 p.
BUITENEN J. A. B., *Dharma und Mokṣa*, « Phil East a. W », 1959, 33-40.
——, *The large Ātman* « Hr » 4, summer 1964, 103-114.
BUREAU R., *La notion de salut dans les religions africaines traditionnelles*, Stud Miss 30, 1981, 147-160.
BURKLE H., *Heilsvorstellungen und Heilserwartungen in Asien*, « Ev Theol », 1973 (33), 293-306.
CASPAR R., *La foi musulmane selon le Coran*, « Proche-Orient Chrétien », 1968, pp.: 17-28, 140-146; 1969, 162-193.

—, *La recherche du salut dans l'Islam,* in: *Religions,* Romae, 1970, 115-13
—, *Le rôle salvifique de la foi et des oeuvres en Islam,* Stud Miss, 30, 1981, 113-145.
CAVE S., *Redemption, Hindu and Christian,* London, M. Milford, Oxford University Press, 1919, 10-263.
CHE - CHEN - TAO V., *La salut dans le Confucianism et le Taoisme,* in: *Religions,* Milano-Roma, Ancona, 1970, 213-223.
CHENG H. - LI, *Nāgārjuna, Kant, Wittgenstein...* « Rel Stud », 17 (1981), 67-85.
CLOSS A., *Himmelsohn und Menschensohn,* « Kairos », VI (1964), 33-45.
COEDÈS G. E ARCHAIMBAULT C., *Les trois mondes. Traibhumi Braḥ R'van,* Paris, École franç. d'Extrême-Orient, 1973, 294.
COMBLIN J., *Le but de la Mission, sauver l'homme,* « Spiritus », 34 (1968), 171-179.
CONGAR Y., *La signification du salut et l'actualité missionnaire,* « Paroisse et Mission », 1967, 67-83.
CONZE E., *Buddhist Saviours,* in: BRANDON, *The Saviour God,* Oxford, 67-82
CRAGG K., *God and Salvation (An Islamic Study),* Stud Miss, 29, 1980, 155-166.
DAHLMANN J., *Nirvāna,* Berlin 1896.
DANDOY G., *The doctrine od the unreality of the world in the Advaita,* Calcutta, Catholic Orphan Press, 1919.
—, *L'ontologie du Vedanta* (trad.), Paris, Desclée de Br., 1932.
DAS GUPTA S., *A history of Indian Philosophy,* Cambridge, University Press, 5voll., 1932.
—, *Hindu mysticism,* New York, Fred. Ungar Publ., 1952².
DATTA D., *Mokṣa or the Vedic Release,* « J. Roy. Asiat. Soc », London 1888.
DAYAL H., *The Bodhisattva Doctrine in Buddhist Sanskrit Literature,* London, 1932.
DESMET R., *Language et connaissance de l'Absolu chez Śankara,* « Rev Phil Louv », 1954, 31-74.
—, *The logical structure of That tvam asi,* «Phil Quart Jud », jan. 1961, 255-266.
DEURSEN A. VAN, *Der Heilbringer. Eine ethnologische Studie über den Heilbringer bei nordamerikanische Indians,* Den Haag, Batavia, Wolters 1931, 395 p.
DEUSSEN P., *Allgemeine Geschichte der Philosophie,* Leipzing, Brackhaus, I: *Allgemeine Einleitund und Philosophie des Veda bis auf die Upanishad's,* 1922, 361; II: *Die Philosophie der Upanishad's,* 1922, 401; III: *Die nachvedische Philosophie der Inder, nebst einem Anhang über die Philosophie des Chinesen und Japaner,* 1924, 728.
—, *The Philosophy of the Upanishads* (tr. A. S. Geden), New York, Dover 1966, 429 p.
—, *Das System des Vedanta, Leipzing,* Brockhaus, 1906, 540 p.; tr. ingl.: *The system of the Vedanta (tr. C. Johnston),* Chicago, 1912.
DEVARAJA N. K., *An introduction to Śankara's theory of knowledge,* Varanai, Motilal Banarsidass, 1962, 244 p.
DEVASENAPATHY V. A., *Of Human Bondage and Divine Grace,* Annamalainagar, Annamal University, 1963.
—, *The idea and doctrine of the Guru in Śaivism,* Stud Miss, 21, 1972, 171-184.
DHAVAMONY M., *Classical Patterns of Hindu Salvation,* Stud Miss, 29, 1980, 209-272.
—, *Hindu Incanrnations,* Stud Miss 21, 1972, 127-170.
—, *Hinduism and Christianity (under the aspect of salvation),* Intern. Congr. of Missiology, Rome, v. III, 1976, 151-161.
—, *Love of God according to Śaiva Siddhānta; a study in the misticism and theology of Śaivism,* Oxford, Clarendon, 1971, 16-402 p.
—, *Mediation in the History of Religions,* Stud Miss 21, 1972, 9-20.
—, *La recherche du salut dans l'hinduisme,* in: *Religions,* Milano-Roma Ancora, 1970. 181-211.
—, *Ways of Salvation in Hinduism,* Stud Miss 30, 1981, 307-349.

DIWALD S., *Arabische Philosophie und Wissenschaft in der Enzyklopädie Kitāb Iḫwān aṣ-Ṣafā' (III): Die Lehre von Seele und Intellekt*, Wiesband, Harrassowitz, 1975, 641 p. (cfr. spec.: *Ueber die Liebe* 257-296; *Die Auferweckung, Versammlung und Auferstehung*, 297-374).
DOORE G., *The 'radically empiricist' interpretation of early buddhist nirvāna*, « Rel Stud », 15 march 1979, 65-70.
DUPRÉ L., *Trascendent Selfhood: the Loss and Rediscovery of the Inner Life*, New York, The Seabury Press, 1976, 10-118 p.
DURKEN D. osb (ed), *Sin, Salvation and the Spirit*, Colegeville (Minn), The Liturgical Press 1979, 14-98.
EDGERTON F., *The Meaning of Samkhya and Yoga*, « Amer J. Philol », 45 (1924), 38 ssg.
ERGARDT J. T., *Faith and Knowledge in Early Buddhism*, Leiden, Brill, 1977, 12-182 p.
EIDLITZ W., *Der Sinn des Lebens. Der Judische Weg zur liebenden Hingabe*, Olten u. Freiburg, Walter, 1974, 191 p.
EIMER H., *Skizzen des Erlösungswege in buddhistischen Begriffsreihen; Eine Untersuchung*, Kommissions-Verlag, Bonn; Brill, Köln, 1976.
ELIADE M., *Le myhte de l'éternel retour. Archétipes et repétition*, Paris, Gallimard, 1949, 254 p.
——, *Le chamanisme et les tecniques archaiques de l'extase*, Payot, Paris, 1951, 447 p.
——, *Le Yoga: Immortalité et Liberté*, Paris, Payot, 1954, 428 p.
FACKENHEIM E. L., *God's Presence in History: Jewish Affirmation and Philosophical Reflections*, New York, Harper & Row, 1970, 100 p.
FALATURI A. & W. STROLZ (Hrsg), *Glauben an den Einen Gott. Menschliche Gotteserfahrung in Christentums und in Islam*, Freiburg, Herder, 1975, 246, (cfr. spec. capp. 4 e 10).
FERNANDO A. omi, *Salut et libération dans le bouddhisme et le christianisme*, « Lum Vit », 27 (19), n. 1, 123-137.
FINANCE J. DE, *Réflexions sur la notion de médiateur*, Stud Miss 21, 1972, 225-244.
FITZGERALD M. L., *Mediation in Islam*, Stud Miss 21, 1972, 185-206.
FLUSSER D., *Salvation present and future*, « Numen », 16 (1969), 139-155.
FOERSTER W. E G. FOHRER, (Voci:) *Sozein, soter, soteria, soterion*, in: TWzNT, v. VII, 960-1024 (GLNT - it. - v. XIII, imminente).
For a dialogue with Hinduism (Secretariatus pro non-christianis), Milano-Roma, Ancora 1970, 183 pp.; *Pour un dialogue avec l'hinduisme*, id., 1970, 189 p.
FUNG Y. L., *A history of Chinese philosophy*, Princeton, 2 voll. 1952-53; trad. ital., ed. rid.: *Storia della filosofia cinese*, Milano, Mondadori, 1975 (1956), 24-297.
GADAMER H. G., *Denken als Erlösung; Plotin zwischen Platon und Augustinus*, EsiMit, v. II, 1980, 171-180.
GAIL A., *Bhakti im Bhāgavatapurāṇa: Religionsgeschichtliche Studie zur Idee der Gottesliebe in Kult und Mystik des Viṣṇuismus*, Wiesbaden, Harrassowitz, 1969, x-135 p
GALLAUD M., *La vie du Bouddha et les doctrines bouddhiques*, Paris, Maisonneuve, 1931, 220 p.
GALOT J., *Le Christ médiateur unique et universel*, Stud Miss 21, 1972, 303-320.
GALWASH A. A., *The Religion of Islam. A Standard Book*, Cairo, Al-Ettemad, 1945, 242 (è una sorta di catechismo arabo).
GARDET L., *Dieu et la destinée de l'homme* (Etudes musulmanes, 9), Pris, Vrin, 1967, 528 p. (spec.: *Toute puissance et liberté humaine*, 33-139; cfr. sulla escatologia: 233-245).
——, *La pensée religieuse d'Avicenne* (Ibn Sîna), Pris, Vrin, 1951, 235 p. (spec. c. V *La mystique avicennienne et ses fondements philosophiques*, 143-196).
——, *Recherches de l'absolu selon les mystiques chrétiennes, musulmane et indienne*, Le Caire, Mardis de Dar al-Salam, 1951.
——, et L. LACOMBE, *L'expérience de soi. Étude de mystique comparée*, Paris, Desclée de Br. 1981, 392 p.

GARDNER W. R., *The Qur'ānic Doctrine of Salvation*, London, The Islam Series, 1914, 59 p.
AL-GAZALI, *Le salut des non musulmans* (d'après A. H. Muhammad al-Gazâlî). Prés. et trad. de R. Caspar, « Islamochristiana », 3 (1977), 47-49.
GEDEN A. S., *Salvation (Hindu)*, ERE, v. 11, 1920, 132-137.
GEORGE A., *L'emploi chez Luc du vocabulaire de salut*, NTS 23 (1977), 308-320. (rist. in: *Études sur l'oeuvre de Luc*, Paris, Gabalda, 1978).
GIVE B. DE, *Le sujet de l'expérience religieuse en Orient et en Occident*, in: «Collectanea Cistercensia», 1978, n. 3, 182-194.
——, *Voie et moyens de salut dans le Bouddhisme tibétain*, Stud Miss, 30, 1981, 207-232.
GLASENAPP H. VON, *Immortality and Salvation in Indian Religions* (tr. by E. F. J. Payne), Calcutta, Susil Gupta, 1963, 112 p.
——, *Der Jainismus. Eine indische Erlösungsreligion*, Berlin, Hager, 1925, 14-505.
——, *Mysthères Bouddhistes. Doctrines et rites secrets du « véhicule de Diamant »* (tr. fr.: J. Marty), Paris, Payot 1944, 174 p.
GODEL R., *Essai sur l'expérience libératrice*, Paris, 1952.
GOETZ J., *Cosmos. Symbolique cosmobiologique*, Romae, PUG, 1969, 182 p.
——, *Dieu lointain et Puissances proches dans les religions coutumières*, Stud Miss, 21, 1972, 21-56.
——, *Le péché chez les primitifs. Tabou et péché*, in: *Le Péché*, Paris Desclée, t. I 1962, 125-188.
GONDA J., *The Concept of a personal God in ancient Indian religious thought* Stud Miss, 16, 1968, 111-136.
——, *Die religionen Indiens*, Stuttgart, Kohlhammer, v. I: *Veda und älterer Hinduismus*, 1960, 15-369; v. II: *Der jüngere Hinduismus*, 1963, 13-366; v. III: BAREAU, SCHUBRING E A., *Buddhismus, Jainismus, Primitivvölker*, 1964, 6-302.
——, *« Ways » in Indian Religions*, « Selected Studies », v. IV, Leiden, 1976, 317-366.
GRUNEBAUM G. E. VON, *Islam, Experience of the Holy and Concept of Man*, Los Angeles, University of California Press, 1965, e in: « Diogenes » 48, 1964, 81-104.
GUARDINI R., *Der Heilbringer in Mythen, Offenbarung und Politik. Eine theologisch-politische Besinnung*, Zürich, 1946.
GUPTA S. N., *The Indian Concept of Values*, New Dehli, Manohar, 1978, 10-197.
HADDON A. C. E A., *Heroes and hero-gods*, ERE, v. 6, 1913, 633-668.
HEIMANN B., *Facets of Hindu thought: Anna, the dogma of transformation*, « JORM », 1953-54, 7-11.
HERRMANN W., *Die Göttersöhne*, « J. Relig. Geist. wiss », XII, 1960.
HOROSZ W., *The concept of self-transcendence in Radhakrishnan and Niebuhr*, pp. 161-165 in: RADHAKRISHNAN S., *Souvenir volume*, ATREYA (ed.), Moradabad, Darshana Internat., 1964, 600 p.
HUGHES E. R., *Chinese philosophy in Classical Times*, London: J. M. Denti; New York: E. O. Dutton, 1954, 45-336.
INGFALLS D. H. H., *Dharma und Moksa*, « Phil East W. », 1959, 41-48.
IZUTSU T., *Ethico-religious Concepts in the Qur'an*, Montreal, McGill Univ. Press 1966, 284 p.
——, *God and Man in the Koran*, Tokyo, Keio Univ., 1964, 242 p.
JACOBS L., *A Jewish Theology*, London, Darton. Longaman & Todd, 1973, 342 p.
JAYATILLEKE K. N., *The Message of the Buddha*, London, Allen & Unwin, 1975, 262 p.
JOHANNS P. SJ, *La pensée religieuse de l'Inde* (tr. fr.), Namur, Faculté de philosophie de Seltres, 1952, 224 p.
——, *La philosophie religieuse du Vedânta*, « NRTh », 1947, 665-668.
——, *Pierre d'attente du christianisme dans la philosophie indienne*, « Lum Vit », 1 (1946), 173-197.

—, *A Synopsis of the Christ though the Vedanta*, Calcutta, Secretariato of the « Light of the East », 3 fasc. in 1 vol., 1930-32, pp. 51, 47, 127.
—, *Vers le Christ par le Vedanta*, Louvain, Museum Lessianum, 2 voll. I: *Sankara et Ramanuja*, 1932, 252 p.; v. II: *Vallabha*, 1933, 242 p.
JOHANSSON R. E. A., *The Psychology of Nirvana*, London, Allen, 1969, 141 p.
JOHNSTON W., *Zen et connaissance de Dieu* (Christus, 35), Paris-Bruges, Desclée de Br., 1973.
JOMIER J., *Le salut selon l'Islam*, Stud Miss, 29, 1980, 141-154.
Le jugement des morts, « Sources Orientales, IV », Paris, Seuil, 1961, 295 p.
KEITH A. B., *The Samkhya System. A History of the Samkhya Philosophy*, Calcutta, YMCA Publ. H., 1949, 128 p.
—, *Sin (Hindu)*, ERE, v. 11, 1920, 500-502.
KILPATRICK T. B., *Salvation Christian*, ERE, v. 11, 1920, pp. 110-131.
KING W. J., *In the Hope of Nibbana*, La Salle (Ill), Open Court Publ. Co., 1964, 298 p.
—, *Buddhism and Christianity, some bridges of understanding*, London, Allen, 1962, 240 p.
—, *A Comparison of Theravada and Zen Buddhist Meditational Methods and Goals*, « HR » 9, may 1970, 304-315.
KNIESCHKE W., *Die Erlosungslehre des Qorân*, G. Lichterfelde, Berlin, 1910.
KOCK G., *Der Heilbringer*, « Ethnos », XXI, 1956.
KULANDRAN S., *Grace. A Comparative Study of the Doctrine in Christianaity and Hinduism*, London, Lutterworth Press, 1964, 279 p.
KUMOI S., *Der Nirvana-Begriff in den kanonischen Texten des Frühbuddhismus*, « WZKSOA », XII-XIII, 1968-69, 205-213.
LACOMBE O., *L'Absolu selon le Vedanta. Les notions de Brahman et de Atman dans les systèmes de Cankara et Ramanoudja*, Paris, Genthner, 1937, 12-409 (966).
—, *Chemins de l'Inde et philosophie chrétienne*, Paris, Alsatia, 1956, 170 p.
—, *Indianité. Etudes historiques et comparatives sur la pensée indienne*, Paris, « Le Belles Letteres », 1979, 209 p.
—, *Sagesse chrétienne et sagesse d'Orient*, Bruxelles, Centre Intern. d'Etudes de la Formation Religieuse, 1942; extrait de: « Lum Vit », IV, 1949, 695-701.
LAD A. K., *A Comparative Study of the Concept of Liberation in Indian Philosophy*, Burhanpur (M. P.), Girdharlal Keshvdas, 1967, 208 p.
LAMOTTE E., *Asanga. La somme du grande véhicule d'Asanga (Mahāyāna-samgraha), par Et. L.*, Louvain, Boureaux du Muséon, 1938-39, 2 voll. in 3 t.
—, *La religion bouddhique*, cap. VII, in: id., *Histoire du Bouddhisme indien, des origines à l'ère Śaka*, Louvain, Publ. Universitaires, Institut Orientaliste, 1958, 707-788.
—, *Le traité de la grande vertu de sagesse de Nagarjuna*, Louvain, Université, Institut Orientaliste, 4 voll., spec. III, 1970, *Introduction;* cfr IV, sulla vacuità: 1995-2043.
LANCZOWSKI G., *Das Heilsziel des Nirvana in der Lehre des Buddha*, in: HUTTEN K. E S. VON KORTZFEISCH (Hrsg), *Asien missioniert im Abendland*, Kreuz-Verlag, Stuttgart, 1962, spec. 146-149: *Was ist die Nirvana?*
LANDMANN G., *Seele, Selbst und Ātman*, « Kairos », 1966, 44-49.
LASSALLE H. M. sj, *Zen, Weg zum Erleuchtung, Hilfe zum Verständnis, Einführung in die Meditation*, Wien-Freiburg. Herder, 1969, 132 p., tr. franc., *Le Zen, Chemin d'illumination*, Paris, Desclée de Br. 1965, 158 p.
—, *Zen-Buddhismus*, Köln, Bachen, 1966, 450 p.
LAURENTIN R., *Dévelopment et salut*, Paris, Seuil, 1969.
LA VALLÉE-POUSSIN L. DE, *Le dogme et la philosophie du bouddhisme*, Paris, Beauchesne, 1930, 213 p.

—, *La morale bouddhique*, Paris, Desclée de Br., 1927, 16-256.
—, *Nirvana*, Paris, Beauchesne, 1925, 23-194 p.
Die Lehren des Judentums. Gekürzte Handausgabe. Herausgegeben von der Vereinigung für Schriften über jüdische Religion, begründet von Verband der Deutschen Juden, Berlin, Schwetschke & Son, s. d., p. 112.
LEVI S., *La doctrine du sacrifice dans les Brahmanas*, Paris, PUF, 1966, 16-195.
LEWIS H. D., *The Idea of Creation and Conception of Salvation*, in: BRANDON S., (ed), *The Saviour God*, Oxford, 1963, 97-116.
LIEGÉ P., *Dialogue du Salut, dialogue de la Mission*, « Paroisse et Mission », 1969, 165-175.
LÓPEZ-GAY J., *Maitreya, futuro mediator de la ley, en la tradición budista del extremo oriente*, Stud Miss 21, 1972, 93-112.
—, *La mistica del budismo; los monjes no christianos del Oriente*, Madrid, BAC, 1974, 19-281 p.
—, *La nueva escuela de shalom*, « Miss Ext », 1969, 415-430.
LUBAC H. DE sj, *Amida*, Paris, Seuil, 1955 (v. II di: *Aspects du Buddhisme*), 355 p.
MACONI V., *La recherche de salut dans les religions, primitives*, in: *Religions*, Milano-Roma, Ancora, 1970, 139-157.
MAIER J., *Geschichte der jüdischen Religion. Von der Zeit Alexander der Grosse bis zum Aufklärung, mit einem Ausblick auf das 19/20. Jahrhundert*, Berlin, New York, de Gruyter, 1972, 461 p.
MAITRA S. K., *Mukti and bhakti as the highest values*, « J. Indian Acad. Phil », v. II, 1963, 11-28.
MAHADEVAN T. M. P., *Vedanta and Buddhism*, « Ind Phil Ann », 1968, 281-288.
MALALASEKERA G. P., *Amita*, in: *Encyclopaedia of Buddhism*, Ceylon, 1964, 634-440.
MALKANI G. R., *The Self as Intelligent Substance*, pp. 210-216, in: RADHAKRISHNAN S., *Souvenir Volume*, Atreya ed., Moradabad, 1964, 600 p.
MARMORSTEIN A., *Studie in Jewis Theology*, ed. by J. Rabbinowitz & M. S. Lew, London-New York, G. Cumberloge & Oxford University P., 1950, XXVIII-228 (P. I. English) - 92 (P. II: Hebrew).
MASSON J., *Le Bouddhisme chemin de libération. Approaches et Recherches*, Paris, Desclée de Br., 1975, 293 p.
—, *Réalités Surhumaines et Suprêmes dans le Bouddhisme*, Stud Miss, XVII, 1968, 201 p.
—, *La religion populaire dans le Canon bouddhique pali*, Louvain, 1942.
—, *Le salut dans le Bouddhisme*, in: *Religions*, Milano-Roma, Ancora, 1970, pp. 159-180.
MATTUCK J. I., *L'essenza dell'ebraismo liberale* (Pref. di R. Assagioli), Modena, Guanda, 1951, 253 p.
Mediation in Christianity and others Religions, Stud Miss, 21, 1972, 336 p.
MEHL R., *Recherche du sens et attente du salut*, pp. 173-186, in: KOLAKOWSKI, DHAMI, BASTIDE, MEHL, *Le besoin religieux...*, Neuchâtel, La Baconnière, 1974, 210 p.
MENASSEH B. J., *(Doctissimi Rabbini) De Resurrectione mortuorum Libri Tres... Ex sacris litteris & veteribus Rabbinis eruti*, Groningae, Ex Officina Aemilii Spinnikir, 1976, pp. (21) 346-6.
MICHEL A., *Sainteté*, DTC, XIV, 1, 1939, 841-870.
MORRIS J., *Salvation — Jewish*, ERE, v.ll, 1920, 138-148.
MULAGO V., *Religion africane et fin ultime de l'homme*, Stud Miss 30. 1981, 161-189.
MURPHY R. E., *Israel's wisdom: a biblical model of salvation*, Stud MIss, 30, 1981, 1-43.
MURTI T. R. V., *The concept of freedom as redemption*, in: WERBLOWSKY R. J. Z. & C. J. BLEEKER, *Types of Redemption*, Leiden, Brill, 1970, pp. 213-222.
MUS P., *Barabudur: Les origines du stupa et la transmigration, essai d'archeologie comparée*, Hanoi, Bulletin de l'Ecole franç d'Extrême Orient, vol. 33, 1935, Introduction.

Mus P., *La lumière sur les Six Voies. Tableau de la transmigration bouddhique d'après des sources sanskrites, pali, tibétaines et chinoises en majeur partie inédites. I: Introduction et critique des textes*, Paris, Institut d'ethnologie, 1939, 30-331 p.

NAKAMURA H., *The Problem of Self in Buddhist Philosophy*, in: H. COWARD E K. SIVARAM (edd) *Revelation in Indian Thought. A Festschrift in Honor of Prof. T. R. V. Murti*, Emeriville (Cal.), Dharma P., 1977, pp. 99-118.

NARADA THERA, *The Buddha and his Teaching*, Colombo, Vajirarama, 1964, 16-656.

NICKELSBURK G. W. E., *Resurrection, Immortality and Eternal Life in Intertestamental Judaism*, Cambridge, Harvard University Press; London, Oxford University Press, 1972, 202.

ORBE A., *La mediación entre los Valentianianos,* Stud Miss, 21, 1972, 265-302.

Orientations pour une dialogue entre Chrétiens et musulmans, Roma, Ancora, 1967, 163.

OTTO R., *Die Gnadenreligion Indiens und das Christentums, Vergleich und Unterscheidung*, München, 1930; tr. it.: *La religione indiana della grazia e del Cristianesimo*, Città di Castello, Unione Arti Grafiche, 1932, 8-56 p.

——, *West-Oestliche Mystik. Vergleich und Untersceidung zur Wesensdeutung* (1926), München, Beck, 1971 (üb. G. Mensching); tr. fr.: *Mystique d'Orient et mystique d'Occident,   distinction et unité*, Paris, Payot, 1951.

PANDEYA R. C., *Jivan-Mukti and social concern*, « Ind Philos Ann », 1968, 119-124.

PANIKKAR R., *Buddhismo e ateismo*, in: *Enciclopedia dell'ateismo*, Torino, SEI, v. IV, 1970, 449-676.

——, *The myth of incest as symbol for redemtion in Vedic India*, in: *Types of Redempion*, edd. WERBLOWSKY E BLEECKER, Leiden, 1970, 144-167.

PAQŪUDA BAHYA Ibn, *Les devoirs du coeur* (traduits et présentés par A. Chouraqui, préface de J. Maritain), Paris, Desclée de Br., 1972, 668 p.

PÉREZ - REMÓN J., *Liberation in early Buddhism;* Stud Miss, 29, 1980, 167-189.

——, *Self and Non-Self in Early Buddhism* (Religion and Reason, 22) Mouton, The Hague-Paris, New York, 1980, XII-412 (op. fondamentale).

PETERS G. W., *Jesus of Nazareth, the first Evangelizer*, Stud Miss 29 (1980), 105-123.

Proceeding of the seminar on Karma and Rebirth 1965, « Ind. Phil Ann », 1967, 3-168.

Proceeding of the seminar on the concept of Māyā, 1966 « Ind Phil Ann », 1968, 143-277.

Proceedings of the seminar on the concept of liberation and its relevance to philosophy 1968, « Ind Phil Ann », 5, 1971.

The Quest for Salvation, Secretariate for non Christian, Rome, 1970.

QUÝ H. S. sj, *Le Moi qui me dépasse selon le Vedānta. Etude du concept d'Ātman chez Śankara et dans les Upanisad sous son aspects de densité et d'intériorité*, Saigon, Ed. Hung Giao Van Dong, 1971, 244 p.

——, *Les Upanisad sont-elles une interpétation de Données mystiques...*« RHR », juillet sept. 1968, 27-37.

RADHAKRISHNAN S. E P. T. RAJU (edd), *The concept of Man. A Study in Comparative Philosophy,* London, Allen & Unwin, 1960.

RADHAKRISHNAN S., *The Dhammapada, with introductory essays...*, London, Oxford University Press, 1966, 8-194 p.

RAGUIN Y., *Médiation dans le Bouddhisme et le Taoisme*, Stud Miss, 21, 1972, 77-92.

RAHULA W., *Asanga. Le compendium de la super-doctrine (philosophie), Abhidharmasamuccaya, d'Asanga*. Traduit et annoté par W. R., Paris, École franç. d'Extrême-Orient, 1971, 21-236.

——, *L'einsegneiment de Buddha d'après les textes les plus anciens. Étude suivie d'une choix de textes*, Pref. de P. Demieville, Paris, Seuil, 1961, 198 p.

Rajagopala Sastri S., *Karma and Rebirth*, « Ind Phil Ann », 1968, 336-342.
Ranade R. D., *Patway to God in Hindi Literature*, Allahabad, 1954.
—, *Patway to God in Kannada Literature*, Bombay, Bharatiya Vidya, 1960, 344.
—, *Patway to God in Marathi Literature*, Bombay, Bharatiya Vidya, 1961, 377.
—, *Vedanta, the culmination of Indian thought*, Chowpatty (Bombay), Baratiya Vidaya Bhavan, 1970, 9-234.
La recherche du salut (Intr. de P. Rossano), p. II, in: *Religions*, Roma-Milano, Ancora 1970, 93-403.
Les religions de salut, Bruxelles: Université Libre, Institut Solvay, 1963, 228 p.
Renou L. e Filliozat J., *L'Inde classique. Manuel des études indiennes*, Paris, Payot, 3 voll., 1947-1953.
Renou L. e Silburn L., *Sur la notion de Brahman*, « J. Asiat », 1949, 7-46.
Rhys Davids, *Moksa (Skr., also Mukti) and Vimutti*, ERE, v. VIII, 1915, 770-774.
Rodhe S., *Deliver us from Evil*, Lund, C. W. K. Gleerup, 1946, p. 207.
Roest Crollius A., *Salvation in the Qur'an*, Stud Miss, 29, 1980, 125-140.
Rossano P., *Le salut dans le Christianisme*, in: *Religions*, Milano-Roma, Ancora, 1970, 10-114.
Rossel J., *Le salut aujourd'hui. Documents de la Conférence Missionnaire Mondiale de Bangkok (prés. par J. R.)*, Genève, Labor et Fides, 1973, p. 130.
Ruegg D. S., *La theorie du Tathāgatagarbha et du gotra. Études sur la sotériologie et la gnoséologie du Bouddhisme*, Paris, École franç. d'Extrême-Orient, 1969, 531 p.
Sabugal S., *Liberación y secularización? Intento de una respuesta biblica*, Barcelona, Herder, 1978, 11-370 p.
Saddhatissa H., *Buddhist Ethics, essence of Buddhism*, New York, Allen, 1970, 202.
Salguero J., *Concetto libero di salvezza-liberazione*, « Ang » 1979, 11-55.
Salvation, ERE, vol 11, 1920, 109-150 (T. G. Pinches, C. A. F. Rhys Davids e A.).
Salvation, in Christianity and other Religions, Stud Miss, 29 1980, Roma PUG, 336 p.
Sarkar A. K., *Nāgārjuna: on causation and Nirvāna*, 395-402, in: Radhakrishnan S. *Souvenir Volume*, Atreya ed., Moradabad, Darshana Internat., 1964, 60.
Sastri K. S. R., *The new Maya about the old Maya*, « Jorm », july 1927, 281 ssg.
Sawer J., *Semantics in Biblical Research*, SBT 2/24, London, 1972.
Schaefer H., *Heilen und heil*, « Arzt u. Christ », 27 (1981), 21-31.
Scharbert J., *Heilsmittel im Alten Testament und in Alten Orient*, Freiburg, Herder, 1964, 345 p.
Schillebeeckx E.,*Salut, Redemption et émancipation*, TomSC, v. 4, 1976, 274-278.
Schimmel A., *Schöpfungsglaube und Gerichtsgedanke im Koran und in mystisch-poetischer Deutung*, in: Falaturi e Strolz (edd), *Glaube an der Einen Gott*, Freiburg, Herder, 1975, 203-238.
Schmidt W. H., *Transcendenz in Altestamentlicher Hoffnung. Erwägungen zur Geschichte der Heilserartung im Alten Testament*, « Kairos » 11 (1969), 201-217.
—, *Heilbringer bei den Naturvölkern*, in Sem. ethnol. rel. IV, Paris, 1926, 201-217 p.
Scholem G. G., *Major Trends in Jewish Mysticism*, New York, Schocken Books, 1961 (1941), 460 p.
Schumann H. W., *Buddhismus. Stifter, Schulern und Systeme*, Olten u. Freiburg i. B., Walter, 1976, 238 p.
Schuon F., *Comprendre l'Isalam*, Paris, Seuil, 1976, 184 p.
Sell E., *Salvation – Muslim*, ERE, vol. 11, 1920, 148 sg.
Shih J., *The chinese way and the christian way*, Stud Miss 30, 1981, 191-205.
—, *Mediators in Chinese Religion*, Stud Miss, 21, 1972, 113-126.

SHIVAJI A. B., *The concept of salvation in Christianity and Vaishnavism*, « The Vikram », Vikram University, Ujjain, 1963, 51-55.
SIH P., *Chinese Culture and Christianity,* Taipei, 1957.
——, *De Confucius au Christ* (trad), Tournai-Paris, Casterman, 1959, 179 p.
SILVA L. A. DE, *The Problem of the Self in Buddhism and Christianity,* London, Macmillan, 1979, 185 p.
SIQUEIRA T. N., *Sin and salvation in the early Rig-Veda,* « Anthropos », 28 (1933) 179-188.
SISTI P. A., *Creazione e storia della salvezza,* « Bibb e Or », 1970, 122-150.
SLATER R., *Paradox and Nirvāna,* Chicago-Montreal, 1951.
SMET R. V. DE sj, *The Law of Karma: A Critical Examination,* « Ind Phil Ann », 1968 328-335.
——, *Zum indischen Menschenbild,* « Kairos », 1966, 197-202.
SMITH D. H., *Saviour Gods in Chinese Religion,* in: Brandon S., (ed.), *The Saviour God, Oxford, 1963, 174-190.*
STAMM J. J., *Erlösen und Vergeben im A. Testament,* Bern, 1940.
STANLEY D., *Jesus, Saviour of Mankind,* Stud Miss 29, 1980, 57-84.
STCHERBATSKY TH., *The Buddhist Logic,* Leningrad, Academy of Sciences of the USSR, 1930-32, 2 voll., 12-560, 4-468 p.
——, The Conception of Buddhist Nirvana, Leningrad, Publ. of the Academy of Science of the USSR, 1927, rist. The Hague, 1965.
STRAUS O., *Indische philosophie,* München, Rinhardt, 1925, 286 p.
——, *Relation between Karma, iñana and moksa,* in: *Kupposwami Sastri Volume,* Madras, 1960, 159-166.
STEWART R. A., *Rabbinic Theology. An Introductory Study,* Edinburg and London, Oliver & Boyd, 1961, 16-202.
TEGNAEUS H., *Le héros civilisateur,* Stockolm, 1950.
THAUSING G., *Die Konstitutionen der menschlichen Personlichkeit im Alten Aegypten,* « Kairos », 1961, 149-152.
THILS G., *La valeur salvifique des religions non-chrétiennes,* in: *Repenser la mission,* Louvain, Desclée de Br., 1965, 197-211.
THOMAS E. J., *Nirvāṇa and Parinirvāṇa,* in: *India Antiqua, 1947, pp. 294-295.*
TRUNGPA C., *Pratique de la voie tibétaine. Au delà du materialisme spirituel.* Points Sagesse, Paris, Seuil, 1976, 264 p.
Types of Redemption (R. J. ZWI WERBLOWSKI e C. J. BLEEKER, edd.), Leiden, Brill, 1970, 6-261 p.
TURNER H., *Jésus le Saveur. Essai sur la doctrine patristique de la Rédemtion* (tr. Joussa), Paris, du Cerf, 1965, 168 p.
VALIAVEETIL C., *Liberated Life. Ideal of Jīvanmukti in Indian Religions specilly in Saiva Siddhānta,* Dialogue series, Madurai-Madras, 1980, 204 p.
VANHOYE A., *La notion de médiation et son dépassement dans le Nouveau Testament,* Stud Miss, 21, 1972, 245-264.
VANNI U., *Le vie della salvezza in S. Paolo,* Stud Miss, 30, 1981, 45-61.
VANNICELLI P. L. ofm, *La religione e la morale dei cinesi,* Napoli, 1955.
VEEZHINATHAN N. e T. P. RAMACHANDRAN, *The social concern of the jīvanmukta,* « Ind Phil Ann », 1968, 125-130.
——, *Voies de salut dans le Christianisme et les autres Religions,* Stud Miss 30, 1981, 375 p.
WACH J., *Der Erlösungsgedanke und seine Deutung,* Leipzig, J. C. Hinrichs, 1922.
WATT W. M., *The Muslim Yearning for a Saviour Aspects of Early « Abbāsid Shi'ism,* in: Brandon S., *The Saviour God,* Oxford, 1963, 191-204.

WAYMAN A., *Buddha as Savior*, Stud Miss 29, 1980, 191-207.
—, (ed) *Calming the Mind and Discerning the Real. Tsonkhapa Blobzangragspa*, New York, Columbia University P., 1978.
—, *The lion's roar of Queen Śrīmālā; a Buddhist Scripture on the Tathāgatagarbha theory* (tr. etc. by A. e H. Wayman), New York and London, Columbia University Press, 1974, 15-142.
—, *Purification of Sinn in Buddhism by Vision and Confession*, in: G. H. SASAKI (ed), *A Study of Kleśa*, Tokio, 1975.
WELBON G. R., *The Buddhist Nirvana and Its Western Interpreters*, Chicago, Univ. of Chicago Press, 1968, 11-320 p.
—, *On Understanding the Buddhist Nirvāna*, « HR », 5, winter 1966, 306-326.
WERBLOWSKY R. J. ZWI e C. J. BLEEKER, *Types of Redemption. Contributions...* (Conference, Jerusalem — 1968), Leiden, Brill, 1970, 6-261 p.
WU J. C. H., *Beyond East und West*, New York, Sheed & Ward, 1951; tr. it.: *Al di là dell'Est e dell'Ovest*, Brescia, Morcelliana, 1955, 337 p.
YOCUM G. E., *Personal Transformation through Bhakti*, Stud Miss 30, 1981, 351-375
Zaehner R. C., *The comparison of religions*, Boston, Beacon Press, 1962 (1958), 230 p.
—, *The concise encyclopaedia of living faiths*, London, Hutchinson, 1959, 431 p.
—, *Concordant discord. The interdependence of faiths* (Gifford Lectures, 1967-69), Oxford, Claredon Press, 1970, 464 p.
—, *The convergent spirit toward a dialecties of Religion*, London, Routledge & Kegan P., 1963, 210 p.
—, *Hindu and Muslim Mysticism*, London, University of London, The Athlone Press, 1960, 8-234 p.
—, *Mysticism sacred and profane. An inquiry into some varieties of praeternatural experience*, New York, Oxford University Press, 1961, 16-256.
—, *Our savage God*, London, Collins, 1974, 319 p.
—, *Salvation in the Mahabharata*, in: BRANDON (ed), *The Saviour God*, Oxford, 1963, 218-224.
—, *At Sundry Times; an Essai in the Comparison of Religion*, London, Faben & Faber, 1958, 230 (tr. franc., 1965)
ZAGO M., *L'équivalent de « Dieu » dans le bouddhisme*, « Egl et Théol », 6 (1975), 25-49, 153-174, 297-317.

13 IL SIMBOLO (FILOSOFICAMENTE)

ALLEAU R., *La science des symboles. Contribution à l'étude des principes et des méthodes de la symbolique générale*, Paris, Payot, 1977, 292 p.
ALLWOHN A., *Der Symbolbegriff in Theologie*, « Theol Blätt » 6 (1927), 57-66.
ANDRE-VINCENT I., *Pour une théologie de l'image*, « Rev Thom 59 (1959), 320-338.
BAATZ W., *Zur Wort und Bedeutungsgeschichte von Symbol*, « Jhb Psychol Psychother » 3 (1955), 95-104.
BARBOUR J. G., *Mythes, Models and Paradigma. A comparative study in science and Religion*, New York-London, Harper & Row, 1974, 198 p.
BASH K. W., *Gestalt, Symbol und Archetypus*, « Scw Zt Psychol » ç (1946), 127-38.
BAUER J. B., *L'exégèse patristique créatrice des symboles*, in: *Sacra Pagina*, v. I, Paris, 1958, pp. 180-186.
BAUMER I., *Interaktion — Zeichen-Symbol. Ausätze zu einer Deutung liturgischen und volksfrommen Tuns*, « Lit Jhb » 31 (1981), 9-35.
BEIGBEBER O., *La symbolique* (Que sais-je?), Paris, PUF, 1968.
BISER E., *Das religiöse Symbol im Aufbau des Geisteslebens*, «Münch Theol Zt» 5 (1954), 114-140.

G. BONTADINI, G. B. LOTZ, V. MATHIEU E P. PRINI, *Introduzioni*, a: *Pensiero mitico, metafisica, analisi dell'esperienza*, Brescia, Morcelliana, 1969, 17-49.

Cahiers Internationaux de Symbolisme, CIEPHUM, Mons, 1962.

CASSIRER E., *Philosophie der Symbolischen Formen*, Berlin, Cassirer Verlag, 3 voll. e Ind., 1923-1954; tr. it.: *Filosofia delle forme simboliche*, Firenze, La Nuova Italia, 4 voll., 1966-67; (tr. ingl. London, Yale Un. P., 1968-70).

——, *Wesen und Wirkung des Symbolbegriffs*, Darmstadt, Wissenchaftliche Buchgesellschaft, 1956.

——, *Symbol, Myth, and Culture. Essays and Lectures on R. Cassirer, 1935-1945*, Ed. by Ph. Verene, New Haven & London, Yale Univ. P., 1979, 304 p.

CASTELLI E., *Simboli e immagini*, Roma, CISU, 1968

CENCILLO L., *Mito, Semantica y Realidad*, Madrid, BAC, 1970, 463 p.

CHAUVET L. M., *La ritualité chrétienne dans le cercle infernal du symbole*, « Maison-Dieu », 133 (1978),

CHENU M. D., *La théologie au XII s. La mentalité symbolique*, Paris, Vrin, 1957, 413 p.

CHEVALIER J., *Introduction*, in: *Dictionnaire des Symboles*, Paris, Laffont, 1969, pp. XXXII.

DE ARMELLADA B., *Simbolismo metafisico y espiritualidad en S. Buenaventura*, 1976, v. III di SanBo, pp. 395-405.

DELIZANT A., *La communication de Dieu. Essai théologique sur l'ordre symbolique*, Paris du Cerf, 1978, 358 p.

DE MARTINO E., *Furore, simbolo, valore*, Milano, Il Saggiatore, 1962.

Demitizzazione e ideologia, CISU, Roma, Istituto di Studi Filosofici, 1973, 594 p.

DI CARO A., *Il metodo di Lévi-Strauss nell'analisi dei miti*, BilEmp, v. II t. II 1974, 56-65.

DUNPHY J., *Paul Tillich et le symbole religieux* (Pref. P. Ricoeur), Paris, Delarge, 1977.

DURAND G., *L'imagination symbolique*, Paris, PUF, 1968; tr. it.: *L'immaginazione simbolica*, Roma, Il pensiero scientifico, 1977, 10-124 p.

——, *Le statut du symbole et de l'imaginaire aujourd'hui*, « Lum Vit », 16 (1967), 41-72.

——, *Les structures anthropologiques de l'imaginaire. Introduction à l'archétipologie générale*, Grenoble, Allier, 1960; tr. it.: *Le strutture antropologiche dell'immaginario*, Bari, Dedalo, 19, p. 564.

ECO U., *Il segno*, Milano, ISEDI, 1973, 175 p.

ELIADE M., *Images et symboles. Essai sur le symbolisme magico-religieux*, Paris, Gallimard, 1962 (1952), 238 p.

——, *Methodological Remarks on the Study of Religious Symbolism*, in: HiRE, 1962, 86-107.

——, *Remarques sur le symbolisme religieux*, pp. 238-268 in: id., *Méphistophélès et l'Androgine*, Paris, Gallimard, 1962.

——, *La struttura dei simboli*, cap. XII, in: id., *Trattato di storia delle religioni*, Torino, Boringhieri, 1972, 452-474 (e Concl. — 482)

FAWCETT TH., *The Symbolic Language of Religion*, Minneapolis (Minn), Augsburg Publ. H., 1971.

Filosofia e simbolismo. Scritti di T. W. Adorno, S. Breton, F. Bianco, ecc., Roma, Fratelli Bocca, 1956, 308 p. (Arch. di Filos.)

FIRTH R., *Symbolic Public and Private*, London, Allen & Unwin, 1973; tr. it.:

——, *I simboli e le mode*, Bari, Laterza, 1977, 429.

FRIEDMAN P., *On the universality of Symbols*, in: J. NEUSNER (ed) *Religions in Antiquity*, Leiden, Brill, 1970.

GEFFRÉ C., *La langage théologique comme langage symbolique*, in: *Science et théologie*, Centre Catholique des Intellectuels franç., Paris, Desclée de Br., 1969, pp. 93-100.

GERHARDS A., *Symbol und Liturgie*, « Lit Jhb » 31 (1981), 1-8.
GIORGI R., *Simbolo e schema*, Padova, Cedam, 1968, 222 p.
GOETZ J., *Cosmos. Symbolique cosmobiologique*, Roma, PUG, 1969, 182.
——, *Symbole et mythe*, Gregorianum 61/3, 1980, 449-460.
——, *Symboloque du Dieu céleste chez les primitifs*, in : *La Réalité Suprème dans les Religions non-chétiennes*, StudMiss 17, 1968, 17-54.
GUERRERA BREZZI F., *Filosofia e interpretazione. Saggio sull'ermeneutica restauratrice di Paul Ricoeur*, Bologna, Il Mulino, 1969, 263 p.
GUPTA N. K., *The Approach to Mysticism*, Madras, Sri Aurobindo Library, 1946, 84 p.
HAMBURG C. H., *Symbol and Reality. Studies in the philosophy of E. Cassirer*, The Hague, Nijhoff, 1956, 8-172.
HOTZ R., *Religion — Symbolhandlung — Sakrament. Die christlich theologische Bedeutung des kultischen Symbolhandelns*, « LitJhb », 31 (1981), 36-54.
JENSEN A. E., (Hrsg), *Mythe Mensch und Umwelt. Beiträge zur Religion, Mythologie und Kulturgeschichte*, Bamberg, Meisenbach, 1950, 362 p. (MytMU).
JOHNSON F. E., *Religious Symbolism*, New York & London, Harper & Br., 1955, 9-263 p.
JONG J. P. DE, *L'Eucharestie comme réalité symbolique*, Paris, du Cerf, 1972, 153 p.
KEILBACH F., *Philosophische Grundlegung zu einer wissenschafltlichen Symbolik*, Meisenheim am Glan, A. Hain, 1954.
KIMPEL B., *The Symbols of Religious Faith*, New York, Philosophical Liberary, 1954, pp. X-198.
KITAGAWA J. M., CH. H. LONG (edd), *Myths and Symbols. Studies in Honour of Mircea Eliade*, Chicago, Chicago University Press, 1969, 438 p.
KLIEVER L. D., *Polysymbolism and Modern Religiosity*, « J. Relig » 59 (1979), 169-194.
LANGER S. K., *Philosophy in a new key. A Study on the Symbolism of Reason, Rite, and Art*, Cambridge (Mass), Harvard University Press, 1969, 20-313 p.
——, *Mind: An Essay on Human Feeling*, Baltimore & London, J. Hopkins, vol. II, 1972, capp. 16: *The Specialization of man*, 17: *Symbols and the evolution on Mind*, 18: *Symbols and the human world*, 215-353.
LANISO A., *Linguaggio simbolico e filosofia dell'indagine di P. Ricoeur*, « Giorn Metaf », 1968, n. 2-3, 208-218.
LASSWELL H. D., LERNER D., I. DE SOLA, R. POOL, *The Comparative Study of Symbols* Hoover Institute Series, Stanford, Stanford University Press, 1952.
LOOFF H., *Der Symbolbegriff in der neueren Religionsphilosophie und Theologie*, (Kantstudien, 65), Köln, Kölner Universitäts-Verlag, 1955, 208 p.
LOTZ J. B., *Mythos — Logos — Mysterion. Ein philosophischer Beitrag zur Frage der Entmythologisierung*, Mensch..., 647-684.
MACCORMAC E. R., *Metaphor and Myth in Science and Religion*, Durham (N. C.), Duke University Press, 1976, 18-167 p.
MCLEAN G. F. (ed), *Myth and Philosophy*, Procceding ACPA, 1971, 202 p.
MANIGNE J. P., *Pour un poétique de la foi. Essai sur le mystère symbolique*, Paris, du Cerf, 1969.
MARELLO J. R., *Symbole et réalité. Réflexion sur une distinction ambigüe*, in : *Le mythe et le symbole* (Inst. cath. de France); Paris, Beauchesne, 1977, p. 155-167.
MARITAIN J., *Signe et symbole*, « Rev Thom », 44 (1938), 299-330.
MARTIN VELASCO J. *El myto y sus interpretaciones*, RevPM, 1970, 5-43.
MASURE J., *Le passage du visible al'invisible. Le signe...* Paris, Bloud & Gay, 1953, 336 p.
MENSCHING G., *Religiöse Ursymbole des Mesncheit*, « Stud Gen », 1955, n. 6, 362-369.
MESLIN M., *Pour une théorie du symbolisme religieux*, pp. 617-624, in : *Mélanges d'histoire des religons offert à H. Ch. Puech*, Paris, PUF, 1974, 645p.

MIGLIASSO S., *Dal simbolo al linguaggio simbolico.* « Riv Bibl It », 29 (1981), 187-203.
MILLET L. E DAVY M., *Le Symbole,* Paris, Fayard, 1959, 209 p.
Il mito della pena, CISU, Roma, Istituto di Studi filosofici, 1967, 481 p.
Mito e fede, CISU, Roma, Istituto di Studi Filosofici, 1966, 585 p.
MOREL G., *Le sens de l'existence selon S. Jean de la Croix, III Symbolique,* Paris, Aubier, 1961.
Le mythe et le symbole, de la connaissance figurative de Dieu, Paris, Beauchesne, 1977, 248 p.
NOEREMBERG K. D., *Analogia imaginis. Der Symbolbegriff in der Theologie Paul Tillich,* Gütersloh, Mohr, 1966, 232 p.
ORTIGUEZ E., *Le discours et le symbole,* Paris, Aubier — Montaigne, 1962, 228 p.
OTT H., *L'expression symbolique et la realitè de l'inexprimible,* « Sacro », 1974, 351-368.
PEPIN J., *Mythe et allégorie,* Études Augustiniennes, 1976, p. 987, già: Aubier-Montaigne, Paris, 1958.
PFLAUMER R., *Forschungskreis für Symbolik,* « Kairòs » 1964, 251-257.
PIAZZA L., *Mediazione simbolica in S. Bonaventura,* Vicenza, L.I.E.F., 1978.
Il problema della demitizzazione, CISU, Roma, Istituto di Studi Filosofici, 1961, 336 p.
Revelación y pensar mitico, XXVII Settimana Biblica Espanola, Madrid, C.I.S.C., 1970, 314 p.
RICOEUR P., *Le conflit des hérméneutique: épistemologie des intérpretations,* in: « Cahiers Internationaux de Symbolisme », n. 1,19, pp. 152-184.
——, *Herméneutique des symbols et réflexionphilosophique,* pp. 51-73 in: *Il problema della demitizzazione,* CISU, Istituto di Studi di Filosofia, Roma, 1961.
——, *Herméneutique et réflexion,* in: *Demitizzazione e immagine,* CISU, Padova, Cedam, 1962, pp. 19-43.
——, *Finitude et culpabilité,* Paris, Aubier-Montaigne, v. I *L'homme faillible,* 164 p., t. II *La symbolique du mal,* 333 p., 1960
——, *Introduction au problème des signes et du langage,* « Cahiers de philosophie », 1962, n. 8, 1-76.
——, *Langage religieux. Mythe et Symbole,* in: *Le langage,* La Baconnière, 1967, pp. 129-145.
——, *The Rule of Metaphor,* Toronto, University Press, 1977.
——, *Le symbole et le mythe,* « Le Semeur », 1963, 47-53.
——, *Symbolique et temporalité,* in: *Ermeneutica e tradizione,* Roma, Istituto di Studi Filosofici, 1962, pp. 5-42.
——, *Le symbole donne à penser,* « Esprit », t. 27, 1959, pp. 60-76.
——, *Le symbolisme et l'explication structurale,* in: « Cahier internat. de symbolisme », 1964, n. 4, 81-96.
RIET G., VAN, *Mythe et vérité* « Rev Phil Louv », 1960, 15-87.
ROO W. A. VAN sj, *Man the Symbolizer,* Univ. Gregoriana Editrice, Roma, 1981, 342 p.
SCORUPSKI J., *Symbol and Theory, a philosophical study of theories of religion in social anthropology,* Cambridge, C. University Press, 1976.
STOEVESANDT H., *Die Bedeutung der Symbolismus in Theologie und Kirche; Versuch einer dogmatischkritischen Ortsbestimmung aus evangelischer Sicht,* München, Kaiser, 1970, p. 44
SUZUKI D. T., *Buddhist Symbolism,* in: CARPENTER E., MCLUHAN M., *Explorations in Communication,* Boston, Beacon Press, 1967, pp. 36-42.
Le Symbole, « Recherches et Débats », 29, Paris, Fayard, 1959, 212 p.
Symbolism, G. Gamble, A. S. Geden e A., Ere, v. 12, 1921, 134-151.
Le Symbolisme cosmique des Monuments Religieux, Roma, I.S.M.E.O., 1957.
Symbolisme et théologie, Roma, Ed. Anselmiana, 1974, 307 p.
SWIDERSKI S., *Les symboles dans les cultes et les croyances, et les problèmes des leur adaptation,* Université d'Ottawa, Faculté des Arts, 1967 (cicl).

THIEL M., *Berürung und Symbol. Eine Studie zur Ethik, Aestetik und Politik*, « Studium Generale », 18 (1964), H.11, pp. 647-685.
THURNWALD R., *Das Symbol im Lichte der Völkerkunde*, « Z. f. Aestetik u. allg. Kunstwiss » 21, 1926-27, 322-337.
TILLICH P., *Symbol und Wirklichkeit*, Göttingen, Vandenhoeck & Ruprecht, 1962
TODOROV Tz., *Théories du symbole*, Baris, Seuil, 1977, 378.
Umanesimo e simbolismo, Padova, Cedam-Milani, (Archivio di Filosofia), 1958.
VERENO M., *Tradition und Symbol*, in: *Symbol*, V, Basel, 1966, pp. 9-24, e in: *Il mito della pena*, Roma, Arch. di Filos., 1967, 283-296.
——, *Ontologia del simbolo religioso*, « Studi Cattol. » febbr. 1971, 93-96.
——, *Mythos, Wissenschaft und Symbol. Archaisches und modernes Denken in ihrer geschichtlichen Spannung*, « Kairòs », IV (1962), 4-17.
VERGOTE A., *The Chiasm of Subjective and Obiective Functions in the Symbol*, « East Asian Past Rev » 28 (1981), 36-53.
——, *La réalisation symbolique dans l'expression culturelle*, « Maison Dieu », 1972, n. 111, pp. 110-131.
——, *Vericalité et horizontalité dans le langage symbolique sur Dieu*, « Lum Vit », 1970 (25), 9-32.
VERNANT J. P., *Mythe et pensée chez les Grecs. Etudes de psychologie historique*, Paris, Maspero, 1965; tr. it.: *Mito e pensiero presso i Greci*, Torino, Einaudi, 1970, 287 p.
VETTER A., *Ausdruck und Symbol*, « J. Psychol Psychoth », 3 (1955), 16-25.
WEIGEL G., *Symbol, myth and analogy*, in: W. LEIBRECHT (ed), *Religion and Culture. Essays in: honor af P. Tillich*, New York, Harper, 1959, 120-130.
WERNER H. E B. KAPLAN, *Symbol formation. An organismic-developmental approach to language and the expression of thought*, New York-London, Wilei & S., 1967, 530 p.
WHEELWRIGHT P., *The semantic approach to myth*, in: TH. A. SEBEOK, *Myth, a symposium*, Bloomington and London, Indiana University PRess, 1968, 154-168.
WHITEHEAD A. N., *Symbolism. Its meaning and effect*, Barbour-Page Lectures, New York, University of Virginia, 1927, e Cambridge University Press, 1958.
WILHELMSEN F. D., *The Philosopher and the Myth*, « The Modern Schoolman », 32 (1954-55), 39-55.
WIMSATT W. K. E C. BROOKS, *Symbolism*, pp. 583-609, e: *Myth and Archetipe*, pp. 669-720, in: id. *Literary Criticism. A Short History*, Calcutta-Bombay-New Delhi, Oxford & IBH Co., 1967.
WISSE S., *Da religiöse Symbol. Versuch einer Wesendeutung in Auseinandersetzung mit anderen Autoren*, Essen, Ludgerus Verlag, 1963, 49-297.

INDICE

	Pag.
Introduzione	5-7
Cap. I: Il problema dell'Uomo e il problema di Dio . . .	9-19
§1 L'uomo	9
§2 Libertà e opzione	14
§3 L'esperienza integrale e il problema di Dio . .	16
Cap. II: L'Esperienza: Primo approccio	21-24
§1 Complessità e problemi	21
§2 Significati del termine esperienza	22
Cap. III: Interpretazioni filosofiche restrittive della Esperienza	25-88
§1 Empirismo classico	25
§2 Neopositivismo e positivismo logico	26
1. Prima forma	27
2. Seconda forma	34
3. Terza forma	36
4. Il principio di verificazione e sua critica . .	38
5. Critica del principio dell'empirismo . . .	42
§3 Filosofia Analitica	
1. Un metodo	50
2. Gli ispiratori: Wittgenstein	51
3. La scuola di Oxford	53
4. Il problema religioso	54
(1) falsificabilità e necessità	54
(2) opposizione tra fede e filosofia	59
(3) dichiarazione di comportamento	59
(4) significato fattuale (Ramsey)	63
(5) conclusione	75

PAG.

§ 4 Kant 77
§ 5 La religione-sentimento 81
§ 6 La religione naturalistica: Dewey 82
§ 7 La religione alienazione 84

Cap. IV: L'Esperienza integrale 89-112

§ 1 Integralità della esperienza 89
§ 2 Descrizione e note 90
§ 3 I piani dell'esperienza e l'esperienza spirituale 94
§ 4 L'esperienza religiosa 97
    1. Analisi 97
    2. Metodo 98
    3. Tentativi di rilevare l'esseza della religione: .
       Otto, Scheler, Le Senne 100

Cap. V: L'Essenza della Religione 113-131

§ 1 La religione (Mouroux) 113
§ 2 Sintesi dei piani della esperienza religiosa . . . 122
§ 3 Conclusione 127

Cap. VI: Appendice. Esperienza religiosa e Esperienza cristiana 133-138

Bibliografia 141-198

Indice 199-200

Finito di stampare il 12 novembre 1993
Tipografia Poliglotta della Pontificia Università Gregoriana
Piazza della Pilotta, 4 – 00187 Roma